BASIS CHINESISCH SPRECHEN

ÜBUNGSBUCH

EINE EINFÜHRUNG IN SPRECHEN UND HÖREN FÜR ANFÄNGER

CORNELIUS C. KUBLER & YANG WANG

ÜBERSETZT VON THOMAS KEMPA

TUTTLE Publishing

Tokyo | Rutland, Vermont | Singapore

www.chinabooks.ch

Chinabooks mit Hauptsitz im Kanton Zürich in der Schweiz wurde 2005 gegründet. Seit 2015 existiert eine Zweigniederlassung in Konstanz am Bodensee in Deutschland. Zunächst eine reine im Onlineversandhandel tätige Importbuchhandlung, sind wir heute ebenso ein Verlag mit Schwerpunkt auf Lehrmitteln für Chinesisch als Fremdsprache sowie zweisprachigen Comics von chinesischsprachigen Autoren.

Mit über 10.000 sofort ab europäischem Lager lieferbaren Titeln aus China, Hongkong und Taiwan sind wir in Mitteleuropa der Anbieter mit dem größten Sortiment an chinesischsprachigen Publikationen.

Wir beliefern den deutschen Buchhandel durch unsere Verlagsauslieferung GVA in Göttingen und den österreichischen Buchhandel durch unsere Verlagsauslieferung Morawa in Wien.

Deutschsprachige Ausgabe erschienen bei Chinabooks Zürich.
Englischsprachige Originalausgabe erschienen bei Tuttle Publishing, ein Imprint von Periplus Editions (HK) Ltd.

www.chinabooks.ch

Aus dem Englischen übersetzt und für deutschsprachige Lerner überarbeitet von Thomas Kempa

ISBN 978-3-905816-63-1
Buchgestaltung: Anne Bell Carter

Vertrieb an den Buchhandel:

Deutschland
GVA Gemeinsame Verlagsauslieferung Göttingen GmbH & Co. KG
Postfach 2021, D-37010 Göttingen
Tel.: (0049) (0) 551 384200 –0 Fax.: (0049) (0) 551 384200 –10
admin@gva-verlage.de
www.gva-verlage.de

Österreich
Mohr Morawa Buchvertrieb GmbH
Sulzengasse 2, A-1230 Wien
Tel.: (0043) (1) 680 14-0 / Fax: (0043) (1) 688 71 30
momo@mohrmorawa.at
www.mohrmorawa.at

Schweiz
Chinabooks E. Wolf und E. Wu
Bühlstrasse 6, CH-8142 Uitikon-Waldegg
Tel.: (0041) (0)76 518 45 26 Fax: (0041) (0)71 787 20 89
bestellen@chinabooks.ch
www.chinabooks.ch

Erstausgabe
20 19 18 17 10 9 8 7 6 5 4 3 2 1 1109MP

Gedruckt in Tschechien

Hinweise für die Lernenden

Die chinesische Sprache lässt sich nur durch viel Übung meistern. Daher bietet Ihnen das vorliegende Übungsbuch zahlreiche Möglichkeiten, um Ihr mündliches Chinesisch einzuüben und zu verbessern. Es wurde eigens für den Einsatz mit dem Lehrbuch *Basis Chinesisch Sprechen* entworfen; aber Sie können dieses Arbeitsbuch auch mit jedem anderen Lernmaterial für Chinesisch gewinnbringend nutzen und Ihre Hör- und Sprechfertigkeit im Chinesischen verbessern.

In diesem Band finden Sie keinerlei chinesische Schriftzeichen, da diese nicht für das Sprechenlernen erforderlich sind. Vielmehr wäre es eine sehr ineffiziente Methode und würde Ihre Lernfortschritte massiv verlangsamen, wenn Sie zu jedem gelernten Wort die Schriftzeichen dazulernen wollten.

Um Ihnen dabei zu helfen, das Chinesische sprechen und verstehen zu lernen, vermittelt Ihnen dieses Übungsbuch die Sprache nicht durch die Schriftzeichen, sondern mittels **Tonaufnahmen** mit chinesischen Muttersprachlern (auf der beigefügten CD). Im Buch selbst wird das Chinesische mittels der offiziellen chinesischen Pinyin-Transkription repräsentiert.

- Wenn Sie zudem Chinesisch Lesen und Schreiben lernen wollen, was sich für die meisten Lerner empfiehlt, sollten Sie den Kurs **Basis Chinesisch Schreiben** mit diesem Kurs kombinieren. Es ist komplementär zu *Basis Chinesisch Sprechen* aufgebaut und führt systematisch die häufigsten chinesischen Schriftzeichen (in vereinfachter und traditioneller Form) sowie Wörter in Sätzen und Lesestücken ein. Zusätzlich enthält es Realien wie Straßenschilder, geschriebene Nachrichten und Visitenkarten.
- Für Lehrer und Lerner mit Vorkenntnissen in der chinesischen Schrift ist *Basis Chinesisch Sprechen* eine **Transkription** mit Schriftzeichen beigefügt, welche die Texte von *Basis Chinesisch Sprechen* in chinesischen Schriftzeichen, in vereinfachter wie auch in traditioneller Form wiedergibt. Sie sollten sich aber der Tatsache bewusst sein, dass diese Transkriptionen nicht als Lehrmaterial für Anfänger gedacht sind, die das Lesen und Schreiben des Chinesischen erlernen möchten.
- Das **Lehrerhandbuch** *Basis Chinesisch* enthält ausführliche Hinweise für den Einsatz dieser Materialien sowie kommunikative Übungen für den Gebrauch im Klassenraum oder im Privatunterricht.

附注

《基础中文：听与说》练习册为专门练习口语的教材，因此全书内只列有汉语拼音和英文注释，不使用汉字。学习者宜与配套的光盘以及《基础中文：听与说》一起使用。本练习册亦可作为任何初级中文课程之补充教材，以提高学习者的口语能力。此套中文教材另有《基础中文：读与写》及《基础中文：读与写》练习册，专供读写课使用。《基础中文：听与说》另配有汉字版，将《基础中文：听与说》中所有对话和补充生词的拼音版转为汉字，并分简繁体，供教师和已有汉字基础的学习者参考、使用。此套教材亦包括一张光盘的《基础中文：教师手册》，指导教师如何使用此教材，且提供大量课堂练习，极为实用。

附注

《基礎中文：聽與說》練習冊為專門練習口語的教材，因此全書內只列有漢語拼音和英文注釋，不使用漢字。學習者宜與配套的光盤以及《基礎中文：聽與說》一起使用。本練習冊亦可作為任何初級中文課程之補充教材，以提高學習者的口語能力。此套中文教材另有《基礎中文：讀與寫》及《基礎中文：讀與寫》練習冊，專供讀寫課使用。《基礎中文：聽與說》另配有漢字版，將《基礎中文：聽與說》中所有對話和補充生詞的拼音版轉為漢字，並分簡繁體，供教師和已有漢字基礎的學習者參考、使用。此套教材亦包括一張光盤的《基礎中文：教師手冊》，指導教師如何使用此教材，且提供大量課堂練習，極為實用。

Sollten Sie für das Üben oder die Korrektur einseitig bedruckte Seiten bevorzugen, finden Sie auf der CD die Sektionen 5 bis 8 im einseitigen Format.

Inhaltsverzeichnis

Jede Sektion enthält Übungsmaterial für folgende 10 Themen:

Einheit 1: Begrüßung und nützliche Ausdrücke

Einheit 2: Sich Vorstellen

Einheit 3: Zahlen, Daten, Zeit und Geld (I)

Einheit 4: Zahlen, Daten, Zeit und Geld (II)

Einheit 5: Personen, Orte und Sachen finden

Einheit 6: Biographische Informationen (I)

Einheit 7: Biographische Informationen (II)

Einheit 8: Kreuz und quer durch Beijing (I)

Einheit 9: Kreuz und quer durch Beijing (II)

Einheit 10: Das Wetter

Die Verwendung des Materials

Basis Chinesisch Sprechen Übungsbuch ist als Begleitband zum Lehrbuch *Basis Chinesisch Sprechen* gestaltet und enthält zahlreiche Übungen zu jeder Einheit des Buches. Es bietet eine Reihe von Aktivitäten für das Lernen sowohl innerhalb, als auch außerhalb des Klassenraums, um Ihnen dabei zu helfen, die Grammatik und das Vokabular, die im Lehrbuch eingeführt werden, zu festigen und zu aktivieren.

Neue Vokabeln und Kurzdarstellungen der Grammatik

Die erste Sektion des *Übungsbuchs* besteht aus einer einseitigen Liste der neuen Vokabeln sowie der neuen Grammatik für jede Lektion, von Einheit 1, Abschnitt 1 bis Einheit 10, Abschnitt 4 von *Basis Chinesisch Sprechen*.

Die Listen sind jeweils in einen Vokabel- und einen Grammatikabschnitt eingeteilt. In den Vokabularen werden alle neuen Vokabeln der entsprechenden Lektion des Lehrbuchs alphabetisch nach ihrer Pinyin-Transkription geordnet und samt Wortklassenangabe aufgelistet (Zusatzvokabular ist nicht enthalten). In den Grammatikabschnitten werden sämtliche im Lehrbuch auftretenden grammatischen Muster, ebenfalls alphabetisch angeordnet, und in den meisten Fällen mit einem oder mehreren Beispielen in Pinyin samt deutscher Übersetzung versehen, vorgestellt.

- Wir glauben, dass diese Listen für die Lerner sehr hilfreich sind, wenn diese Inhalte aus dem Buch wiederholen möchten. Dennoch sollten diese Listen nicht als Lernmaterial für die Vokabeln und die Grammatik verwendet werden. Vielmehr sollten die Lerner Vokabeln und Grammatik stets im Kontext der Basis-Konversationen und Build-Ups von Basis Chinesisch Sprechen lernen.

- Die Lerner, die das *Basis Chinesisch Übungsbuch* als Zusatzmaterial zu anderen Lehrbüchern verwenden oder keinen Zugang zum Lehrbuch *Basis Chinesisch Sprechen* haben, sollten sich hingegen mit diesen Listen sehr genau vertraut machen, da die verschiedenen Drills und Übungen in diesem Buch eine vollständige Vertrautheit mit den Inhalten derselben voraussetzt.

Die folgenden zwei Sektionen bestehen aus **Drills**. Sie sollten den Wert von Drills für den Erwerb von kommunikativen Kompetenzen in der Fremdsprache nicht unterschätzen. Mittels der Drills können Sie sowohl Ihre Aussprache verbessern als auch Ihr Chinesisch flüssiger machen, zudem fördern sie Ihr Selbstbewusstsein beim Chinesischsprechen. Zugegeben ist eine Reihe der Drills in diesem Übungsbuch notwendigerweise sehr mechanisch, andere hingegen sind jedoch sehr realistisch und kommunikativ, ja sie beinhalten in einigen sogar durchaus kulturelles Material.

- Die Drills sollten Sie beim Selbststudium und nicht im Klassenzimmer einsetzen: entweder im Sprachlabor, am eigenen Computer oder unter Verwendung eines tragbaren Audiogerätes wo auch immer Ihnen danach ist. Falls Sie einen Kurs besuchen, spart es viel Zeit, die Sie unter Anleitung der Lehrperson besser für interaktive Lernaktivitäten verwenden können, wenn Sie die Drills nicht im Klassenraum, sondern zuhause zu machen.

- Sie sollten so aktiv wie möglich mit den Audioaufnahmen auf der Begleit-CD arbeiten, indem Sie laut sprechen und immer auch an die Bedeutung dessen, was Sie hören und sagen denken.

- Wenn Sie Chinesisch in Eigenregie lernen, sind die Drills ganz besonders wichtig für Sie und Sie sollten die Drills alle mehrmals durcharbeiten. Außerdem ist es von großem Vorteil, sich einen muttersprachlichen Mentor oder Tutor zu suchen, mit dem Sie ein bis zwei Stunden in der Woche üben und dem Sie Fragen stellen können.

Ersetzungsdrills

In den Ersetzungsdrills hören Sie zunächst einen Modellsatz, den Sie wiederholen. Dann werden verschiedene Vokabel- und Grammatikvorgaben gegeben, die Sie in die Modellsätze einsetzen und so verwandte, aber neue Sätze bilden können.

In der Tonaufnahme kommt nach jeder Vorgabe eine Pause, in der Sie den neu zu bildenden Satz mit der entsprechenden Ersetzung sprechen sollten. Dann hören Sie den Satz, wie ihn ein Muttersprachler ausspricht und haben danach noch Zeit, den Satz korrekt zu wiederholen. Im Übungsbuch finden Sie für jeden Satz auch eine deutsche Übersetzung.

- Am effektivsten ist es, die Drills zweimal zu machen; einmal mit offenem und einmal mit geschlossenem Übungsbuch.

Transformations- und Antwortdrills

Wie der Name schon sagt, geht es in diesen Drills entweder um die Transformation eines Satzes bzw. einer Phrase oder darum, auf eine Frage oder Hinweis zu antworten. Weiterhin gibt es einige Höflichkeitsdrills, Übersetzungsdrills und Drills, in denen es um die Umwandlung von Beijinger Aussprache in Nicht-Beijinger Aussprache und umgekehrt geht.

Im Audioabschnitt werden vor jedem Drill Anweisungen auf Deutsch gegeben. Wie in den Ersetzungsdrills kommt nach jedem Transformations- bzw. Antwortdrill eine Pause, in der Sie antworten sollten, worauf auch hier die korrekte Antwort, von einem Muttersprachler gesprochen, zu hören ist. In der Pause danach können Sie den Satz dann korrekt wiederholen. Im Übungsbuch finden Sie für jeden Satz auch eine deutsche Übersetzung.

- Auch hier ist es am besten, die Drills zweimal zu machen; einmal mit offenem und einmal mit geschlossenem Übungsbuch.

- Die Transformations- und Antwortdrills sind zwar für das Lernen außerhalb des Klassenraums gedacht, aber es ist auch denkbar, einige der Drills im Unterricht zu machen bzw. sie für den Unterricht anzupassen.

Rollenspiele

In den Rollenspielen geht es um Dialoge zwischen zwei oder mehr Sprechern, in denen die neuen Vokabeln, die neue Grammatik sowie Funktionen und Situationen, die in der Lektion neu eingeführt wurden, zum Einsatz kommen.

Für jeden der vier Abschnitte jeder Einheit sind im Übungsbuch drei bis acht Rollenspiele enthalten. In vielen Fällen orientieren sich die Rollenspiele an den Basis-Konversationen des Lehrbuchs, allerdings weichen sie auch teilweise ab. In den meisten Rollenspielen gibt es zwei Rollen (mit A und B bezeichnet), in manchen aber auch drei (A, B und C).

Im Übungsbuch werden die Rollenspiele auf Deutsch wiedergegeben, aber selbstverständlich müssen diese auf Chinesisch gespielt werden. Die Rollenspiele sind als die abschließenden Aktivitäten jeder Lektion konzipiert und setzen diese voraus.

- Während der Rollenspiele können Sie ruhig im Übungsbuch spicken, sollten aber so viel wie möglich hochschauen, wenn Sie dann Chinesisch reden.

- Die Rollenspiele sollten in möglichst flottem Tempo durchgeführt werden, daher empfiehlt es sich, diese vorher zu üben (Sie können sich ruhig ein paar Notizen machen, aber Sie sollten darauf verzichten sie völlig zu übersetzen oder gar abzulesen). Das Ziel ist es nicht mühsam Wort für Wort das Deutsche in Chinesische zu übersetzen, sondern auf Basis der deutschsprachigen Hinweise möglichst natürliches Chinesisch zu sprechen. Die Betonung liegt auf der *Aufführung* der Rollenspiele. Wenn Sie merken, dass Sie zögern oder abgehackt sprechen, dann liegt das in der Regel daran, dass Sie das Material noch nicht ausreichend beherrschen.

- Wenn Sie die Rollenspiele in einem Kurs durcharbeiten, wird die Lehrperson, sobald alle einmal mit einem Rollenspiel dran gewesen sind, das Rollenspiel wahrscheinlich mit der gesamten Gruppe noch einmal komplett wiederholen.

- Wenn Sie in Eigenregie Chinesisch lernen, werden die Rollenspiele ganz besonders nützlich dabei sein, die Vokabeln und die Grammatik in neuen Kombinationen noch einmal zu wiederholen. Sie sind für die Verbesserung Ihres Chinesisch sehr hilfreich und werden Ihnen helfen, flüssiger zu sprechen und flexibel und schnell die Perspektive zu wechseln. Wenn Sie zusammen mit einem Freund oder einem muttersprachlichen Tutor lernen, kann natürlich jeder eine Rolle übernehmen.

Hörverstehensübungen

Die Hörverstehensübungen bestehen aus Konversationen und Monologen, die Sie ausschließlich auf der Begleit-CD finden, da Sie mit diesen das *Hören* und nicht das Lesen üben sollen.[1] Zu jeder Lektion gibt es zwei Hörtexte, die beide jeweils etwa so lang sind wie die Basis-Konversationen, d.h. insgesamt sechs bis zwölf Zeilen. Um das Hörverstehen noch mehr zu üben verwenden die Hörtexte die neuen Vokabeln (sowie das Ergänzungsvokabular) und auch die Grammatik der aktuellen bzw. der bereits bearbeiteten Lektionen, bringen diese aber in einen neuen Kontext.

Nach jeder Hörverstehensübung finden Sie zwei bis vier Multiple Choice-Fragen zum Inhalt. Auf Basis der Tonaufnahmen sollten Sie die jeweils beste Antwort – (A), (B) oder (C) – zu jeder Frage umkringeln.

- Zur Übung können Sie die Tonaufnahmen so oft hören, wie Sie möchten.

- In Chinesischkursen eignen sich die Hörverstehensübungen am besten für die Hausaufgaben, die dann beim nächsten Mal abgegeben und von der Lehrperson korrigiert und zurückgegeben werden. Falls gewünscht, können die Lerner diese dann zur späteren Verwendung in einem Ordner abheften.

- Lerner in Eigenregie werden die Hörverstehensübungen als hilfreich empfinden, um neue Wortkombinationen und grammatische Muster verstehen zu üben. Bei Fragen sollten sie sich an ihren Tutor bzw. einen chinesischen Freund oder Bekannten wenden. Es kann auch durchaus sinnvoll sein, sich das *Lehrerhandbuch* zu besorgen, da dieses außer den Transkriptionen der Hörverstehensübungen auch die korrekten Antworten enthält.

Diktierübungen

In den Diktierübungen üben Sie zum einen, die Laute des Mandarin zu hören und in korrekter Pinyin-Transkription aufzuschreiben und zum anderen das Hörverstehen bezüglich verschiedenster Themen, wie z.B. die Ausdrücke für den Klassenraum, Zahlen, Lebensalter, Geldbeträge, Uhrzeiten, Zeitdauer- und Datumsangaben (Wochentage, Tage des Monats, Monate und Jahre).

Allerdings sind nicht für alle Lektionen des Lehrbuchs auch Diktierübungen vorhanden. Bei jeder Diktierübung finden Sie einen Hinweis, auf welche Lektion des Lehrbuchs diese sich bezieht.

Diese Übungen helfen sowohl Kursteilnehmern als auch Selbstlernern, den Inhalt der Lektionen zu üben. Wenn Sie Chinesisch in einem Kurs lernen, könnte die Lehrperson Ihnen als Wiederholung

1. Vollständige Transkriptionen der Hörverstehensübungen finden sich im *Lehrerhandbuch*, das auch weitere Übungen für den Unterricht enthält.

und zur Festigung die Diktierübungen als Hausaufgaben aufgeben.

- Wie die Hörverstehensübungen sind auch die Diktierübungen, die von Muttersprachlern gesprochen werden, nur auf der Begleit-CD zu finden.[2] Vor jeder Übung werden dabei Anweisungen auf Deutsch gegeben.
- Zur Übung können Sie die Tonaufnahmen so oft hören, wie Sie möchten.
- Wie bei den Hörverstehensübungen können die Diktierübungen aus dem Übungsbuch herausgenommen und nach der Korrektur zur späteren Verwendung in einem Ordner abgeheftet werden.

Übersetzungsübungen

Der Sinn der Übersetzungsübungen liegt dabei darin, die grammatischen Muster und das wesentliche Vokabular der jeweiligen Einheit zu üben und zu überprüfen, was Sie bereits beherrschen und was nicht. Die Übersetzungsübungen sind zudem eine gute Vorbereitung für die Tests am Ende jeder Einheit.

Es wird empfohlen, dass die Lehrperson den Lernenden die korrigierten Übersetzungsübungen vor dem Test zur jeweiligen Einheit zurück gibt, damit verbleibende Probleme und Fragen schon vorher geklärt und beseitigt werden können. Die Lernenden sollten die Korrekturen der Lehrperson sorgfältig durcharbeiten, damit Ihnen die Ursachen ihrer Fehler klar werden und die korrigierten Übungen dann für die spätere Verwendung abheften.

Die Übersetzungsübungen sind in zwei Sets aufgeteilt: Das erste Set besteht aus fünf Sätzen *für jeden der vier Abschnitte* jeder Einheit des Lehrbuchs. Das zweite Set besteht aus zehn Sätzen *für jede Einheit* des Lehrbuchs. Es liegt bei der Lehrperson, ob die Lerner im Klassenraum beide oder nur eines der Sets bearbeiten. Alleinlerner sollten beide Sets bearbeiten und ihre Übersetzungen einem Tutor oder einem muttersprachlichen Freund vorlesen, um sich von diesem korrigieren zu lassen.

- Die Sätze sollten in Pinyin mit den korrekten Tonsymbolen unter die jeweils zu übersetzenden Sätze geschrieben werden.
- Das Deutsch dieser Sätze ist zuweilen etwas ungewöhnlich, was Ihnen aber dabei helfen soll, die richtigen Übersetzungen zu finden.
- In bestimmten Fällen sind zusätzliche Anweisungen in Klammern in oder hinter dem deutschen Satz hinzugefügt, z.B. die Aufforderung, höfliche Sprache zu verwenden oder bestimmte Wörter nicht zu benutzen.
- Wenn Sie das chinesische Äquivalent zu einem deutschen Wort oder ein grammatisches Muster vergessen haben sollten, können Sie in den Glossaren am Ende von *Basis Chinesisch Schreiben* bzw. *Basis Chinesisch Sprechen* nachschlagen.

2. Transkriptionen der Hörverstehensübungen finden sich ebenfalls im *Lehrerhandbuch*.

Abkürzungen

Wortklassen*

A Adverb
AD Ausdruck
AT Attributiv
BA Bewegliches Adverb
BM Bildungsmuster
CV Co-Verb
GF Gebundene Form
GV Gleichsetzendes Verb
FN Familienname
FW Fragewort
HV Hilfsverb
I Interjektion
IA Idiomatischer Ausdruck
KJ Konjunktion
L Lokalisierer
OW Ortswort
P Partikel
PH Phrase
PR Pronomen
PV Postverb
RB Resultativbildung
RE Resultativendung
S Substantiv
SP Spezifizierer
SV Statisches Verb
V Verb
VO Verb-Objekt-Zusammensetzung
Z Zahl
ZEW Zähleinheitswort
ZW Zeitwort

Andere Abkürzungen und Symbole

(B) Beijing
(T) Taipei
wörtl. wörtlich
EV Ergänzungsvokabular
ZV Zusatzvokabular
* (zeigt an, dass das Folgende nicht korrekt ist)
/ (trennt alternative Formen)

* Für Erläuterungen zu den oben stehenden Wortklassen siehe den Abschnitt „Wortklassen des gesprochenen Chinesisch" am Ende des Lehrbuches von *Basis Chinesisch Sprechen*.

1. Neue Vokabeln und Grammatikzusammenfassungen

Einheit 1, Abschnitt 1: Neue Vokabeln und Grammatik

Vokabeln

a	(macht den Satz weicher) [P]
bàn	sich um etwas kümmern, machen [V]
dào	nach [CV]
huí	zurückkehren [V]
Kē	Ke [FN]
năr	wo [FW]
ne	und was ist mit...? [P]
nĭ	du [PR]
nĭ hăo	„Hallo!, „Guten Tag!" [IA]
qù	gehen [V]
shì(r)	Angelegenheit [S]
shítáng	Cafeteria, Mensa [OW]
sùshè	Wohnheim [OW]
túshūguăn	Bibliothek [OW]
Wáng	Wang [FN]
wŏ	ich [PR]
yĕ	auch [A]
yìdiăn(r)	ein wenig [S]

Grammatik

A als Finalpartikel, um Fragen, Begrüßungen und Ausrufe abzumildern: **Nĭ dào năr qù a?** „Und wo gehst du hin?"

DÀO...QÙ „nach... gehen": **Wáng Jīngshēng dào năr qù?** „Wohin geht Wang Jingsheng?"

Name + Begrüßung: **Wáng Jīngshēng, nĭ hăo!** „Hallo, Wang Jingsheng!"

Namen: **Wáng Jīngshēng** „Jingsheng Wang"

NE als Final-Partikel, um Fragen zu verkürzen: **Wŏ qù shítáng. Nĭ ne?** „Ich gehe in die Mensa, und du?"

QÙ + Ortswort, um anzuzeigen, dass man zu einem bestimmten Ort geht: **Wŏ qù túshūguăn.** „Ich gehe in die Bibliothek."

QÙ + Verb, um eine Absicht anzuzeigen: **Wŏ qù túshūguăn bàn yìdiănr shì.** „Ich gehe in die Bibliothek, um etwas zu erledigen."

Fragewort-Fragen: **Nĭ dào năr qù?** „Wohin gehst du?"

Einheit 1, Abschnitt 2: Neue Vokabeln und Grammatik

Vokabeln

àirén	Ehemann oder -frau [S]
bàba	Papa, Vater [S]
dōu	alle, beide [A]
hái	noch [A]
háizi	Kind [S]
hǎo jiǔ bú jiànle	„Lange nicht gesehen!" [IA]
hǎo	gut sein [SV]
hěn	sehr [A]
le	(zeigt einen veränderten Status bzw. eine veränderte Situation an) [P]
lèi	müde sein [SV]
ma	(zeigt eine Frage an) [P]
māma	Mama, Mutter [S]
máng	beschäftigt sein [SV]
tā	er/sie/es [PR]
tāmen	sie (3. Person Plural) [PR]
xiān	zuerst [A]
xièxie	Danke! [IA]
xíng	OK sein [V]
yǒu	haben [V]
zàijiàn	„Auf Wiedersehen!" [IA]
zěmmeyàng	wie, in welcher Weise [FW]
Zhào	Zhao [FN]
zǒu	aufbrechen, weggehen [V]

Grammatik

MA, um Aussagen in Fragen umzuwandeln: **Tāmen yě qù shítáng ma?** „Gehen sie auch in die Mensa?"

Sätze mit Statischem Verb: **Wǒ hěn lèi.** „Ich bin müde."

Unmarkierte Koordination: **nǐ àirén, háizi** „deine Frau und deine Kinder"

Einheit 1, Abschnitt 3: Neue Vokabeln und Grammatik

Vokabeln

ǎi	klein sein (Person) [SV]
bù	nicht [A]
-de	(in **tǐng…-de** „ziemlich, sehr") [P]
èi	hey, hi [I]
Gāo	Gao [FN]
gāo	hoch sein, groß sein [SV]
gōngzuò	Arbeit [S]
Hé	He [FN]
jǐnzhāng	angespannt sein [SV]
kéyi	OK sein [SV]
kùn	müde sein [SV]
lǎo	alt sein [SV]
nán	schwierig sein [SV]
róngyi	einfach sein [SV]
shì	sein [GV]
tài	zu sehr [A]
tǐng	ziemlich, sehr [A]
xiǎo	klein sein [SV]
xuéxí	Studium, Lernen [S]
yàngzi	Art und Weise [S]
Zhōngwén	Chinesisch (Sprache) [S]
zuìjìn	vor Kurzem [ZW]

Grammatik

Ja-Nein-Fragen: **Zhōngwén nán bu nán?** „Ist Chinesisch schwierig?"

BÙ um Verben zu verneinen: **bù máng** „nicht beschäftigt sein", **bù huí sùshè** „nicht ins Wohnheim zurückkehren"

LǍO und **XIǍO** vor einsilbigen Familiennamen: **Lǎo Gāo** „Alter Gao", **Xiǎo Wáng** „Kleiner Wang"

Statische Verben vor Substantiven als Adjektive: **lǎo yàngzi** „alte Art und Weise", **hǎo háizi** „gutes Kind", **xiǎo shìr** „kleine Sache"

TǏNG...-DE: **tǐng jǐnzhāngde** „ziemlich angespannt", **tǐng róngyide** „ziemlich einfach"

Tonveränderung von **BÙ** zu **BÚ** vor Silben im Vierten Ton: **bù + qù → bú qù**

Thema-Rhema-Konstruktion: **Nǐ gōngzuò máng bu máng?** „Ist deine Arbeit beschäftigt [stressig] oder nicht?"

Vokative (anrufende) Ausdrücke: **Xiǎo Liú!** „Kleine Liu!", **Bàba!** „Papa!"

Einheit 1, Abschnitt 4: Neue Vokabeln und Grammatik

Vokabeln

bú kèqi	„Bitte sehr!“ „Gern geschehen!“ [IA]
děi	müssen [HV]
huānyíng	„Willkommen!“ [IA]
jìn	eintreten [V]
lǎoshī	Lehrer [S]
Lǐ	Li [FN]
Lín	Lin [FN]
màn zǒu	„Pass auf dich auf!“ [IA]
méi yìsi	uninteressant [PH]
nǐmen	ihr [PR]
nín	Sie (höfliche Anrede) [PR]
qǐng jìn	Komm herein! [IA]
qǐng zuò	Setz dich! [IA]
qǐng	bitte [IA]
tàitai	Frau (Anrede) [S]
wǒmen	wir [PR]
xiānsheng	Herr (Anrede) [S]
xiáojie	Fräulein (Anrede) [S]
Xiè	Xie [FN]
xièxie	danken [V]
yǒu yìsi	interessant sein [PH]
zuò	sitzen [V]

Grammatik

Befehlsform (Imperativ): **Qǐng nín dào túshūguǎn qù.** „Geh bitte in die Bibliothek.“

LE um eine veränderte Situation anzuzeigen: **Nǐ māma hǎole ma?** „Geht es deiner Mutter besser?“, **Wǒ bú qùle.** „Ich gehe nicht mehr hin.“

Pronomen: **wǒ, nǐ, nín, tā, wǒmen, nǐmen, tāmen**

Anreden: **Wáng Xiānsheng** „Herr Wang“, **Lǐ Tàitai** „Frau Li“, **Wáng Xiáojie** „Fräulein Wang“, **Lín Lǎoshī** „Lehrer Lin“

Einheit 2, Abschnitt 1: Neue Vokabeln und Grammatik

Vokabeln

Bái	Bai (wörtl. „Weiß") [FN]
Chén	Chen [FN]
Huáyì Měiguo rén	Sino-Amerikaner [PH]
Huáyì	Person mit chinesischen Vorfahren [S]
Jiā'nádà	Kanada [OW]
jiào	genannt werden [GV]
kěshi	aber [BA]
Mǎ	Ma (wörtl. „Pferd") [FN]
Mǎláixīyà	Malaysia [OW]
Měiguo	USA, Amerika [OW]
míngzi	Name [S]
nèi-	jene/r/s [SP]
něi-	welche/r/s [FW]
něiguó	welches Land [FW]
qǐng wèn	„Entschuldigung...", „Darf ich fragen, ..." [IA]
rén	Mensch [S]
Rìběn	Japan [OW]
shémme	was [FW]
Táiwān	Taiwan [OW]
tóngxué	Kommilitone, Mitschüler [S]
wèi	(höfl. Zähleinheitswort für Personen) [ZEW]
wèn	fragen [V]
Xībānyá	Spanien [OW]
Xīnjiāpō	Singapur [OW]
zhèi-	diese/r/s [SP]
Zhōngguo	China [OW]

Grammatik

JIÀO in Sätzen mit Gleichsetzendem Verb: **Wǒ jiào Bái Jiéruì.** „Ich heiße Bai Jierui." **Nǐ jiào shémme míngzi?** „Wie heißt du?"

Nationalitäten: **Měiguo rén** „US-Amerikaner", **Zhōngguo rén** „Chinese" etc.

SHÌ in Sätzen mit Gleichsetzendem Verb: **Wǒ shi Měiguo rén.** „Ich bin US-Amerikaner."

ZHÈI- und **NÈI-** als Spezifizierer mit dem höflichen Zähleinheitswort **WÈI**: **zhèiwèi lǎoshī** „dieser Lehrer", **nèiwèi tóngxué** „jener Kommilitone"

Einheit 2, Abschnitt 2: Neue Vokabeln und Grammatik

Vokabeln

bié	tue nicht [HV]
búyào	tue nicht [HV]
chēnghu	anreden [V]
-de	(zeigt Besitz an) [P]
gāoxìng	froh sein [SV]
gěi	für [CV]
hǎo	gut, „In Ordnung!“ [IA]
huānyíng	willkommen heißen [V]
jiào	(jemanden) nennen [V]
jièshao	vorstellen [V]
lái	kommen [V]
nà	in diesem Fall [KJ]
nà	jene/r/s [PR]
ò	„Oh!“ [I]
rènshi	kennen [V]
shéi	wer, wem, wen [FW]
tóngwū(r)	Mitbewohner [S]
xīn	neu sein [SV]
yīnggāi	sollen [HV]
zěmme	wie [FW]
zhè	diese/r/s [PR]
zhèmme	so, in dieser Weise [A]

Grammatik

BIÉ oder **BÚYÀO** um die verneinte Befehlsform auszudrücken: **Qǐng nǐ bié qù!** „Geh bitte nicht!“, **Búyào jiào wǒ Lǎo Wáng!** „Nenn mich nicht Alter Wang!“

DÀO...LÁI: **Qǐng nǐ dào túshūguǎn lái.** „Komm bitte in die Bibliothek!“

-DE um Besitz anzuzeigen: **wǒde gōngzuò** „Meine Arbeit“, **nǐde xīn tóngxué** „dein neuer Kommilitone“

...HǍOLE: **Nǐ hái shi jiào wǒ Xiǎo Chén hǎole.** „Es wäre besser, wenn du mich Kleine Chen nennen würdest.“

YÍXIÀ(R) nach Verben, um sie weniger direkt und abrupt zu machen: **jièshao yixiar** „mal vorstellen“, **lái yixia** „komm mal“, **wèn yixia** „mal fragen“

ZHÈ „das/diese/r/s“ und **NÀ** „jene/r/s“ als Pronominalsubjekte: **Zhè shi Wáng Àihuá, zhè shi Chén Lì** „Das ist Wang Aihua, das ist Chen Li.“, **Nà shi shéi?** „Wer ist das?“

Einheit 2, Abschnitt 3: Neue Vokabeln und Grammatik

Vokabeln

ba	(zeigt eine Vermutung an) [P]
dānwèi	Arbeitseinheit [OW]
dàshǐguǎn	Botschaft [OW]
dàxué	Universität [OW]
ge	(allgemeines Zähleinheitswort) [ZEW]
gōngsī	Firma [OW]
gōngzuò	arbeiten [V]
guìxìng	„Wie ist Ihr ehrenwerter Familienname?" [IA]
jiā	(für Unternehmen, Fabriken) [ZEW]
nǚshì	Madame [S]
tàitai	Ehefrau [S]
tóngshì	Kollege [S]
wàijiāobù	Außenministerium [OW]
Wú	Wu [FN]
Xiānggǎng	Hongkong [OW]
xiānsheng	Ehemann [S]
xiàozhǎng	Schulleiter [S]
xìng	mit Familiennamen heißen [GV]
xuéxí	lernen, studieren [V]
yī	eins [Z]
zài	sich in/an/auf befinden [CV]

Grammatik

BA um eine Vermutung auszudrücken: **Tā shi Yīngguo rén ba** „Ich nehme an, sie ist Engländerin?", **Nǐ lèile ba?** „Du bist sicher müde?"

XÌNG in Sätzen mit Gleichsetzendem Verb: **Wǒ xìng Zhāng.** „Ich heiße mit Familiennamen Zhang.", **Nǐ xìng shémme?** „Wie heißen Sie mit Familiennamen?"

Einheit 2, Abschnitt 4: Neue Vokabeln und Grammatik

Vokabeln

à	„Oh!" [I]
cuò	falsch sein [SV]
-cuò	falsch [RE]
dài	mitnehmen, mitbringen [V]
-de	(zeigt an, dass das Vorangehende, das was folgt, beschreibt) [P]
gǎo	machen [V]
gǎocuò	etwas falsch machen [RB]
gēn	und [KJ]
Hóu	Hou [FN]
jīnglǐ	Manager [S]
-le	(zeigt eine vollendete Handlung an) [P]
Luó	Luo [FN]
màoyì gōngsī	Handelsfirma [PH]
màoyì	Handel [S]
méi guānxi	„Macht nichts!" [IA]
méi	(zeigt die Verneinung von Handlungsverben in der Vergangenheit an) [HV]
míngpiàn	Visitenkarte [S]
Shī	Shi [FN]
tàitai	verheirate Dame, Dame [S]
xiānsheng	Herr [S]
xiáojie	junge Dame [S]
Yīngguo	England [OW]
Zhōng-Měi	sino-amerikanisch [AT]
zǒngjīnglǐ	General Manager [S]

Grammatik

BÙ DŌU vs. **DŌU BÙ**: **Wǒmen bù dōu shi Měiguo rén.** „Wir sind nicht alle US-Amerikaner.", **Wǒmen dōu bú shi Měiguo rén.** „Keiner von ist US-Amerikaner."

-DE um anzuzeigen, dass das, was vorangeht, das, was folgt, beschreibt: **Zhōng-Měi Màoyì Gōngsīde Shī Xiáojie** „Frau Shi von der Sino-American Trading Company."

-LE um eine vollendete Handlung anzuzeigen: **Wǒ gǎocuòle.** „Ich habe es falsch gemacht."

MÉI um die Verneinung von Handlungsverben in der Vergangenheit anzuzeigen: **Tāmen méi lái.** „Sie kamen nicht."

MÉI DŌU vs. **DŌU MÉI**: **Tāmen méi dōu qù.** „Sie gingen nicht alle.", **Tāmen dōu méi qù.** „Niemand von ihnen ging."

Einheit 3, Abschnitt 1: Neue Vokabeln und Grammatik

Vokabeln

bā	acht [Z]
bān	Klasse [S]
bàn(r)	halb [Z]
Déguo	Deutschland [OW]
èr	zwei [Z]
Fǎguo	Frankreich [OW]
jǐ-	wie viele [FW]
jiǔ	neun [Z]
liǎng-	zwei [Z]
liù	sechs [Z]
nánde	Mann, männlich [S]
nánlǎoshī	Lehrer [S]
nánshēng	Student [S]
nǚde	Frau, weiblich [S]
nǚlǎoshī	Lehrerin [S]
nǚshēng	Studentin [S]
qī	sieben [Z]
sān	drei [Z]
shí	zehn [Z]
sì	vier [Z]
wǔ	fünf [Z]
yígòng	insgesamt [A]
yǒu	es gibt [V]

Grammatik

Zahlen von eins bis zehn

Ortswort + **YǑU** + Nominalphrase, um Existenz anzuzeigen: **Bānshang yǒu shíge tóngxué.** „In der Klasse sind zehn Kommilitonen."

Einheit 3, Abschnitt 2: Neue Vokabeln und Grammatik

Vokabeln

ài	lieben, mögen [V]
cāi	raten [V]
dà	groß sein; alt sein (Personen) [SV]
dìdi	jüngerer Bruder [S]
duì	richtig sein [SV]
duō	wie [FW]
fùqin	Vater [S]
gēge	älterer Bruder [S]
jiějie	ältere Schwester [S]
jīnnián	dieses Jahr [ZW]
jiù	dann [A]
kàn	sehen, schauen [V]
kě'ài	lieblich sein, süß sein [SV]
mèimei	jüngere Schwester [S]
méiyou	nicht haben; es gibt nicht [V]
mǔqīn	Mutter [S]
niánji	Alter [S]
shàng-	letzt/e/r/s [SP]
suì	Jahr (Alter) [ZEW]
xià-	nächst/e/r/s [SP]
xiǎng	denken [V]
yuè	Monat [S]

Grammatik

Alter: **Nǐ duō dà niánji le?** „Wie alt bist du?"; **Nǐ jǐsuì le?** „Wie alt bist du?" (zu Kindern); **Wǒ jīnnián shíbāsuì le.** „Ich werde dieses Jahr achtzehn Jahre."

LE um eine erwartete Veränderung einer Situation anzuzeigen: **Tā xiàge yuè jiù jiǔsuì le** „Nächsten Monat wird sie neun Jahre."

MÉIYOU „nicht haben; es gibt nicht" als die Verneinung von **YǑU**: **Wǒ méiyou gēge.** „Ich habe keine älteren Brüder."

Zahlen von 11 bis 99 mit **SHÍ**

Verdoppelte einsilbige Verben + **KÀN**: **xiángxiang kàn** „zu überlegen versuchen"

Anhängsel-Fragen: **Zhè shi nǐ mèimei, duì bu dui?** „Das ist deine jüngere Schwester, stimmt's?"; **Zhè shi nǐ dìdi, shì bu shi?** „Das ist dein jüngerer Bruder, stimmt's?"

Einheit 3, Abschnitt 3: Neue Vokabeln und Grammatik

Vokabeln

a	(zeigt Vorschläge an) [P]
-bǎi	hundert [Z]
bēibāo	Rucksack [S]
bēizi	Tasse, Becher [S]
dàizi	Tasche [S]
duōshǎo	wie viel, wie viele [FW]
fēn	Fen (kleinste Geldeinheit) [ZEW]
gōngshìbāo	Aktentasche [S]
guì	teuer sein [SV]
jiā	hinzufügen; plus [V]
jiǎn	abziehen; minus [V]
kuài	Yuan (Geldeinheit) [ZEW]
líng	Null [Z]
mǎi	kaufen [V]
mài	verkaufen [V]
máo	Mao (zehn Fen; entspricht einem Groschen) [ZEW]
piányi	billig sein [SV]
-qiān	tausend [Z]
qián	Geld [S]
yào	wollen, brauchen, kosten [V]
yī	eins [Z]
yò	Oha!", „Wow" [I]
zhǐ	nur [A]

Grammatik

BA um Vorschläge anzuzeigen: **Nín kàn ba.** „Schauen Sie doch mal."

LE nach **TÀI** in Aussagesätzen: **tài guìle** „zu teuer"

Geldsystem: **liùkuài wǔmáo jiǔfēn qián** „sechs Yuan, fünf Mao, neun Fen"

Zahlen von 100 bis 999 mit **-BǍI** „hundert"

Zahlen von 1.000 bis 9.999 mit **-QIĀN** „tausend"

Verdoppelung von Verben: **kàn** → **kànkan** „mal schauen"

YÀO, um den Preis anzuzeigen: **Nèige bēizi yào sānkuài wǔ.** „Diese Tasse kostet drei Yuan fünfzig."

ZHÈIGE „diese/r/s" und **NÈIGE** „jene/r/s"

Einheit 3, Abschnitt 4: Neue Vokabeln und Grammatik

Vokabeln

chà	mangeln [V]
chàbuduō	fast, ungefähr [BA]
cháng	lang sein [SV]
chē	Fahrzeug (Auto, Taxi, Bus, Fahrrad) [S]
dào	ankommen [V]
diǎn	Uhr(zeit); Stunde [ZEW]
fēn	Minute [ZEW]
huǒ	Feuer [S]
huǒchē	Zug [S]
-jí	rechtzeitig kommen [RE]
kāi	abfahren (Bus, Schiff, Zug) [V]
kè	Viertelstunde [ZEW]
kǒngpà	„ich fürchte, ..."; wahrscheinlich [BA]
láibují	zu spät sein [RB]
nèmme	dann, in diesem Falle [KJ]
shíjiān	Zeit [S]
tàng	(für planmäßige Zug- oder Busfahrten) [ZEW]
Tiānjīn	Tianjin [OW]
xiànzài	jetzt [ZW]
yǐjīng	bereits, schon [A]
zài	wieder [A]
zhōng	Uhr(zeit); Glocke [S]
zhōngtóu	Stunde [S]
zuò	mit ... reisen [V]

Grammatik

Uhrzeiten: **liǎngdiǎn sānshibāfēn zhōng** „2:38 Uhr"

-DE nach langen Phrasen, um Modifikation anzuzeigen: **dào Tiānjīnde huǒchē** „die Züge nach Tianjin"

-DE um Nominalphrasen zu erzeugen: **shídiǎn bànde** „der 10:30er", **wǒ mǎide** „die, die ich gekauft habe"

Stundenzahl: **sān'ge zhōngtóu** „drei Stunden"

Zeitpunkt vor dem Verb: **Wǒ bādiǎn zhōng qù.** „Ich gehe um acht Uhr."

Einheit 4, Abschnitt 1: Neue Vokabeln und Grammatik

Vokabeln

guān	schließen [V]
guānmén	eine Tür schließen, schließen [VO]
kāi	öffnen [V]
kāimén	eine Tür öffnen, öffnen [VO]
lǐbài	Woche [S]
měi-	jede, alle [SP]
mén(r)	Tür, Tor [S]
náli	„Woher denn?“ [IA]
píngcháng	gewöhnlich, normalerweise [BA]
qǐchuáng	aufstehen (aus dem Bett) [VO]
shàngwǔ	morgen, vormittags [ZW]
shíyàn	Experiment [S]
shíyànshì	Labor [S]
shuì	schlafen [V]
shuìjiào	schlafen, schlafen gehen [VO]
tiān	Tag [ZEW]
wǎnshang	Abend, abends [ZW]
xiàwǔ	Nachmittag, nachmittags [ZW]
xīngqī	Woche [S]
xiūxi	ausruhen, Pause machen [V]
yǔyán shíyànshì	Sprachlabor [PH]
yǔyán	Sprache [S]
zǎoshang	Morgen, morgens [ZW]

Grammatik

Wochentage: **xīngqīyī** ODER **lǐbàiyī** „Montag“, **xīngqī’èr** ODER **lǐbài’èr** „Dienstag“, **xīngqīsān** ODER **lǐbàisān** „Mittwoch“, **xīngqīsì** ODER **lǐbàisì** „Donnerstag“, **xīngqīwǔ** ODER **lǐbàiwǔ** „Freitag“, **xīngqīliù** ODER **lǐbàiliù** „Samstag“, **xīngqītiān** ODER **xīngqīrì** ODER **lǐbàitiān** ODER **lǐbàirì** „Sonntag“, **xīngqījǐ** ODER **lǐbàijǐ** „welcher Wochentag?“

TIĀN als Zähleinheitswort mit der Bedeutung „Tag“: **yìtiān** „ein Tag“, **liǎngtiān** „zwei Tage“, **jǐtiān** „wie viele Tage?“, **měitiān** „jeden Tag“

Zeitraum nach dem Verb: **Yǔyán shíyànshì xīngqīliù kāi bàntiān.** „Am Samstag ist das Sprachlabor den halben Tag geöffnet.“

Einheit 4, Abschnitt 2: Neue Vokabeln und Grammatik

Vokabeln

chūshēng	geboren sein [V]
děng	warten [V]
dìzhǐ	Adresse [S]
dōng	Osten [L]
duàn	Abschnitt [ZEW]
gōng	Bogen (Waffe) [S]
hào	Tag des Monats; Nummer (in Adressen, Größen) [ZEW]
hépíng	Frieden [S]
jīnnián	dieses Jahr [ZW]
jīntiān	heute [ZW]
jiù	genau [A]
lóu	Etage [S]
míngnián	nächstes Jahr [ZW]
míngtiān	morgen [ZW]
Mínguó	Republik China [ZW]
nián	Jahr [ZEW]
-nòng	Gässchen [GF]
qùnián	letztes Jahr [ZW]
shēngrì	Geburtstag [S]
wénhuà	Kultur [S]
-xiàng	Gasse [GF]
Zhāng	Zhang [FN]
zuótiān	gestern [ZW]

Grammatik

Adressen: **Zhōngguo Guǎngdōng Guǎngzhōu Zhōngshān Lù wǔhào sānlóu** „Zhong Shan Road, Nummer 5, 2. Stock, Guangzhou, China"

Daten: **èr-líng-líng-wǔ nián shíyīyuè èrhào xīngqīyī** „Montag, 2. November, 2005"

Tage des Monats mit **HÀO**: **wǔhào** „der fünfte", **jǐhào** „welcher Tag des Monats?"

Etagen mit **LÓU**: **yīlóu** „Erdgeschoss", **èrlóu** „zweiter Stock", **jǐlóu?** „welcher Stock?"

Monatsbezeichnungen mit **YUÈ**: **yīyuè** „Januar", **èryuè** „Februar", **sānyuè** „März", **sìyuè** "April," **wǔyuè** „Mai", **liùyuè** „Juni", **qíyuè** „Juli", **báyuè** „August", **jiǔyuè** „September", **shíyuè** „Oktober", **shíyīyuè** „November", **shí'èryuè** „Dezember", **jǐyuè** „welcher Monat?"

NIÁN als Zähleinheitswort für „Jahr": **yìnián** „ein Jahr", **jǐnián** „wie viele Jahre", **měinián** „jedes Jahr"

SHI...-DE um Zeit oder Ort bekannter vergangener Handlungen auszudrücken: **Wǒ shi yī-jiǔ-bā-wǔ-nián chūshēngde.** „Ich bin 1985 geboren."

Zeitpunkt vor Ortsangabe: **Wǒ shi yī-jiǔ-bā-wǔ-nián zài Měiguo chūshēngde.** „Ich bin 1985 in den USA geboren."

Kalenderjahre mit **NIÁN**: **yī-jiǔ-bā-wǔ-nián** „1985"

Einheit 4, Abschnitt 3: Neue Vokabeln und Grammatik

Vokabeln

báitiān	tagsüber [ZW]
cì	Mal [ZEW]
dàyuē	ungefähr [A]
dì-	(bildet Ordnungszahlen [Ordinalzahlen]) [SP]
fángjiān	Zimmer [S]
-guo	(zeigt Erfahrung an) [P]
hòunián	übernächstes Jahr [ZW]
hòutiān	übermorgen [ZW]
huíguó	in das Heimatland zurückkehren [VO]
huíjiā	nachhause zurückkehren [VO]
jiā	Familie; Zuhause [OW]
jiǔ	lang sein (Zeit) [SV]
m	(Zögerlaut, Pausenfüller) [I]
qiánnián	vorletztes Jahr [ZW]
qiántiān	vorgestern [ZW]
ránhòu	danach, dann [BA]
shuō	sagen, sprechen [V]
yào	werden [HV]
yèli	nachts [ZW]
zhōngwǔ	Mittag [ZW]
zhù	leben (in), wohnen (in) [V]

Grammatik

DÌ- um Ordnungszahlen zu bilden: **dìyī** „der erste“, **dì'èrge** „der zweite“, **dìsāncì** „das dritte Mal“

-GUO um Erfahrung auszudrücken: **Wǒ qùguo.** „Ich bin schon mal hingegangenen.“ ODER „Ich war schon einmal da.“

Einheit 4, Abschnitt 4: Neue Vokabeln und Grammatik

Vokabeln

-bǎiwàn	Million [Z]
Běijīng	Beijing [OW]
bǐjiào	relativ [A]
chángcháng	oft [A]
chídào	spät sein, spät kommen [V]
duō	viel sein, viel, mehr [SV]
Guǎngzhōu	Guangzhou, Kanton [OW]
hǎoxiàng	anscheinend [BA]
kè	Klasse, Gruppe [S]
Nánjīng	Nanjing [OW]
-qiānwàn	zehn Millionen [Z]
rénkǒu	Bevölkerung [S]
Shànghǎi	Schanghai [OW]
shàngkè	Unterricht haben [VO]
shǎo	wenig sein, weniger [SV]
shíwàn	hunderttausend [Z]
Sūn	Sun [FN]
Táiběi	Taipei [OW]
táokè	Unterricht schwänzen [VO]
-wàn	zehntausend [Z]
Xī'ān	Xian [OW]
-yì	hundert Millionen [Z]

Grammatik

DUŌ um „mehr als" auszudrücken: **yìbǎiduō rén** „mehr als hundert Leute", **yìqiānduōkuài** „mehr als tausend Yuan"

HǍOXIÀNG: **Tāmen hǎoxiàng hái méi lái.** „Sie sind anscheinend noch nicht gekommen."

Große Zahlen: **yíwàn** „zehntausend", **shíwàn** „hunderttausend", **yìbǎiwàn** „eine Million", **yìqiānwàn** „zehn Millionen", **yíyì** „hundert Millionen", **shíyì** „Milliarde"

Einheit 5, Abschnitt 1: Neue Vokabeln und Grammatik

Vokabeln

bǎ	(für Stühle, Regenschirme) [ZEW]
bàngōngshì	Büro [OW]
bàoqiàn	bedauern [V]
búguò	wie auch immer [KJ]
dāngrán	natürlich [BA]
Huáqiáo	Übersee-Chinese [S]
kéyi	können, dürfen [HV]
lǎobǎn	Chef, Eigentümer [S]
líu	dalassen, zurücklassen [etwas, jemanden] [V]
nàr	dort [OW]
shízài	wirklich, wahrhaftig [A]
tiáozi	Notiz, Nachricht [S]
xiǎng	wollen, möchten [HV]
yàoshi	falls [BA]
Yīngwén	Englisch (Sprache) [S]
yǐzi	Stuhl [S]
zài	da sein; sich befinden [V]
zěmme bàn	„Was kann man da tun?" [IA]
zhāng	(für Tische, Visitenkarten) [ZEW]
zhǎo	suchen [V]
zhèr	hier [OW]
zhīdao	wissen, kennen [V]
zhuōzi	Tisch [S]

Grammatik

Tilgung der zweiten Silbe von zweisilbigen Verben im bejahenden Teil von Ja-Nein-Fragen: **kéyi bu kéyi** → **kě bu kéyi** „darf ich oder nicht?"

Eingebettete Fragen: **Nǐ zhīdao tā zài nǎr ma?** „Weißt du, wo sie ist?"

GĚI als Co-Verb: **Wǒ gěi tā liú yíge tiáozi** „Ich werde ihr eine Nachricht dalassen."

YÀOSHI: **Yàoshi nǐ zhǎo yíge rén.../Nǐ yàoshi zhǎo yíge rén...** „Wenn du jemanden suchst ..."

ZÀI als Hauptverb: **Tā zài bu zài?** „Ist sie da?", **Tā zài Niǔyuē.** „Sie ist in New York."

-ZI als Nominalsuffix: **zhuōzi** „Tisch", **yǐzi** „Stuhl"

Einheit 5, Abschnitt 2: Neue Vokabeln und Grammatik

Vokabeln

Běidà	Peking-Universität [OW]
cài	Essen [S]
cháng	oft [A]
chǎng	Fabrik [S]
chī	essen [V]
chīfàn	essen [VO]
dàxuéshēng	Student [S]
fàn	Reis (gekocht); Essen [S]
gōngrén	Arbeiter [S]
Hànyǔ	Chinesisch [Sprache] [S]
kuài	schnell, bald [A]
péixùn	trainieren [V]
pí	Leder, Haut [S]
píxié	Lederschuh [S]
wǎnfàn	Abendessen [S]
wèizi	Sitz, Platz [S]
wǔfàn	Mittagessen [S]
xié	Schuh [S]
xué	lernen, studieren [V]
xuésheng	Schüler, Student [S]
zǎofàn	Frühstück [S]
zhōngfàn	Mittagessen [S]
zhōngxīn	Zentrum [S]

Grammatik

Abkürzungen für Universitäten: **Běijīng Dàxué** → **Běidà** „Peking-Universität"

KUÀI (YÀO)...LE um eine unmittelbar bevorstehende Handlung oder Situation anzuzeigen: **Tā kuài yào zǒule.** „Sie geht bald."

LÁI + Verb um einen Absicht anzuzeigen: **Tā lái zhèr xué Zhōngwén.** „Sie kommt hierher, um Chinesisch zu lernen."

Verb-Objekt-Verbindungen: **chīfàn** „Reis essen" → „essen"; **shuìjiào** „schlafen"

ZÀI als Co-Verb: **Wǒ zài yìjiā gōngsī gōngzuò**. „Ich arbeite in einer Firma."

Einheit 5, Abschnitt 3: Neue Vokabeln und Grammatik

Vokabeln

bān	bewegen (einen Gegenstand oder das Zuhause); umziehen [V]
běibiān(r)	Norden [OW]
cèsuǒ	Toilette [OW]
Cháng Chéng	Große Mauer [OW]
Cháng Chéng Fàndiàn	Great Wall-Hotel [OW]
chéng	Stadt [S]
-dào	ankommen in, nach [PV]
dìfang	Ort [S]
dōngbiān(r)	Osten [OW]
fàndiàn	Hotel [OW]
huí	Mal [ZEW]
kě	bestimmt [A]
méi shì(r)	„Macht nichts!" [IA]
nánbiān(r)	Süden [OW]
něibiān(r)	welche Seite, wo [FW]
nèibian(r)	diese Seite, dort [OW]
pàng	fett sein (Menschen oder Tiere) [SV]
ràng	veranlassen, machen, dass … [CV]
ràng nǐ jiǔ děngle	„Ich habe dich lange warten lassen." [IA]
shān	Berg, Hügel [S]
shòu	mager sein [SV]
Xiāng Shān	Xiang Shan (wörtl. „Dufthügel") [OW]
xiāng	duften [SV]
xībiān(r)	Westen [OW]
yāo	eins [Z]
-zài	in, an, auf [PV]
zhèibian(r)	diese Seite, hier [OW]

Grammatik

-DÀO als Postverb: **Tāmen qùnián bāndao Táiběi le.** „Letztes Jahr sind sie nach Taipei gezogen."

Die Himmelsrichtungen: **dōngbiān(r)** „Osten, Ostseite", **nánbiān(r)** „Süden, Südseite", **xībiān(r)** „Westen, Westseite", **běibiān(r)** „Norden, Nordseite"

Statisches Verb + **(YÌ)DIǍN(R)**: **piányi yìdiǎnr** „ein bisschen billiger", **hǎo yìdiǎn** „ein bisschen besser"

-ZÀI als Postverb: **Wǒ zhùzai Nánjīng.** „Ich wohne in Nanjing."

Einheit 5, Abschnitt 4: Neue Vokabeln und Grammatik

Vokabeln

āiyò	(zeigt Überraschung an) [I]
diànnǎo	Computer [S]
dǐxia	unter [OW]
dōngxi	Ding, Sache [S]
e	(Zögerlaut, Pausenfüller) [I]
gǒu(r)	Hund [S]
guǎn	sich um etwas kümmern [V]
hòu	hinten, hinter [L]
hòubian(r)/hòumian/hòutou	hinten, hinter [OW]
kāiguān	Schalter [S]
lǐ	in, innen [L]
lǐbian(r)/lǐmiàn/lǐtou	in, innen [OW]
pángbiān(r)	an der Seite, seitlich von, in der Nähe von [OW]
qián	vor, vorne [L]
qiánbian(r)/qiánmian/qiántou	vor, vorne [OW]
shàng	auf [L]
shàngbian(r)/shàngmian/shàngtou	auf [OW]
shǐyòng	verwenden, gebrauchen [V]
shǐyòng shǒucè	Benutzerhandbuch [PH]
shǒucè	Handbuch [S]
shūfáng	Arbeitszimmer [OW]
shūjià	Bücherregal [S]
tā	es (Tier oder Gegenstand) [PR]
tái	(für Computer, TV-Geräte) [ZEW]
wài	außen [L]
wàibian(r)/wàimian/wàitou	außen [OW]
wǔ-bā-liù	Pentium® (Computermodell) [S]
xià	unten, unter [L]
xiàbian(r)/xiàmian/xiàtou	unten, unter [OW]
yào	wollen [HV]
yòu	rechts [L]
yòubian(r)	rechts, rechte Seite [OW]
zuǒ	links [L]
zuǒbian(r)	links, linke Seite [OW]

Grammatik

-LE in Sätzen mit quantifizierten Objekten, um eine vollendete Handlung auszudrücken: **Wǒ mǎile yìtái xīn diànnǎo** „Ich habe einen neuen Computer gekauft."

Lokalisierer: **fángjiānli** „im Zimmer", **zhuōzishang** „auf dem Tisch"

Ortswörter: **lǐmiàn/lǐtou/lǐbian(r)** „in, innen", **wàibian(r)/wàimian/wàitou** „außen", **qiánbian(r)/qiánmian/qiántou** „vor", **hòubian(r)/hòumian/hòutou** „hinter", **shàngbian(r)/shàngmian/shàngtou** „auf", **xiàbian(r)/xiàmian/xiàtou** „unter", **zuǒbian(r)** „links", **yòubian(r)** „rechts", **pángbiān(r)** „neben", **dǐxia** „unter"

Einheit 6, Abschnitt 1: Neue Vokabeln und Grammatik

Vokabeln

āyí	Tante (Schwester der Mutter) [S]
chū'èr	zweites Jahr in der Junior High School [ZW]
chūsān	drittes Jahr in der Junior High School [ZW]
chūyī	erstes Jahr in der Junior High School [ZW]
chūzhōng	Junior High School [OW]
dà'èr	Sophomore Year im College [ZW]
dàsān	Junior Year im College [ZW]
dàsì	Senior Year im College [ZW]
dàyī	erstes Jahr im College [ZW]
gāo'èr	Junior Year in der High School [ZW]
gāosān	Senior Year in der High School [ZW]
gāoyī	Sophomore Year in der High School [ZW]
gāozhōng	Senior High School [OW]
-gěi	geben, für [PV]
hǎochī	lecker sein, wohlschmeckend sein [SV]
hǎokàn	gutaussehend sein [SV]
lǐwù	Geschenk [S]
m	mmh ... (zeigt an, dass etwas gut schmeckt) [I]
nánpéngyou	Freund (der Freund) [S]
niánjí	Jahrgangsstufe in der Schule oder an der Universität [S]
nǚpéngyou	Freundin (die Freundin) [S]
péngyou	Freund [S]
shàng	gehen zu, besuchen (Schule) [V]
shūshu	Onkel (jüngerer Bruder des Vaters) [S]
sòng	schenken [V]
táng	Bonbon, Zucker [S]
xiǎoxué	Grundschule [OW]
xǐhuan	mögen [HV/V]
yìniánjí	erstes Jahr (Klassenstufe/Schuljahrgangssstufe) [ZW]
zhēn	wirklich [A]
zhōngxué	Mittelschule [OW]

Grammatik

Schulsystem und Jahrgangsstufen: **xiǎoxué sānniánjí** „drittes Jahr der Grundschule", **chūyī** „siebte Klasse", **gāo'èr** „elfte Klasse", **dàsān** „Junior Year im College", **jǐniánjí** „welche Jahrgangsstufe?"

Einheit 6, Abschnitt 2: Neue Vokabeln und Grammatik

Vokabeln

bānjiā	umziehen (Wohnung) [VO]
-dà	groß [RE]
ei	(zeigt eine lebhafte Emotion an) [P]
érzi	Sohn [S]
jiéhūn	heiraten [VO]
jīn	Gold [GF]
Jīn	Gold [FN]
jiù	alt sein (Gegenstände) [SV]
Jiùjīnshān	San Francisco [OW]
kànqilai	beim Anschauen [RB]
líhūn	sich scheiden lassen [VO]
nàli	dort [OW]
náli	wo [FW]
niánqīng	jung sein [SV]
Niŭyuē	New York [OW]
nǚ'ér	Tochter [S]
-qĭlai	am VERBen (sein) [RE]
xiăohái(r)	kleines Kind [S]
yìsi	Bedeutung [S]
zhăng	wachsen [V]
zhăngdà	aufwachsen [RB]
zhèli	hier [OW]
zuò	machen, tun [V]

Grammatik

-QILAI um „am VERBen" anzuzeigen: **Tā kànqilai hĕn lăo.** „Sie sieht sehr alt aus."

Einheit 6, Abschnitt 3: Neue Vokabeln und Grammatik

Vokabeln

dōngběi	Nordosten [OW]
dōngnán	Südosten [OW]
fúwù	dienen [V]
hángkōng	Flug- [S]
hángkōng gōngsī	Fluggesellschaft [PH]
jiāo	lehren [V]
jiāoshū	lehren [VO]
Měiguo Zài Tái Xiéhuì	American Institute in Taiwan [OW]
méiyou	(zeigt die Verneinung von Handlungsverben in der Vergangenheit an) [HV]
néng	können, fähig sein [HV]
shàngbān(r)	zur Arbeit gehen [VO]
shàngxué	zur Schule gehen [VO]
suóyi	daher [KJ]
Táiběi Měiguo Xuéxiào	Taipei American School [OW]
wèishemme	warum [FW]
xiàbān(r)	von der Arbeit kommen [VO]
xīběi	Nordwesten [OW]
xiéhuì	Gesellschaft, Vereinigung [S]
xī'nán	Südwesten [OW]
Xī'nán Hángkōng Gōngsī	Southwest Airlines® [OW]
xuéxiào	Schule [OW]
yīnwei	weil [BA]

Grammatik

Zwischenhimmelsrichtungen: **dōngnán** „Südosten“, **dōngběi** „Nordosten“, **xī'nán** „Südwesten“, **xīběi** „Nordwesten“

JIĀO und **JIĀOSHŪ**: **Wǒ xǐhuan jiāoshū.** „Ich lehre gerne. **Shéi jiāo nǐmen Yīngwén?** „Wer unterrichtet euch in Englisch?“

MÉIYOU um die Verneinung von Handlungsverben in der Vergangenheit anzuzeigen: **Tā méiyou qù.** „Sie ging nicht.“

YĪNWEI...SUÓYI...: **Tā yīnwei hěn máng, suóyi bù néng lái.** „Sie kann nicht kommen, weil sie sehr beschäftigt ist.“

Einheit 6, Abschnitt 4: Neue Vokabeln und Grammatik

Vokabeln

Àodàlìyà	Australien [OW]
Àozhōu	Australien [OW]
dàmèi	ältere jüngere Schwester
fùmǔ	Eltern [S]
gěi	geben [V]
gēn	mit [CV]
Huáng	Huang (wörtl. „Gelb") [FN]
jiěmèi	ältere und jüngere Schwestern [S]
jīhui	Gelegenheit, Chance [S]
lǎo-	(zeigt den Rang unter den Geschwistern an) [GF]
lǎodà	älteste/r (unter Geschwistern) [S]
liáo	plaudern [V]
liáotiān	plaudern [VO]
liúxué	im Ausland studieren [VO]
páiháng	Rang unter den Geschwistern [S]
wàizǔfù	Großvater mütterlicherseits [S]
wàizǔmǔ	Großmutter mütterlicherseits [S]
wàng	vergessen [V]
xiǎomèi	jüngere jüngere Schwester [S]
xiōngdì	ältere und jüngere Brüder [S]
yǐhòu	später, in Zukunft [ZW]
yímín	migrieren (ein- oder auswandern) [V]
Zhèng	Zheng [FN]
zìwǒ jièshao	sich selbst vorstellen [PH]
zǔfù	Großvater väterlicherseits [S]
zǔmǔ	Großmutter väterlicherseits [S]

Grammatik

...-LE...LE in Sätzen mit nicht quantifizierten Objekten, um eine vollendete Handlung anzuzeigen: **Wǒ wàngle zìwǒ jièshaole.** „Ich habe vergessen, mich vorzustellen."

Einheit 7, Abschnitt 1: Neue Vokabeln und Grammatik

Vokabeln

biǎojiě	ältere Cousine mit anderem Familiennamen [S]
biǎojiěfu	Ehemann der älteren Cousine mit anderem Familiennamen [S]
cóngqián	früher, in der Vergangenheit [ZW]
gǎiháng	die Arbeit wechseln [VO]
gōngchǎng	Fabrik [OW]
hái	zudem, außerdem [A]
hé	und [KJ]
kǒu	(für Menschen; wörtl. „Mund") [ZEW]
mǎimài	Geschäft [S]
nánháir	Junge [S]
ne	(Pausenfüller) [P]
nǚháir	Mädchen [S]
shēnti	Körper [S]
xiàn	Kreis (Verwaltungseinheit) [S]
yòu'éryuán	Kindergarten [OW]
yuánlái	ursprünglich, früher [BA]
zuò mǎimài	Geschäfte machen [PH]

Grammatik

Auswahlfragen mit implizierter Wahl: **Nánháir nǚháir?** „Ein Junge oder ein Mädchen?" **Nǐ yào zhèige yào nèige?** „Willst du dieses oder willst du jenes?"

Einheit 7, Abschnitt 2: Neue Vokabeln und Grammatik

Vokabeln

Běijīng Yǔyán Wénhuà Dàxué	Beijing Language and Culture University [OW]
bú cuò	„nicht schlecht“, „ziemlich gut“ [IA]
Déyǔ	Deutsch (Sprache) [S]
-de	(Verbsuffix, das die Art und Weise anzeigt) [P]
Fǎyǔ	Französisch (Sprache) [S]
Hànzì	chinesisches Schriftzeichen [S]
huà	Wort, Sprache [S]
huì	können (da gelernt) [HV]
jǐ-	einige, mehrere [Z]
jìxù	weitermachen, fortsetzen [V]
ma	(zeigt Offenkundigkeit an) [P]
Pǔtōnghuà	Mandarin (Sprache) [S]
qítā	andere/r/s [AT]
quán	völlig [A]
rènshi	erkennen [V]
Rìyǔ	Japanisch (Sprache) [S]
shuōhuà	Wörter sagen, sprechen [VO]
Xībānyáyǔ	Spanisch (Sprache) [S]
xiě	schreiben [V]
xiězì(r)	Schriftzeichen schreiben, schreiben [VO]
ya	(Form der Partikel **a** nach Wörtern, die auf **-a** oder **-i** enden) [P]
Yīngyǔ	Englisch (Sprache) [S]
yǐqián	vorher, früher [ZW]
yǒude	einige, manche [AT]
Zhōngguo huà	gesprochenes Chinesisch [PH]
Zhōngguo zì(r)	chinesisches Schriftzeichen [PH]

Grammatik

Äquivalente für „können“: **huì** „wissen, wie man etwas macht“, **néng** „körperlich in der Lage sein“, **kéyi** „dürfen“

Äquivalente für „wissen“, „kennen“: **huì** „wissen, wie man etwas macht“, **zhīdao** „etwas (eine Tatsache) wissen“, **rènshi** „kennen“

-DE nach Verben, um die Art und Weise anzuzeigen: **Tā Zhōngguo huà shuōde hěn hǎo.** „Sie spricht sehr gut Chinesisch.“ **Tā xiě Zhōngguo zì xiěde hěn hǎokàn.** „Er schreibt chinesische Schriftzeichen sehr schön.“

MA um eine offenkundige Situation anzuzeigen: **Nínde Hànyǔ shuōde tǐng bú cuò ma!** „Du sprichst wirklich ziemlich gut Chinesisch.“

Sprachenbezeichnungen

Fragewörter, die als unbestimmte Ausdrücke verwendet werden: **Wǒ rènshi jǐbǎige Zhōngguo zì.** „Ich kenne einige hundert chinesische Schriftzeichen.“ **Wǒ zhǐ yǒu jǐkuài qián.** „Ich habe nur ein paar Yuan.“

Bezeichnungen für „Chinesisch“

YǑUDE...YǑUDE...: **Yǒude láile, yǒude méi lái.** „Einige sind gekommen, andere nicht.“ **Yǒude wǒ mǎile, yǒude méi mǎi.** „Einige habe ich gekauft, einige nicht.“

Einheit 7, Abschnitt 3: Neue Vokabeln und Grammatik

Vokabeln

duàn(r)	Abschnitt, (Zeit-)Periode [ZEW]
hé	mit [CV]
hòulái	danach, später [ZW]
jiǎng	sprechen, sagen [V]
jiǎnghuà	sprechen, sagen [VO]
kāishǐ	anfangen [V]; anfangs [ZW]
nánguài...	kein Wunder, dass ... [BM]
nèmme	so [A]
shíhou(r)	Zeit [S]
yíge rén	allein, einzeln [PH]
yìqǐ	zusammen [A]
yòu	wieder, nochmals [A]
yǒude shíhou(r)	manchmal [PH]
yuǎn	weit weg sein [SV]
yuèfen(r)	Monat [S]

Grammatik

HÉ...YÌQǏ und **GĒN...YÌQǏ**: **Wǒmen hé tāmen yìqǐ qù ba!** „Lasst uns zusammen mit ihnen gehen!"

NÁNGUÀI...: **Nánguài nǐde Hànyǔ jiǎngde zhèmme hǎo.** „Kein Wunder, dass du so gut Chinesisch sprichst."

SHI...-DE um Begleitumstände bekannter Handlungen in der Vergangenheit auszudrücken: **Wǒ shi hé wǒ àirén yìqǐ láide.** „Ich bin mit meiner Frau gekommen."

Einheit 7, Abschnitt 4: Neue Vokabeln und Grammatik

Vokabeln

bàng	großartig, stark [SV]
bìyè	Abschluss machen [BM]
chà	etwas ermangeln, ungenügend sein [SV]
cóng	von [CV]
duōshù	Mehrheit [S]
fùyu	wohlhabend sein [SV]
gǔ	alt sein [SV]
jiù	nur, bloß [A]
juéde	meinen [V]
nèiyang(r)	so, auf diese Weise [BA]
niàn	studieren [V]
nǔlì	fleißig sein [SV]
shēnqǐng	beantragen [V]
tīngshuō	von etwas hören, Hörensagen [V]
yánjiū	forschen; Forschung [V/S]
yánjiūshēng	Graduierte/r Student/in [S]
...yǐhòu	nach... [BM]
...yǐqián	bevor... [BM]
zhèiyang(r)	so, auf diese Weise [BA]
...zhīhòu	nach... [BM]
...zhīqián	bevor... [BM]
zhì'ān	öffentliche Sicherheit [S]

Grammatik

Rückmeldungen: **Ò.** „Oh!“, **Zhèiyang.** „So ist das!“

BÌYÈ: **Tā shi Běidà bìyède.** „Sie hat an der Peking-Universität Abschluss gemacht.“

Phrase + **YǏQIÁN/ZHĪQIÁN** und Phrase + **YǏHÒU/ZHĪHÒU**: **Tā shi yìnián yǐqián qù Zhōngguode.** „Er ging vor einem Jahr nach China.“ **Tā liǎngge yuè zhīhòu yào jiéhūn.** „Sie heiratet in zwei Monaten.“

Einheit 8, Abschnitt 1: Neue Vokabeln und Grammatik

Vokabeln

běi	Norden [L]
běifāng	Norden, der Norden [OW]
běifāng huà	nördliche Sprache [PH]
běifāng rén	Nordländer [PH]
Běijīng Fàndiàn	Peking-Hotel [OW]
dădī	ein Taxi nehmen [VO]
dàgài	wahrscheinlich, ungefähr [BA]
dōngfāng	Osten, der Osten [OW]
Dōngfāng rén	Asiat [PH]
gèng	noch mehr [A]
guò	passieren, vorbeikommen [V]
huòzhě	oder [KJ]
jìn	in der Nähe sein [SV]
kāi	fahren, ein Fahrzeug führen [V]
kuài	schnell sein [SV]
láojià	„Entschuldigung!" [IA]
lí	entfernt sein von [CV]
nán	Süden [L]
nánfāng	Süden, der Süden [OW]
nánfāng huà	südliche Sprache [PH]
nánfāng rén	Südländer [PH]
Tiān'ānmén	Tiananmen [OW]
wàng	nach, hin zu [CV]
xī	Westen [L]
xīfāng	Westen, der Westen [OW]
Xīfāng rén	Westler [PH]
yìzhí	gerade [A]
zǒu	gehen [V]
zǒulù	gehen [VO]
zuǒyòu	ungefähr [OW]

Grammatik

Bedingungssätze (Konditionalsätze) mit **-DE HUÀ**: **Zǒulùde huà, dàgài yào bàn'ge zhōngtóu zuǒyòu.** „Wenn du läufst, dauert es etwa eine halbe Stunde."

LÍ um Entfernung von etwas auszudrücken: **Nǐ jiā lí zhèr yuǎn bu yuǎn?** „Ist dein Zuhause weit weg von hier?" **Wǒ jiā lí zhèr hěn jìn.** „Mein Zuhause ist ganz in der Nähe von hier."

QÙ...ZĚMME ZǑU: **Láojià, qù Wàijiāobù zěmme zǒu?** „Entschuldigung, wie komme ich zum Außenministerium?"

WÀNG um eine Bewegung in eine bestimmte Richtung auszudrücken: **wàng xī zǒu** „nach Westen gehen", **wàng qián kāi** „nach vorne (vorwärts) fahren"

ZUǑYÒU: **liǎngge yuè zuǒyòu** „ungefähr zwei Monate"

Einheit 8, Abschnitt 2: Neue Vokabeln und Grammatik

Vokabeln

Běijīng Wàiguoyǔ Dàxué	Beijing Foreign Studies University [OW]
Běiwài	(Abkürzung von Beijing Foreign Studies University) [OW]
bīnguǎn	Guest House, Hotel [OW]
chēzi	Auto, Fahrzeug [S]
chūzū	vermieten [V]
chūzū qìchē	Taxi [PH]
Fù	Fu [FN]
hǎode	„OK!“ [IA]
jīchǎng	Flughafen [OW]
liàng	(für Landfahrzeuge) [ZEW]
lóu	Gebäude (mit mehr als zwei Etagen) [S]
ménkǒu(r)	Eingang [OW]
qìchē	Auto [S]
shǒudū	Hauptstadt [S]
Shǒudū Jīchǎng	Hauptstadtflughafen [OW]
wàiguo	Ausland [S]
wàiguo huà	Fremdsprache [PH]
wàiguo rén	Ausländer [PH]
wàiguoyǔ	Fremdsprache [S]
wéi	„Hallo!“ [I]
xìngmíng	Vor- und Zuname [S]
Yǒuyì Bīnguǎn	Friendship Hotel [OW]
yǒuyì	Freundschaft [S]
zhuānjiā	Experte [S]
zhuānjiā lóu	Wohnheim für (ausländische) Experten [PH]

Grammatik

Scharniersätze: **Wǒ yào yíliàng chē qù Shǒudū Jīchǎng** „Ich will ein Taxi zum Hauptstadtflughafen.“

Einheit 8, Abschnitt 3: Neue Vokabeln und Grammatik

Vokabeln

dǎ	schlagen [V]
dǎ diànhuà	telefonieren [PH]
diànhuà	Telefon [S]
fázi	Methode, Mittel, Weg [S]
gǎn	(sich) eilen [V]
huì	werden [HV]
jiāotōng	Verkehr [S]
jìnkuài	so schnell wie möglich [A]
juédìng	entscheiden [V]
máfan	stören [V]
mǎshàng	sofort [A]
nàixīn	geduldig sein; Geduld [SV/S]
pài	schicken, aussenden [V]
pàiqu	schicken, aussenden [RB]
-qu	(zeigt eine Bewegung weg vom Sprecher an) [RE]
shàng	gehen zu, kommen nach [CV]
sījī	Fahrer, Chauffeur [S]
tōngzhī	benachrichtigen [V]
xiǎoshí	Stunde [S]
yào	brauchen, müssen, sollen [HV]; fordern, wollen [V]
yìhuǐr	eine Weile [S]
yōngjǐ	belebt, voll [SV]
zěmme	wie kommt es, dass …, warum [FW]
zháojí	besorgt sein; sich aufregen [SV/VO]

Grammatik

Resultativbildungen: **pàiqu** „aussenden“, **láibují** „zu spät sein“

Einheit 8, Abschnitt 4: Neue Vokabeln und Grammatik

Vokabeln

bàntiān	„halber Tag", lange Zeit [Z+ZEW]
biéde	andere/r/s [AT]
dǔchē	mit Autos verstopft, sich stauen [VO]
gōngjīn	Kilo [ZEW]
huàn	wechseln, austauschen [V]
jiàn	(für Gepäck, Angelegenheiten) [ZEW]
kāichē	ein Auto fahren [VO]
mǐ	Meter [ZEW]
qīng	leicht sein (Gewicht) [SV]
sāichē	mit Autos verstopft, sich stauen [VO]
shīfu	Meister; Fahrer [S]
tiáo	(für Straßen und Gassen) [ZEW]
xíngli	Gepäck [S]
xūyào	benötigen, brauchen [V]
yīngdāng	sollen [HV]
zāogāo	durcheinander sein [SV]; „verflixt", „Mist" [IA]
zhǎo	(Wechselgeld) herausgeben [V]
zhǎoqián	Wechselgeld herausgeben [VO]
zhǐhǎo	keine andere Wahl haben [A]
zhòng	schwer sein (Gewicht) [SV]
zuìhòu	schließlich, endlich [ZW]

Grammatik

CÓNG...DÀO...: **Cóng sāndiǎn bàn dào wǔdiǎn.** „Von 3:30 Uhr bis 5:00 Uhr"

Körpergröße und Gewicht: **Nǐ duō zhòng?** „Was wiegst du?" **Wǒ liùshisāngōngjīn.** „Ich wiege 63 Kilo." **Nǐ duō gāo?** „Wie groß bist du?" **Wǒ yīmǐ bā'èr.** „Ich bin einszweiundachtzig."

Spezifizierer + Zahl + Zähleinheitswort + Substantiv: **zhèiliǎngjiàn xíngli** „diese zwei Gepäckstücke"

ZHǏHǍO: **Wǒmen zhǐhǎo huí sùshè.** „Wir haben keine andere Wahl, als ins Wohnheim zurück zu kehren."

Einheit 9, Abschnitt 1: Neue Vokabeln und Grammatik

Vokabeln

bái	weiß sein [SV]
báisè	Weiß (Farbe) [S]
běndì	dieser Ort, hier [S]
bú yòng	nicht brauchen, nicht müssen [HV]
bú yòng xiè	„Nichts zu danken!" [IA]
dēng	Licht, Lampe [S]
guǎi	abbiegen [V]
hēi	schwarz sein [SV]
hēisè	Schwarz (Farbe) [S]
Hépíng Bīnguǎn	Peace Hotel [OW]
hóng	rot sein [SV]
hónglǜdēng	Ampel [S]
hóngsè	Rot (Farbe) [S]
huáng	gelb sein [SV]
huángsè	Gelb (Farbe) [S]
jiāotōng jǐngchá	Verkehrspolizei [PH]
jiāotōngjǐng	Verkehrspolizei [S]
jǐngchá	Polizei [S]
lán	blau sein [SV]
lánsè	Blau (Farbe) [S]
lǜ	grün sein [SV]
lùkǒu(r)	Kreuzung [OW]
lǜsè	Grün (Farbe) [S]
qīngchu	klar sein; sich im Klaren sein [SV]
xiè	danken [V]
yánsè	Farbe [S]
zhuǎn	abbiegen [V]

Grammatik

Farbausdrücke

Einheit 9, Abschnitt 2: Neue Vokabeln und Grammatik

Vokabeln

búbì	nicht brauchen, nicht müssen, unnötig [HV]
chēzhàn	Bushaltestelle; Busstation [OW]
diànchē	Straßenbahn; Trolleybus, Tram [S]
dòngwù	Tier [S]
dòngwùyuán(r)	Zoo [OW]
gōnggòng	öffentlich [AT]
gōnggòng qìchē	Bus des ÖPNV, öffentlicher Bus [PH]
lù	(für Buslinien) [ZEW]
māo(r)	Katze [S]
niǎo(r)	Vogel [S]
shàngchē	einsteigen (in ein Fahrzeug) [VO]
yǎng	halten, aufziehen (Tiere) [V]
Yíhéyuán	Sommerpalast [OW]
yú(r)	Fisch [S]
zhàn	Station, Haltestelle [S]
zhī	(für die meisten Tiere) [ZEW]
zhōngdiǎn	Endpunkt [S]
zhōngdiǎn zhàn	Endhaltestelle [PH]

Grammatik

XIĀN...RÁNHÒU... „Zuerst ..., dann ...“: **Xiān chīfàn ránhòu zài qù mǎi dōngxi.** „Erst essen und dann einkaufen gehen.“

Einheit 9, Abschnitt 3: Neue Vokabeln und Grammatik

Vokabeln

bèn	dumm sein [SV]
búdàn	nicht nur [A]
cōngming	klug sein [SV]
érqiě	außerdem, und, auch [KJ]
gāng	gerade jetzt, eben, genau [A]
gānggāng	gerade jetzt, eben, genau [A]
gānjìng	sauber sein [SV]
jiào	(jemanden) rufen [V]
kāi wánxiào	Späße/Witze machen [PH]
lǎn	faul sein [SV]
luàn	durcheinander sein, chaotisch sein [SV]
méi	nicht haben [V]
piào	Fahrkarte [S]
shàng	einsteigen [V]
shēngqì	ärgerlich sein; ärgerlich werden [SV/VO]
shòupiàoyuán	Fahrkartenverkaufsperson, Schaffner [S]
shuō xiàohua(r)	einen Witz erzählen [PH]
wánxiào	Witz [S]
xīwàng	hoffen [V]
yònggōng	fleißig sein [SV]
zāng	schmutzig sein [SV]
zhěngqí	ordentlich sein [SV]

Grammatik

BÚDÀN...ÉRQIĚ... „Nicht nur ..., sondern auch ...“: **Tā búdàn niánqīng, érqiě cōngmíng.** „Sie ist nicht nur jung, sondern auch klug.“

Einheit 9, Abschnitt 4: Neue Vokabeln und Grammatik

Vokabeln

chēpiào	Busfahrkarte [S]
chūshì	zeigen, vorweisen [V]
-dào	(zeigt an, dass die Verbhandlung vollendet wurde) [RE]
dǒng	verstehen [V]
-dǒng	verstehen [RE]
gāi	sollen [HV]
jìde	sich erinnern [V]
kàn	lesen [V]
kàndǒng	lesen und verstehen [RB]
ne	(zeigt den Aspekt der Andauer an) [P]
shuìzháo	einschlafen [RB]
tīng	hören, zuhören [V]
tīngdǒng	hören und verstehen [RB]
tóngzhì	Kamerad, Genosse [S]
wèi	„Hallo!" [I]
xiàchē	aussteigen (aus einem Fahrzeug) [VO]
xiǎoxīn	vorsichtig sein [SV]
yuèpiào	Monatskarte [S]
zǎo	früh sein [SV]
-zháo	(zeigt an, dass die Verbhandlung vollendet ist) [RE]
zhǎodào	suchen und finden, finden [RB]
zhǎozháo	suchen und finden, finden [RB]
-zhe	(zeigt den Aspekt der Dauer an) [P]
zhǔnbèi	sich vorbereiten, planen [V]

Grammatik

Potenzialresultativbildungen: **zhǎo** „suchen", **zhǎozháo** „suchen und finden", **zhǎodezháo** „finden können", **zhǎobuzháo** „nicht finden können"

-ZHE als Suffix zum Ausdruck einer andauernden Handlung (Aspekt der Dauer): **zǎozhe ne** „Es ist (noch andauernd) früh."

Einheit 10, Abschnitt 1: Neue Vokabeln und Grammatik

Vokabeln

āiyà	„Oh!“ [I]
biàn	sich verändern [V]
-chéng	werden; zu [PV]
dǎléi	donnern [VO]
dī	niedrig sein [SV]
dù	Grad (Temperatur) [ZEW]
éi	(führt eine Frage ein) [I]
...éryǐ	nur [BM]
kěnéng	möglich sein [HV]
qíngtiān	schöner Tag, klarer Himmel [S]
rè	heiß sein [SV]
shǎndiàn	blitzen [VO]
suóyi shuō	daher, so [PH]
tiān	Himmel [S]
tiānqi	Wetter [S]
tiānqi yùbào	Wetterbericht [PH]
wēndù	Temperatur [S]
xiàyǔ	regnen [VO]
yídìng	unbedingt [A]
yīntiān	wolkiger, bedeckter Himmel [S]
yǔ	Regen [S]
yùbào	Vorhersage [S]
yuè lái yuè...	mehr und mehr [BM]
yún	Wolke [S]
zǎo	„Guten Morgen!“ [IA]
zhǔn	genau sein [SV]
zuì	meist [A]

Grammatik

CÓNG...KĀISHǏ: **cóng míngtiān kāishǐ** „ab morgen“

DÙ um Temperatur auszudrücken: **shíbādù** „18 Grad“

...ÉRYǏ „und das ist alles“; „nur“: **Wǒ zhǐ yǒu yìbǎikuài éryǐ.** „Ich habe nur 100 Yuan.“

YUÈ LÁI YUÈ... „immer mehr“: **Tiānqi yuè lái yuè rè.** „Das Wetter wird immer heißer.“

Einheit 10, Abschnitt 2: Neue Vokabeln und Grammatik

Vokabeln

chū tàiyáng	Die Sonne kommt heraus [PH]
chūntiān	Frühling [ZW]
dōngtiān	Winter [ZW]
fēng	Wind [S]
fēngshā	Wind und Sand; Flugsand [S]
gān	trocken sein [SV]
hěn shǎo	selten [PH]
héshì	angemessen sein [SV]
jìjié	Jahreszeit [S]
lěng	kalt sein [SV]
qiūtiān	Herbst [ZW]
rúguǒ	falls [BA]
shā	Sand, Kies [S]
shūfu	bequem sein [SV]
sǐ	sterben [V]
tàiyáng	Sonne [S]
wán(r)	spielen, sich vergnügen [V]
xiàtiān	Sommer [ZW]
xiàxuě	schneien [VO]
xuě	Schnee [S]
yào	falls [BA]
zhèmme shuō	so gesagt; dann [PH]
zhèng	gerade, eben [A]

Grammatik

BÙ...YĚ BÙ... „weder … noch …“: **Tā shuō Zhōngwén bù nán yě bù róngyi.** „Sie sagte, dass Chinesisch weder schwer noch leicht sei.“

RÚGUǑ...JIÙ... „wenn …, dann …“: **Rúguǒ xiàyǔde huà, wǒmen jiù bú qù.** „Falls es regnet, gehen wir nicht.“

YÒU...YÒU... „sowohl … als auch …“: **Nèige xuésheng yòu cōngmíng yòu yònggōng.** „Dieser Student ist sowohl klug als auch fleißig.“

Einheit 10, Abschnitt 3: Neue Vokabeln und Grammatik

Vokabeln

bànfǎ(r)	Methode, Art und Weise, etwas zu machen [S]
cháoshī	feucht sein [SV]
chūlái	herauskommen [RB]
-chūlái	herauskommen [RE]
chūmén(r)	herausgehen [VO]
chūqu	hinausgehen [RB]
dànshi	aber [KJ]
gēnběn (+ VERNEINUNG)	„gar nicht" [A]
jìnlái	hereinkommen [RB]
-jìnlái	hereinkommen [RE]
jìnqu	hineingehen [RB]
kànchūlái	etwas durch Schauen herausfinden [RB]
kōngqì	Luft [S]
m	(zeigt Zustimmung an) [I]
máomáoyǔ	Nieselregen [S]
nèiyangzi	so, auf diese Weise [BA]
pèng	zufällig treffen [V]
pèngshang	zufällig treffen [RB]
piāo	schweben [V]
piāojìnlái	hereinschweben [RB]
qíshí	tatsächlich [BA]
shāchuāng	Schiebefenster [S]
-shàng	auf [RE]
táifēng	Taifun [S]
wù	Nebel [S]
xià máomáoyǔ	nieseln [PH]
Yángmíng Shān	Yangming Shan [OW]
yùnqi	Glück [S]
zài	(zeigt den progressiven Aspekt an) [HV]
zhèiyangzi	so, auf diese Weise [BA]

Grammatik

Richtungsverben: **jìnlái** „hereinkommen", **jìnqu** „hineingehen", **chūlái** „herauskommen", **chūqu** „hinausgehen", **piāojìnlái** „hereinschweben", **kànbuchūlái** „nicht sehen (erkennen) können"

HǍOXIÀNG...-DE YÀNGZI „scheinen, als ob ...": **Hǎoxiàng wù cóng shāchuāng piāojìnláide yàngzi.** „Es scheint, als ob der Nebel durch das Schiebefenster schwebe."

Nominalsuffix **-FǍ** „Art und Weise, etwas zu tun": **bànfǎ** „Methode, etwas zu tun", **kànfǎ** „Sichtweise", **xiǎngfǎ** „Denkweise", **xiěfǎ** „Art und Weise, etwas zu schreiben" etc.

Verdoppelung von Zähleinheitswörtern und Substantiven, um „alle" auszudrücken: **tiān** „Tag" → **tiāntiān** „jeden Tag", **nián** „Jahr" → **niánnián** „jedes Jahr", **rén** „Mensch" → **rénrén** „alle"

ZÀI als Hilfsverb um den progressiven Aspekt auszudrücken: **Tā zài chīfàn.** „Er isst gerade."

Einheit 10, Abschnitt 4: Neue Vokabeln und Grammatik

Vokabeln

Àomén	Macao [OW] (10-4)
bǐ	vergleichen [CV/V]
chàbuduō	fehlt nicht viel, gut genug [IA]
...-de shíhou(r)	wenn ... [BM]
dōngàn	Ostküste [OW]
dōng-nuǎn-xià-liáng	im Winter warm, im Sommer kühl [AD]
fēngjǐng	Szenerie, Landschaft [S]
gānzào	trocken sein [SV]
Jiāzhōu	Kalifornien [OW]
liángkuai	angenehm frisch sein, kühl sein [SV]
měi	schön sein [SV]
Měijí Huárén	Chinese mit US-Staatsbürgerschaft [PH]
nánguò	traurig sein [SV]
nuǎnhuo	warm sein [SV]
qìhou	Klima [S]
shìyìng	sich anpassen, sich an etwas gewöhnen [V]
wǎn	spät sein [SV]
xī'àn	Westküste [OW]
xíguàn	gewohnt sein [V]

Grammatik

BǏ um einen Vergleich auszudrücken: **Tā bǐ wǒ gāo.** „Er ist größer als ich."

...DE SHÍHOU(R) „wenn": **Tā gàosu wǒde shíhou, yǐjīng tài wǎnle.** „Als er es mir sagte, war es schon zu spät."

A **MÉIYOU** B **NÈMME/ZHÈMME** C „A ist nicht so C wie B": **Wǒ méiyou tā nèmme gāo.** „Ich bin nicht so groß wie er."

2. Ersetzungsdrills

Einheit 1, Abschnitt 1: Ersetzungsdrills

Hören Sie die Audioaufnahme und sagen Sie in der Pause den neuen Satz, den Sie mit den zu ersetzenden Elementen bilden. Machen Sie jeden Ersetzungsdrill mindestens zweimal: Einmal mit offenem und einmal mit geschlossenem Buch. Jeder Drill beginnt mit einem Beispielsatz, den Sie wiederholen sollten.

1. **Kē Léi'ēn**	, nǐ hǎo!		Ke Leien, wie geht's?
Wáng Jīngshēng			Wang Jingsheng, wie geht's?
Kē Léi'ēn			Ke Leien, wie geht's?
2. **Nǐ**	dào nǎr qù a?		Wohin gehst du?
Kē Léi'ēn			Wohin geht Ke Leien?
Wáng Jīngshēng			Wohin geht Wang Jingsheng?
Nǐ			Wohin gehst du?
3. Wǒ qù	**túshūguǎn.**		Ich gehe in die Bibliothek.
	shítáng.		Ich gehe in die Mensa.
	sùshè.		Ich gehe ins Wohnheim.
	túshūguǎn.		Ich gehe in die Bibliothek.
4. Wǒ dào	**túshūguǎn**	qù.	Ich gehe in die Bibliothek.
	shítáng		Ich gehe in die Mensa.
	sùshè		Ich gehe ins Wohnheim.
	túshūguǎn		Ich gehe in die Bibliothek.
5. Wǒ qù túshūguǎn.	**Nǐ**	ne?	Ich gehe in die Bibliothek, und du?
	Kē Léi'ēn		Ich gehe in die Bibliothek, und Ke Leien?
	Wáng Jīngshēng		Ich gehe in die Bibliothek, und Wang Jingsheng?
	Nǐ		Ich gehe in die Bibliothek, und du?
6. Wǒ huí	**sùshè.**		Ich gehe zurück ins Wohnheim.
	túshūguǎn.		Ich gehe zurück in die Bibliothek.
	shítáng.		Ich gehe zurück in die Mensa.
	sùshè.		Ich gehe zurück ins Wohnheim.
7. **Wǒ**	qù bàn yìdiǎnr shìr.		Ich habe etwas zu erledigen.
Kē Léi'ēn			Ke Leien hat etwas zu erledigen.
Wáng Jīngshēng			Wang Jingsheng hat etwas zu erledigen.
Wǒ			Ich habe etwas zu erledigen.
8. Wǒ qù,	**Wáng Jīngshēng yě qù.**		Ich gehe und Wang Jingsheng geht auch.
	Kē Léi'ēn yě qù.		Ich gehe und Ke Leien geht auch.
	nǐ yě qù.		Ich gehe und du gehst auch.
	Wáng Jīngshēng yě qù.		Ich gehe und Wang Jingsheng geht auch.

Einheit 1, Abschnitt 2: Ersetzungsdrills

Hören Sie die Audioaufnahme und sagen Sie in der Pause den neuen Satz, den Sie mit den zu ersetzenden Elementen bilden. Machen Sie jeden Ersetzungsdrill mindestens zweimal: Einmal mit offenem und einmal mit geschlossenem Buch. Jeder Drill beginnt mit einem Beispielsatz, den Sie wiederholen sollten.

1. **Zhào Guócái**	, hǎo jiǔ bú jiànle!	Zhao Guocai, lange nicht gesehen!
Wáng Jīngshēng		Wang Jingsheng, lange nicht gesehen!
Kē Léi'ēn		Ke Leien, lange nicht gesehen!
Bàba		Vater, lange nicht gesehen!
Māma		Mutter, lange nicht gesehen!
Háizi		Kind, lange nicht gesehen!
Zhào Guócái		Zhao Guocai, lange nicht gesehen!

2. **Nǐ**	zěmmeyàng a?	Wie geht's?
Tā		Wie geht es ihm?
Tāmen		Wie geht es ihnen?
Nǐ àirén		Wie geht es deiner Frau?
Wáng Jīngshēng		Wie geht es Wang Jingsheng?
Shítáng		Wie ist die Mensa?
Nǐ		Wie geht's?

3. **Wǒ**	hái xíng.	Mir geht's gut.
Nǐ		Dir geht's gut.
Tā		Ihm geht's gut.
Tāmen		Ihnen geht's gut.
Wǒ bàba		Meinem Vater geht's gut.
Wǒ māma		Meiner Mutter geht's gut.
Wǒ àirén		Meiner Frau geht's gut.
Wǒ		Mir geht's gut.

4. **Nǐ àirén**	hǎo ma?	Wie geht es deiner Frau?
Nǐ māma		Wie geht es deiner Mutter?
Nǐ		Wie geht es dir?
Tā		Wie geht es ihr?
Tāmen		Wie geht es ihnen?
Zhào Guócái		Wie geht es Zhao Guocai?
Sùshè		Ist das Wohnheim OK?
Nǐ àirén		Wie geht es deiner Frau?

5. **Nǐ àirén, háizi**	dōu hǎo ma?	Geht es deiner Frau und deinen Kindern allen gut?
Nǐ bàba, māma		Geht es deinem Vater und deiner Mutter beiden gut?
Kē Léi'ēn, Wáng Jīngshēng		Geht es Ke Leien und Wang Jingsheng beiden gut?
Zhào Guócái, Wáng Jīngshēng		Geht es Zhao Guocai und Wang Jingsheng beiden gut?
Tāmen		Geht es allen gut?
Háizi		Geht es den Kindern gut?
Nǐ àirén, háizi		Geht es deiner Frau und deinen Kindern allen gut?

6. **Nǐ**	bàba qù ma?	Geht dein Vater?
Tā		Geht ihr Vater?
Wǒ		Geht mein Vater?
Nǐ		Geht dein Vater?

7. Tāmen dōu hěn	**hǎo.**	Es geht ihnen allen sehr gut.
	máng.	Sie sind alle sehr beschäftigt.
	lèi.	Sie sind alle sehr müde.
	hǎo.	Es geht ihnen allen sehr gut.

8. Tāmen yě dōu	**hěn hǎo.**	Es geht ihnen allen auch sehr gut.
	hěn máng.	Sie sind alle auch sehr beschäftigt.
	qù.	Sie gehen auch alle.
	huí sùshè.	Sie gehen auch alle zurück ins Wohnheim.
	hái xíng.	Es geht ihnen allen auch gut.
	yǒu yìdiǎnr shì.	Sie haben auch alle etwas zu tun.
	qù bàn yìdiǎnr shì.	Sie haben auch alle etwas zu erledigen.
	hěn hǎo.	Es geht ihnen allen auch sehr gut.

9. **Wǒ**	yǒu yìdiǎnr shì.	Ich habe etwas zu erledigen.
Tā		Er hat etwas zu erledigen.
Tāmen		Sie haben etwas zu erledigen.
Zhào Guócái		Zhao Guocai hat etwas zu erledigen.
Wǒ bàba		Mein Vater hat etwas zu erledigen.
Wǒ		Ich habe etwas zu erledigen.

Einheit 1, Abschnitt 3: Ersetzungsdrills

Hören Sie die Audioaufnahme und sagen Sie in der Pause den neuen Satz, den Sie mit den zu ersetzenden Elementen bilden. Machen Sie jeden Ersetzungsdrill mindestens zweimal: Einmal mit offenem und einmal mit geschlossenem Buch. Jeder Drill beginnt mit einem Beispielsatz, den Sie wiederholen sollten.

1. Èi, Lǎo	**Hé**	, nǐ hǎo a!	Hey, alter He, wie geht's?
	Kē		Hey, alter Ke, wie geht's?
	Wáng		Hey, alter Wang, wie geht's?
	Gāo		Hey, alter Gao, wie geht's?
	Zhào		Hey, alter Zhao, wie geht's?
	Hé		Hey, alter He, wie geht's?

2. Xiǎo	**Gāo**	, zuìjìn zěmmeyàng a?	Hey, kleiner Gao, wie geht's so in der letzten Zeit?
	Hé		Hey, kleiner He, wie geht's so in der letzten Zeit?
	Kē		Hey, kleiner Ke, wie geht's so in der letzten Zeit?
	Wáng		Hey, kleiner Wang, wie geht's so in der letzten Zeit?
	Zhào		Hey, kleiner Zhao, wie geht's so in der letzten Zeit?
	Gāo		Hey, kleiner Gao, wie geht's so in der letzten Zeit?

3. Wǒ bù	**máng.**	Ich bin nicht beschäftigt.
	jǐnzhāng.	Ich bin nicht nervös.
	lǎo.	Ich bin nicht alt.
	ǎi.	Ich bin nicht klein.
	zǒu.	Ich gehe nicht.
	máng.	Ich bin nicht beschäftigt.

4. Tā yě bú	**kùn.**	Er ist auch nicht schläfrig.
	lèi.	Er ist auch nicht müde.
	zuò.	Er sitzt auch nicht.
	jìn.	Er kommt auch nicht herein.
	qù.	Er geht auch nicht.
	kùn.	Er ist auch nicht schläfrig.

5. Bú tài	**máng.**	Nicht zu beschäftigt.
	lèi.	Nicht zu müde.
	kùn.	Nicht zu schläfrig.
	gāo.	Nicht zu groß.
	lǎo.	Nicht zu alt.
	nán.	Nicht zu schwierig.
	máng.	Nicht zu beschäftigt.

6. Nǐ gōngzuò	**máng bu máng?**	Ist auf deiner Arbeit viel los?
	lèi bu lèi?	Ist deine Arbeit anstrengend?
	nán bu nán?	Ist deine Arbeit schwierig?
	jǐnzhāng bu jǐnzhāng?	Ist deine Arbeit stressig?
	róngyi bu róngyi?	Ist deine Arbeit leicht?
	máng bu máng?	Ist auf deiner Arbeit viel los?

7. Tāmen zuìjìn tǐng	**jǐnzhāng** de.	Sie waren in letzter Zeit sehr nervös.
	lèi	Sie waren in letzter Zeit sehr müde.
	kùn	Sie waren in letzter Zeit sehr schläfrig.
	máng	Sie waren in letzter Zeit sehr beschäftigt.
	hǎo	Es ging ihnen in letzter Zeit sehr gut.
	jǐnzhāng	Sie waren in letzter Zeit sehr nervös.

Einheit 1, Abschnitt 4: Ersetzungsdrills

Hören Sie die Audioaufnahme und sagen Sie in der Pause den neuen Satz, den Sie mit den zu ersetzenden Elementen bilden. Machen Sie jeden Ersetzungsdrill mindestens zweimal: Einmal mit offenem und einmal mit geschlossenem Buch. Jeder Drill beginnt mit einem Beispielsatz, den Sie wiederholen sollten.

1. **Lín Tàitai**	, xièxie nín le!	Danke, Frau Lin.
Wáng Xiānsheng		Danke, Herr Wang.
Zhào Xiáojie		Danke, Fräulein Zhao.
Xiè Tàitai		Danke, Frau Xie.
Hé Xiānsheng		Danke, Herr He.
Lín Tàitai		Danke, Frau Lin.

2. Wáng Xiānsheng, qǐng	**jìn!**	Kommen Sie bitte herein, Herr Wang.
	màn zǒu!	Seien Sie bitte vorsichtig, Herr Wang.
	zuò!	Setzen Sie sich bitte, Herr Wang.
	qù shítáng!	Gehen Sie bitte in die Mensa, Herr Wang.
	huí sùshè!	Gehen Sie bitte ins Wohnheim zurück, Herr Wang.
	jìn!	Kommen Sie bitte herein, Herr Wang.

3. Xiǎo Zhào, qǐng nǐ	**dào shítáng qù.**	Gehe bitte in die Mensa, kleiner Zhao.
	dào túshūguǎn qù.	Gehe bitte in die Bibliothek, kleiner Zhao.
	huí sùshè.	Gehe bitte ins Wohnheim zurück, kleiner Zhao.
	qù bàn yìdiǎnr shì.	Kümmere dich bitte um eine Sache, kleiner Zhao.
	xièxie tāmen.	Danke ihnen bitte, kleiner Zhao.
	qù.	Geh bitte hin, kleiner Zhao.
	zǒu.	Geh bitte weg, kleiner Zhao.
	dào shítáng qù.	Gehe bitte in die Mensa, kleiner Zhao.

4. Wǒ	**zǒu**	le.	Ich gehe jetzt.
	yǒu		Ich habe es jetzt.
	kùn		Ich bin jetzt schläfrig.
	lèi		Ich bin jetzt müde.
	lǎo		Ich bin alt geworden.
	hǎo		Mir geht's gut.
	kéyi		Mir geht's gut.
	zǒu		Ich gehe jetzt.

5. Wǒ	**bú qù**	le.	Ich gehe nicht mehr.
	bú zuò		Ich sitze nicht mehr.
	bú bàn		Ich kümmere mich nicht mehr darum.
	bù zǒu		Ich gehe nicht mehr.
	bù xíng		Mir geht es nicht mehr gut.
	bú kùn		Ich bin nicht mehr müde.
	bù jǐnzhāng		Ich bin nicht mehr nervös.
	bú qù		Ich gehe nicht mehr.

6. Nǐ	**lèi**	le ma?	Bist du müde?
	kùn		Bist du schläfrig?
	hǎo		Geht es dir gut?
	bú qù		Gehst du nicht mehr?
	bú bàn		Kümmerst du dich nicht mehr darum?
	lèi		Bist du müde?

7. Zhōngwén	**yǒu yìsi**	ma?	Ist Chinesisch interessant?
	méi yìsi		Ist Chinesisch uninteressant?
	nán		Ist Chinesisch schwierig?
	róngyi		Ist Chinesisch leicht?
	yǒu yìsi		Ist Chinesisch interessant?

8. **Tāmen**	gāo ma?	Sind sie groß?
Wǒ		Bin ich groß?
Nǐ		Bist du groß?
Nín		Sind Sie groß?
Tā		Ist er groß?
Wǒmen		Sind wir groß?
Nǐmen		Seid ihr groß?
Tāmen		Sind sie groß?

Einheit 2, Abschnitt 1: Ersetzungsdrills

Hören Sie die Audioaufnahme und sagen Sie in der Pause den neuen Satz, den Sie mit den zu ersetzenden Elementen bilden. Machen Sie jeden Ersetzungsdrill mindestens zweimal: Einmal mit offenem und einmal mit geschlossenem Buch. Jeder Drill beginnt mit einem Beispielsatz, den Sie wiederholen sollten.

1. **Nǐ**	shi něiguó rén?	Aus welchem Land kommst du?
Nín		Aus welchem Land kommen Sie?
Tā		Aus welchem Land kommt sie?
Xiǎo Hé		Aus welchem Land kommt der kleine He?
Lǎo Zhào		Aus welchem Land kommt der alte Zhao?
Bái Xiáojie		Aus welchem Land kommt Fräulein Bai?
Xiè Tàitai		Aus welchem Land kommt Frau Xie?
Nǐ		Aus welchem Land kommst du?
2. Tā shi	**Zhōngguo rén.**	Sie ist Chinesin.
	Jiā'nádà rén.	Sie ist Kanadierin.
	hǎo háizi.	Sie ist ein gutes Kind.
	Zhōngwén lǎoshī.	Sie ist Chinesischlehrerin.
	wǒ bàba.	Er ist mein Vater.
	wǒ àirén.	Sie ist meine Frau.
	hǎo rén.	Sie ist ein guter Mensch.
	Zhōngguo rén.	Sie ist Chinesin.
3. Nǐ shì bu shi	**Zhōngguo rén?**	Bist du nicht Chinese?
	zǒngjīnglǐ?	Bist du nicht der General Manager?
	Jiā'nádà rén?	Bist du nicht Kanadier?
	Měiguo rén?	Bist du nicht Amerikaner?
	Rìběn rén?	Bist du nicht Japaner?
	jīnglǐ?	Bist du nicht der Manager?
	Zhōngguo rén?	Bist du nicht Chinese?
4. Wǒ bú shi	**Zhōngguo rén.**	Ich bin kein Chinese.
	Táiwān rén.	Ich bin kein Taiwaner.
	Xībānyá rén.	Ich bin kein Spanier.
	Yīngguo rén.	Ich bin kein Engländer.
	lǎoshī.	Ich bin kein Lehrer.
	jīnglǐ.	Ich bin nicht der Manager.
	zǒngjīnglǐ.	Ich bin nicht der General Manager.
	Zhōngguo rén.	Ich bin kein Chinese.
5. **Nǐ**	jiào shémme míngzi?	Wie heißt du?
Tā		Wie heißt sie?
Nǐ māma		Wie heißt ihre Mutter?
Zhèiwèi tóngxué		Wie heißt der Student?
Nèiwèi lǎoshī		Wie heißt jener Lehrer?
Nǐ		Wie heißt du?

6. Tā	**jiào**	shémme?	Wie heißt er?
	wèn		Was hat er gefragt?
	bàn		Um was kümmert er sich?
	yǒu		Was hat er?
	jiào		Wie heißt er?
7. Nǐmen dōu shi	**Měiguo rén**	ma?	Seid ihr alle Amerikaner?
	lǎoshī		Seid ihr alle Lehrer?
	Rìběn rén		Seid ihr alle Japaner?
	Zhōngguo rén		Seid ihr alle Chinesen?
	jīnglǐ		Seid ihr alle Manager?
	Měiguo rén		Seid ihr alle Amerikaner?
8. Wǒmen bù dōu shi	**Měiguo rén.**		Wir sind nicht alle Amerikaner.
	Jiā'nádà rén.		Wir sind nicht alle Kanadier.
	xīn lǎoshī.		Wir sind nicht alle neue Lehrer.
	xuésheng.		Wir sind nicht alle Studenten.
	zǒngjīnglǐ.		Wir sind nicht alle General Manager.
	tóngshì.		Wir sind nicht alle Kollegen.
	Měiguo rén.		Wir sind nicht alle Amerikaner.
9. Wǒmen dōu bú shi	**Měiguo rén.**		Keiner von uns ist Amerikaner.
	Zhōngguo rén.		Keiner von uns ist Chinese.
	Rìběn rén.		Keiner von uns ist Japaner.
	lǎoshī.		Keiner von uns ist Lehrer.
	jīnglǐ.		Keiner von uns ist Manager.
	háizi.		Keiner von uns ist ein Kind.
	Měiguo rén.		Keiner von uns ist Amerikaner.
10. Nèiwèi	**tóngxué**	yě shi Rìběn rén.	Dieser Kommilitone ist auch Japaner.
	lǎoshī		Dieser Lehrer ist auch Japaner.
	Gāo Xiānsheng		Jener Herr Gao ist auch Japaner.
	Kē Tàitai		Jene Frau Ke ist auch Japaner.
	Lín Xiáojie		Jenes Fräulein Lin ist auch Japanerin.
	tóngxué		Dieser Kommilitone ist auch Japaner.
11. **Něiwèi**	tóngxué jiào Wáng Jīngshēng?		Welcher Student heißt Wang Jingsheng?
Zhèiwèi	.		Dieser Student heißt Wang Jingsheng.
Nèiwèi	.		Jener Student heißt Wang Jingsheng.
Něiwèi	?		Welcher Student heißt Wang Jingsheng?

Einheit 2, Abschnitt 2: Ersetzungsdrills

Hören Sie die Audioaufnahme und sagen Sie in der Pause den neuen Satz, den Sie mit den zu ersetzenden Elementen bilden. Machen Sie jeden Ersetzungsdrill mindestens zweimal: Einmal mit offenem und einmal mit geschlossenem Buch. Jeder Drill beginnt mit einem Beispielsatz, den Sie wiederholen sollten.

1. Zhè shi	**wǒde**	xīn tóngwū.	Das ist mein neuer Mitbewohner.
	nǐde		Das ist dein neuer Mitbewohner.
	tāde		Das ist ihr neuer Mitbewohner.
	Xiǎo Línde		Das ist der neue Mitbewohner von der kleinen Lin.
	Lǎo Wángde		Das ist der neue Mitbewohner vom alten Wang.
	wǒde		Das ist mein neuer Mitbewohner.
2. Huānyíng nǐ dào	**Zhōngguo**	lái!	Willkommen in China.
	wǒmende sùshè		Willkommen in unserem Wohnheim.
	wǒmende shítáng		Willkommen in unserer Mensa.
	wǒmende túshūguǎn		Willkommen in unserer Bibliothek.
	Měiguo		Willkommen in den USA.
	Rìběn		Willkommen in Japan.
	Zhōngguo		Willkommen in China.
3. Wǒ hěn gāoxìng	**rènshi nǐ.**		Ich freue mich, dich kennen zu lernen.
	nǐ shi wǒde tóngwū.		Ich freue mich, dass du mein Mitbewohner bist.
	nín shi wǒmende lǎoshī.		Ich freue mich, dass Sie mein Lehrer sind.
	dào Zhōngguo qù.		Ich freue mich, nach China zu gehen.
	xuéxí Zhōngwén.		Ich freue mich, Chinesisch zu lernen.
	dào Měiguo qù.		Ich freue mich, in die USA zu gehen.
	rènshi nǐ.		Ich freue mich, dich kennen zu lernen.
4. Bié	**zhèmme chēnghu wǒ!**		Nenn mich nicht so!
	wèn!		Frag nicht!
	wèn ta!		Frag ihn nicht!
	gāoxìng!		Sei nicht fröhlich!
	bù gāoxìng!		Sei nicht böse!
	dào Zhōngguo qù!		Geh nicht nach China!
	qù wǒmende sùshè!		Geh nicht in unser Wohnheim.
	lái wǒmende shítáng!		Komm nicht in unsere Mensa!
	zhèmme chēnghu wǒ!		Nenn mich nicht so!
5. Nǐ bú yào	**zǒu!**		Geh nicht!
	qù!		Geh nicht!
	wèn!		Frag nicht!
	lái!		Komm nicht!
	zuò!		Setz dich nicht!
	zǒu!		Geh nicht!

6. Háishi	**jiào wǒ Xiǎo Chén**	hǎole.	Warum nennst du mich nicht kleine Chen?
	jiào wǒ Lǎo Luó		Warum nennst du mich nicht alter Luo?
	jiào tā Lín Tàitai		Warum nennst du sie nicht Frau Lin?
	dài nǐde tóngwū		Warum bringst du deinen Mitbewohner nicht mit?
	dài nǐde háizi		Warum bringst du deine Kinder nicht mit?
	jiào wǒ Xiǎo Chén		Warum nennst du mich nicht kleine Chen?

7. Wǒ yīnggāi zěmme chēnghu	**nín?**	Wie soll ich Sie anreden?
	nǐ?	Wie soll ich dich anreden?
	tā?	Wie soll ich ihn anreden?
	nǐde tóngwū?	Wie soll ich deinen Mitbewohner anreden?
	nǐde bàba?	Wie soll ich deinen Vater anreden?
	nǐmende zǒngjīnglǐ?	Wie soll ich deinen General Manager anreden?
	nín?	Wie soll ich Sie anreden?

8. **Nà**	shi shéi a?	Wer ist das?
Zhè		Wer ist dies?
Tā		Wer ist sie?
Tāmen		Wer sind sie?
Nǐ		Wer bist du?
Nǐmen		Wer seid ihr?
Wǒ		Wer bin ich?
Wǒmen		Wer sind wir?
Nà		Wer ist das?

Einheit 2, Abschnitt 3: Ersetzungsdrills

Hören Sie die Audioaufnahme und sagen Sie in der Pause den neuen Satz, den Sie mit den zu ersetzenden Elementen bilden. Machen Sie jeden Ersetzungsdrill mindestens zweimal: Einmal mit offenem und einmal mit geschlossenem Buch. Jeder Drill beginnt mit einem Beispielsatz, den Sie wiederholen sollten.

1. Wǒ xìng	**Gāo.**	Nín guìxìng?	Mein Name ist Gao, und Ihrer?
	Wáng.		Mein Name ist Wang, und Ihrer?
	Lín.		Mein Name ist Lin, und Ihrer?
	Shī.		Mein Name ist Shi, und Ihrer?
	Wú.		Mein Name ist Wu, und Ihrer?
	Chén.		Mein Name ist Chen, und Ihrer?
	Gāo.		Mein Name ist Gao, und Ihrer?

2. Nín zài něige	**dānwèi**	gōngzuò?	In welcher Einheit arbeiten Sie?
	gōngsī		In welcher Firma arbeiten Sie?
	dàxué		In welcher Universität arbeiten Sie?
	túshūguǎn		In welcher Bibliothek arbeiten Sie?
	shítáng		In welcher Mensa arbeiten Sie?
	dānwèi		In welcher Einheit arbeiten Sie?

3. Wǒ zài	**Xiānggǎng Zhōngwén Dàxué**	xuéxí.	Ich studiere an der Chinese University of Hong Kong.
	sùshè		Ich lerne im Wohnheim.
	túshūguǎn		Ich lerne in der Bibliothek.
	shítáng		Ich lerne in der Mensa.
	dānwèi		Ich lerne in meiner Einheit.
	gōngsī		Ich lerne in der Firma.
	Xiānggǎng Zhōngwén Dàxué		Ich studiere an der Chinese University of Hong Kong.

4. Xiǎo Wáng zài	**něige**	dàshǐguǎn gōngzuò?	In welcher Botschaft arbeitet der kleine Wang?
	zhèige	.	Der kleine Wang arbeitet in dieser Botschaft.
	nèige	.	Der kleine Wang arbeitet in jener Botschaft.
	něige	?	In welcher Botschaft arbeitet der kleine Wang?

5. Tā bàba zài	**yìjiā**	gōngsī gōngzuò.	Ihr Vater arbeitet für eine Firma.
	něijiā	?	Für welche Firma arbeitet ihr Vater?
	zhèijiā	.	Ihr Vater arbeitet für diese Firma.
	nèijiā	.	Ihr Vater arbeitet für jene Firma.
	yìjiā	.	Ihr Vater arbeitet für eine Firma.

6. **Nèiwèi**	shi Mǎ Xiàozhǎng.	Jener ist Präsident Ma.
Zhèiwèi	.	Dieser ist Präsident Ma.
Něiwèi	?	Welcher ist Präsident Ma?
Nèiwèi	.	Jener ist Präsident Ma.

7. Tā shi nínde	**xiānsheng**	ba?	Ich nehme an, er ist Ihr Ehemann?
	lǎoshī		Ich nehme an, er ist Ihr Lehrer?
	jīnglǐ		Ich nehme an, er ist Ihr Manager?
	tàitai		Ich nehme an, sie ist Ihre Frau?
	tóngshì		Ich nehme an, sie ist Ihre Kollegin?
	tóngwū		Ich nehme an, sie ist Ihre Mitbewohnerin?
	tóngxué		Ich nehme an, sie ist Ihre Kommilitonin?
	xiānsheng		Ich nehme an, er ist Ihr Ehemann?

8. Nǐ hěn	**gāoxìng**	ba?	Ich nehme an, du bist sehr froh?
	jǐnzhāng		Ich nehme an, du bist sehr nervös?
	kùn		Ich nehme an, du bist sehr schläfrig?
	lèi		Ich nehme an, du bist sehr müde?
	máng		Ich nehme an, du bist sehr beschäftigt?
	gāoxìng		Ich nehme an, du bist sehr froh?

9. Nǐmen yě	**gōngzuò**	ba?	Ich nehme an, ihr arbeitet auch?
	dài		Ich nehme an, ihr bringt auch jemanden mit?
	rènshi		Ich nehme an, ihr kennt euch auch?
	yǒu		Ich nehme an, ihr habt auch welche?
	qù		Ich nehme an, ihr geht auch?
	bàn		Ich nehme an, ihr macht es auch?
	gōngzuò		Ich nehme an, ihr arbeitet auch?

Einheit 2, Abschnitt 4: Ersetzungsdrills

Hören Sie die Audioaufnahme und sagen Sie in der Pause den neuen Satz, den Sie mit den zu ersetzenden Elementen bilden. Machen Sie jeden Ersetzungsdrill mindestens zweimal: Einmal mit offenem und einmal mit geschlossenem Buch. Jeder Drill beginnt mit einem Beispielsatz, den Sie wiederholen sollten.

1. Duìbuqǐ, wǒ méi	**dài míngpiàn.**	Entschuldigung, ich habe keine Visitenkarten dabei.
	jièshao tā.	Entschuldigung, ich habe ihn nicht vorgestellt.
	wèn nǐ.	Entschuldigung, ich habe dich nicht gefragt.
	xièxie nǐ.	Entschuldigung, ich habe dir nicht gedankt.
	dài míngpiàn.	Entschuldigung, ich habe keine Visitenkarten dabei.

2. Wǒ gēn Luó Xiáojie dōu bú	**shi Yīngguo rén.**	Weder Fräulein Luo noch ich sind Engländer.
	lèi.	Weder Fräulein Luo noch ich sind müde.
	kùn.	Weder Fräulein Luo noch ich sind schläfrig.
	shi Měiguo rén.	Weder Fräulein Luo noch ich sind Amerikaner.
	shi Zhōngguo rén.	Weder Fräulein Luo noch ich sind Chinesen.
	shi Yīngguo rén.	Weder Fräulein Luo noch ich sind Engländer.

3. Wǒ gēn Luó Xiáojie dōu bù	**gāoxìng.**	Sowohl Fräulein Luo als auch ich sind böse.
	lái.	Weder Fräulein Luo noch ich kommen.
	gāo.	Weder Fräulein Luo noch ich sind groß.
	lǎo.	Weder Fräulein Luo noch ich sind alt.
	máng.	Weder Fräulein Luo noch ich sind beschäftigt.
	zǒu.	Weder Fräulein Luo noch ich gehen.
	gāoxìng.	Sowohl Fräulein Luo als auch ich sind böse.

4. Tāmen dōu méi	**qù.**	Sie sind alle nicht gegangen.
	lái.	Sie sind alle nicht gekommen.
	zuò.	Sie haben alle nicht gesessen.
	zǒu.	Sie sind alle nicht gegangen.
	wèn.	Sie haben alle nicht gefragt.
	dài.	Keiner von ihnen hat es mitgebracht.
	gōngzuò.	Keiner von ihnen hat gearbeitet.
	qù.	Sie sind alle nicht gegangen.

5. Zhè shi	**Zhōng-Měi Màoyì Gōngsī**	de Shī Xiáojie.	Das ist Fräulein Shi von der Sino-American Trading Company.
	Xiānggǎng Dàxué		Das ist Fräulein Shi von der Hong Kong University.
	Rìběn Dàshǐguǎn		Das ist Fräulein Shi von der Japanischen Botschaft.
	túshūguǎn		Das ist Fräulein Shi von der Bibliothek.
	Jiā'nádà Dàshǐguǎn		Das ist Fräulein Shi von der Kanadischen Botschaft.
	Zhōng-Měi Màoyì Gōngsī		Das ist Fräulein Shi von der Sino-American Trading Company.

6. Nǐ rènshi nèiwèi	**tàitai**	ma?	Kennst du diese Dame?
	xiānsheng		Kennst du diesen Herrn?
	xiáojie		Kennst du diese junge Dame?
	nǚshì		Kennst du diese Dame?
	lǎoshī		Kennst du diesen Lehrer?
	xiàozhǎng		Kennst du diesen Präsidenten?
	tóngxué		Kennst du diese Kommilitonin?
	tàitai		Kennst du diese Dame?

7. Nǐ dài bu dài	**míngpiàn?**	Bringst du Visitenkarten mit?
	tóngxué?	Bringst du Kommilitonen mit?
	tóngshì?	Bringst du Kollegen mit?
	nǐ xiānsheng?	Bringst du deinen Mann mit?
	nǐ tàitai?	Bringst du deine Frau mit?
	nǐ māma?	Bringst du deine Mutter mit?
	nǐde háizi?	Bringst du deine Kinder mit?
	Gāo Xiáojie?	Bringst du Fräulein Gao mit?
	míngpiàn?	Bringst du Visitenkarten mit?

8. Tāmen méi dōu	**qù.**	Sie sind nicht alle gegangen.
	zuò.	Sie haben nicht alle gesessen.
	zǒu.	Sie sind nicht alle gegangen.
	wèn.	Sie haben nicht alle gefragt.
	lái.	Sie sind nicht alle gekommen.
	qù.	Sie sind nicht alle gegangen.

Einheit 3, Abschnitt 1: Ersetzungsdrills

Hören Sie die Audioaufnahme und sagen Sie in der Pause den neuen Satz, den Sie mit den zu ersetzenden Elementen bilden. Machen Sie jeden Ersetzungsdrill mindestens zweimal: Einmal mit offenem und einmal mit geschlossenem Buch. Jeder Drill beginnt mit einem Beispielsatz, den Sie wiederholen sollten.

1. Tāmen bānshang yǒu	**jǐge**	tóngxué?	Wie viele Kommilitonen sind in ihrer Klasse?
	yíge	.	In ihrer Klasse ist ein Kommilitone.
	liǎngge	.	In ihrer Klasse sind zwei Kommilitonen.
	sān'ge	.	In ihrer Klasse sind drei Kommilitonen.
	sìge	.	In ihrer Klasse sind vier Kommilitonen.
	wǔge	.	In ihrer Klasse sind fünf Kommilitonen.
	liùge	.	In ihrer Klasse sind sechs Kommilitonen.
	qíge	.	In ihrer Klasse sind sieben Kommilitonen.
	báge	.	In ihrer Klasse sind acht Kommilitonen.
	jiǔge	.	In ihrer Klasse sind neun Kommilitonen.
	shíge	.	In ihrer Klasse sind zehn Kommilitonen.
	jǐge	?	Wie viele Kommilitonen sind in ihrer Klasse?

2. **Bānshang**	yǒu shíge rén.	In der Klasse sind zehn Personen.
Túshūguǎn		In der Bibliothek sind zehn Personen.
Sùshè		Im Wohnheim sind zehn Personen.
Shítáng		In der Mensa sind zehn Personen.
Gōngsī		In der Firma sind zehn Personen.
Dānwèi		In der Einheit sind zehn Personen.
Bānshang		In der Klasse sind zehn Personen.

3. Tāmen yǒu	**jǐwèi**	lǎoshī?	Wie viele Lehrer haben sie?
	yíwèi	.	Sie haben einen Lehrer.
	liǎngwèi	.	Sie haben zwei Lehrer.
	sānwèi	.	Sie haben drei Lehrer.
	sìwèi	.	Sie haben vier Lehrer.
	wǔwèi	.	Sie haben fünf Lehrer.
	liùwèi	.	Sie haben sechs Lehrer.
	qíwèi	.	Sie haben sieben Lehrer.
	báwèi	.	Sie haben acht Lehrer.
	jiǔwèi	.	Sie haben neun Lehrer.
	shíwèi	.	Sie haben zehn Lehrer.
	jǐwèi	?	Wie viele Lehrer haben sie?

4. Yígòng yǒu	**sānwèi.**	Insgesamt sind es drei Personen.
	sān'ge.	Insgesamt sind es drei.
	sān'ge rén.	Insgesamt sind es drei Personen.
	sān'ge nánshēng.	Insgesamt sind es drei Studenten.
	sān'ge nǚshēng.	Insgesamt sind es drei Studentinnen.
	sān'ge nánde.	Insgesamt sind es drei Männer.
	sān'ge nǚde.	Insgesamt sind es drei Frauen.
	sān'ge háizi.	Insgesamt sind es drei Kinder.
	sān'ge bān.	Insgesamt sind es drei Gruppen.
	sān'ge shítáng.	Insgesamt sind es drei Mensen.
	sānwèi Zhào Xiáojie.	Insgesamt sind es drei Fräulein Zhaos.
	sānwèi nánlǎoshī.	Insgesamt sind es drei Lehrer.
	sānwèi nǚlǎoshī.	Insgesamt sind es drei Lehrerinnen.
	sānwèi.	Insgesamt sind es drei Personen.

Einheit 3, Abschnitt 2: Ersetzungsdrills

Hören Sie die Audioaufnahme und sagen Sie in der Pause den neuen Satz, den Sie mit den zu ersetzenden Elementen bilden. Machen Sie jeden Ersetzungsdrill mindestens zweimal: Einmal mit offenem und einmal mit geschlossenem Buch. Jeder Drill beginnt mit einem Beispielsatz, den Sie wiederholen sollten.

1. **Tā**	duō dà niánji le?		Wie alt ist sie?
Tāde háizi			Wie alt ist ihr Kind?
Lǎo Gāo			Wie alt ist der Alte Gao?
Tāmen			Wie alt sind sie?
Nèiwèi lǎoshī			Wie alt ist dieser Lehrer?
Wáng Xiáojie			Wie alt ist Frau Wang?
Tā			Wie alt ist sie?
2. **Nǐ mèimei**	jǐsuì le?		Wie alt ist deine jüngere Schwester?
Nǐ dìdi			Wie alt ist dein jüngerer Bruder?
Zhèige háizi			Wie alt ist dieses Kind?
Nèige háizi			Wie alt ist jenes Kind?
Nǐde háizi			Wie alt ist dein Kind?
Nǐ			Wie alt bist du?
Nǐmen			Wie alt seid ihr?
Nǐ mèimei			Wie alt ist deine jüngere Schwester?
3. Wǒ jīnnián	**èrshi'èr**	suì le.	Dieses Jahr bin ich zweiundzwanzig.
	shíliù		Dieses Jahr bin ich sechzehn.
	shíqī		Dieses Jahr bin ich siebzehn.
	shíbā		Dieses Jahr bin ich achtzehn.
	shíjiǔ		Dieses Jahr bin ich neunzehn.
	èrshí		Dieses Jahr bin ich zwanzig.
	èrshiyī		Dieses Jahr bin ich einundzwanzig.
	èrshi'èr		Dieses Jahr bin ich zweiundzwanzig.
4. Nǐ	**xiángxiang**	kàn.	Versuche, mal zu überlegen!
	wènwen		Versuche, mal zu fragen!
	zuòzuo		Versuche, mal zu sitzen!
	cāicai		Versuche, mal zu raten!
	jiàojiao		Versuche, mal (jemanden) zu rufen!
	xiángxiang		Versuche, mal zu überlegen!
5. Zhè shi nǐ	**mèimei**	, duì bu duì?	Das ist deine jüngere Schwester, stimmt's?
	dìdi		Das ist dein jüngerer Bruder, stimmt's?
	gēge		Das ist dein älterer Bruder, stimmt's?
	jiějie		Das ist deine ältere Schwester, stimmt's?
	fùqin		Das ist dein Vater, stimmt's?
	mǔqin		Das ist deine Mutter, stimmt's?
	àirén		Das ist deine Frau, stimmt's?
	mèimei		Das ist deine jüngere Schwester, stimmt's?

6. Nǐ bié	**kàn**	, hǎo bu hǎo?	Schau nicht, OK?
	wèn		Frag nicht, OK?
	lái		Komm nicht, OK?
	qù		Geh nicht, OK?
	zuò		Sitz nicht, OK?
	zǒu		Geh nicht weg, OK?
	cāi		Rate nicht, OK?
	kàn		Schau nicht, OK?

7. Nǐ dìdi hěn	**kě'ài!**		Dein jüngerer Bruder ist süß!
	gāo!		Dein jüngerer Bruder ist groß!
	ǎi!		Dein jüngerer Bruder ist klein!
	dà!		Dein jüngerer Bruder ist breit!
	xiǎo!		Dein jüngerer Bruder ist schmal!
	hǎo!		Dein jüngerer Bruder ist gut!
	gāoxìng!		Dein jüngerer Bruder ist glücklich!
	máng!		Dein jüngerer Bruder ist beschäftigt!
	kùn!		Dein jüngerer Bruder ist schläfrig!
	kě'ài!		Dein jüngerer Bruder ist süß!

8. Tā xiàge yuè jiù	**jiǔsuì**	le.	Nächsten Monat wird sie neun Jahre alt.
	èrshiyīsuì		Nächsten Monat wird sie einundzwanzig Jahre alt.
	lái		Nächsten Monat wird sie kommen.
	bù lái		Nächsten Monat wird sie nicht kommen.
	yǒu		Nächsten Monat wird sie es haben.
	méiyou		Nächsten Monat wird sie es nicht haben.
	yǒu háizi		Nächsten Monat wird sie ein Kind bekommen.
	zǒu		Nächsten Monat wird sie weggehen.
	jiǔsuì		Nächsten Monat wird sie neun Jahre alt.

Einheit 3, Abschnitt 3: Ersetzungsdrills

Hören Sie die Audioaufnahme und sagen Sie in der Pause den neuen Satz, den Sie mit den zu ersetzenden Elementen bilden. Machen Sie jeden Ersetzungsdrill mindestens zweimal: Einmal mit offenem und einmal mit geschlossenem Buch. Jeder Drill beginnt mit einem Beispielsatz, den Sie wiederholen sollten.

1. Qǐng wèn,	**zhèige**	duōshǎo qián?	Entschuldigung, was kostet das?
	zhèige bēibāo		Entschuldigung, was kostet der Rucksack?
	nèige		Entschuldigung, was kostet jenes?
	nèige bēibāo		Entschuldigung, was kostet jener Rucksack?
	bēizi		Entschuldigung, was kostet die Tasse?
	gōngshìbāo		Entschuldigung, was kostet die Aktentasche?
	yíge yuè		Entschuldigung, was kostet das im Monat?
	liǎngge yuè		Entschuldigung, was kostet das für zwei Monate?
	zhèige		Entschuldigung, was kostet das?
2. Yò, tài	**guì**	le.	Oha, das ist zu teuer!
	dà		Oha, das ist zu groß!
	xiǎo		Oha, das ist zu klein!
	cháng		Oha, das ist zu lang!
	nán		Oha, das ist zu schwierig!
	guì		Oha, das ist zu teuer!
3. Nèige zhǐ yào	**sānkuài wǔ.**		Das kostet nur dreifünfzig Yuan.
	yìfēn qián.		Das kostet nur einen Fen.
	liùkuài wǔ.		Das kostet nur sechsfünfzig Yuan.
	shíkuài qián.		Das kostet nur zehn Yuan.
	jiǔqiān jiǔbǎi jiǔshijiǔkuài.		Das kostet nur neuntausendneunhundertneunundneunzig Yuan.
	qīkuài sì.		Das kostet nur siebenvierzig Yuan.
	sānkuài wǔ.		Das kostet nur dreifünfzig Yuan.
4. Wǒ kànkan,	**xíng bu xíng?**		Lass mich mal schauen, OK?
	xíng ma?		Lass mich mal schauen, OK?
	hǎo bu hǎo?		Lass mich mal schauen, OK?
	hǎo ma?		Lass mich mal schauen, OK?
	xíng bu xíng?		Lass mich mal schauen, OK?
5. Qǐng nǐ	**kànkan.**		Schau bitte mal.
	wènwen.		Frag bitte mal.
	zuòzuo.		Setz dich bitte mal.
	xiángxiang.		Denk bitte mal drüber nach.
	cāicai.		Rate bitte mal.
	kànkan.		Schau bitte mal.

6. Nín	**kàn**	ba.	Schauen Sie doch mal.
	cāi		Raten Sie doch mal.
	wèn		Fragen Sie doch mal.
	mǎi		Kaufen Sie es doch.
	mài		Verkaufen Sie es doch.
	zuò		Setzen Sie sich doch mal.
	zǒu		Gehen Sie doch mal.
	lái		Kommen Sie doch mal.
	qù		Gehen Sie doch mal.
	kàn		Schauen Sie doch mal.

7. Wǒmen	**zǒu**	ba.	Lasst uns gehen.
	huí sùshè		Lasst uns ins Wohnheim zurückkehren.
	qù túshūguǎn		Lasst uns in die Bibliothek gehen.
	yě dài míngpiàn		Lasst uns Visitenkarten mitbringen.
	yě xuéxí Zhōngwén		Lasst uns auch Chinesisch lernen.
	yě jiào tā Xiǎo Mǎ		Lasst uns ihn auch Kleinen Ma nennen.
	yě mǎi yíge		Lasst uns auch einen kaufen.
	zǒu		Lasst uns gehen.

8. Wǒ méi dài	**míngpiàn.**	Ich habe keine Visitenkarten mitgebracht.
	qián.	Ich habe kein Geld mitgebracht.
	gōngzuò.	Ich habe keine Arbeit mitgebracht.
	bēizi.	Ich habe keine Tasse mitgebracht.
	dàizi.	Ich habe keine Tüte mitgebracht.
	bēibāo.	Ich habe keinen Rucksack mitgebracht.
	gōngshìbāo.	Ich habe keine Aktentasche mitgebracht.
	míngpiàn.	Ich habe keine Visitenkarten mitgebracht.

Einheit 3, Abschnitt 4: Ersetzungsdrills

Hören Sie die Audioaufnahme und sagen Sie in der Pause den neuen Satz, den Sie mit den zu ersetzenden Elementen bilden. Machen Sie jeden Ersetzungsdrill mindestens zweimal: Einmal mit offenem und einmal mit geschlossenem Buch. Jeder Drill beginnt mit einem Beispielsatz, den Sie wiederholen sollten.

1. Xià yítàng dào	**Tiānjīn**	de huǒchē jǐdiǎn kāi?	Wann geht der nächste Zug nach Tianjin?
	Yīngguo		Wann geht der nächste Zug nach England?
	Fǎguo		Wann geht der nächste Zug nach Frankreich?
	Déguo		Wann geht der nächste Zug nach Deutschland?
	Xībānyá		Wann geht der nächste Zug nach Spanien?
	Měiguo		Wann geht der nächste Zug nach USA?
	Jiā'nádà		Wann geht der nächste Zug nach Kanada?
	Zhōngguo		Wann geht der nächste Zug nach China?
	Tiānjīn		Wann geht der nächste Zug nach Tianjin?

2. **Xià yítàng dào Tiānjīn**	de huǒchē jǐdiǎn kāi?	Wann geht der nächste Zug nach Tianjin?
Bādiǎn èrshí dào Tiānjīn		Wann geht der Zug, der 8:20 Uhr in Tianjin ankommt?
Shí'èrdiǎn dào Xīnjiāpō		Wann geht der Zug, der 12:00 Uhr in Singapur ankommt?
Wǒ gēn Bái Tàitai zuò		Wann geht der Zug, den Frau Bai und ich nehmen?
Tāmen yīnggāi zuò		Wann geht der Zug, den sie nehmen sollen?
Lǎo Chén děi zuò		Wann geht der Zug, den der alte Chen nehmen muss?
Xià yítàng dào Tiānjīn		Wann geht der nächste Zug nach Tianjin?

3. Tā	**yīdiǎn**	èrshí dào.	Sie kommt um 1:20 Uhr.
	liǎngdiǎn		Sie kommt um 2:20 Uhr.
	sāndiǎn		Sie kommt um 3:20 Uhr.
	sìdiǎn		Sie kommt um 4:20 Uhr.
	wǔdiǎn		Sie kommt um 5:20 Uhr.
	liùdiǎn		Sie kommt um 6:20 Uhr.
	qīdiǎn		Sie kommt um 7:20 Uhr.
	bādiǎn		Sie kommt um 8:20 Uhr.
	jiǔdiǎn		Sie kommt um 9:20 Uhr.
	shídiǎn		Sie kommt um 10:20 Uhr.
	shíyīdiǎn		Sie kommt um 11:20 Uhr.
	shí'èrdiǎn		Sie kommt um 12:20 Uhr.
	yīdiǎn		Sie kommt um 1:20 Uhr.

4. Jiǔdiǎn	**èrshí.**	9:20.
	bàn.	9:30.
	sānkè.	9:45.
	wǔshí.	9:50.
	wǔfēn.	9:05.
	shífēn.	9:10.
	yíkè.	9:15.
	èrshí.	9:20.

5. Kǒngpà nín	**láibujíle.**	Ich fürchte, Sie schaffen es nicht.
	gǎocuòle.	Ich fürchte, Sie haben es falsch gemacht.
	lèile.	Ich fürchte, Sie sind müde.
	kùnle.	Ich fürchte, Sie sind müde geworden.
	děi zǒule.	Ich fürchte, Sie müssen jetzt gehen.
	láibujíle.	Ich fürchte, Sie schaffen es nicht.

6. Nà, wǒ jiù zuò	**shídiǎn bàn** de.	Dann nehme ich den um 10:30 Uhr.
	liùdiǎn yíkè	Dann nehme ich den um 6:15 Uhr.
	qīdiǎn sānkè	Dann nehme ich den um 7:45 Uhr.
	bādiǎn wǔfēn	Dann nehme ich den um 8:05 Uhr.
	jiǔdiǎn èrshí	Dann nehme ich den um 9:20 Uhr.
	wǔdiǎn bàn	Dann nehme ich den um 5:30 Uhr.
	sìdiǎn yíkè	Dann nehme ich den um 4:15 Uhr.
	shídiǎn bàn	Dann nehme ich den um 10:30 Uhr.

7. Dào	**Tiānjīn** yào duō cháng shíjiān?	Wie lange braucht man nach Tianjin?
	Fǎguo	Wie lange braucht man nach Frankreich?
	túshūguǎn	Wie lange braucht man, um zur Bibliothek zu kommen?
	shítáng	Wie lange braucht man, um zur Mensa zu kommen?
	sùshè	Wie lange braucht man, um zum Wohnheim zu kommen?
	Déguo	Wie lange braucht man nach Deutschland?
	Tiānjīn	Wie lange braucht man nach Tianjin?

8. Chàbuduō yào	**liǎngge bàn** zhōngtóu.	Man braucht ungefähr zweieinhalb Stunden.
	bàn'ge	Man braucht ungefähr eine halbe Stunde.
	yíge bàn	Man braucht ungefähr eineinhalb Stunden.
	sān'ge bàn	Man braucht ungefähr dreieinhalb Stunden.
	yíge	Man braucht ungefähr eine Stunde.
	qīge bàn	Man braucht ungefähr siebeneinhalb Stunden.
	liǎngge bàn	Man braucht ungefähr zweieinhalb Stunden.

Einheit 4, Abschnitt 1: Ersetzungsdrills

Hören Sie die Audioaufnahme und sagen Sie in der Pause den neuen Satz, den Sie mit den zu ersetzenden Elementen bilden. Machen Sie jeden Ersetzungsdrill mindestens zweimal: Einmal mit offenem und einmal mit geschlossenem Buch. Jeder Drill beginnt mit einem Beispielsatz, den Sie wiederholen sollten.

1. Qǐng wèn,	**yǔyán shíyànshì**	jǐdiǎn zhōng kāimén?	Entschuldigung, wann macht das Sprachlabor auf?
	túshūguǎn		Entschuldigung, wann macht die Bibliothek auf?
	shítáng		Entschuldigung, wann macht die Mensa auf?
	dàshǐguǎn		Entschuldigung, wann macht die Botschaft auf?
	màoyì gōngsī		Entschuldigung, wann macht die Handelsfirma auf?
	shíyànshì		Entschuldigung, wann macht das Laboratorium auf?
	yǔyán shíyànshì		Entschuldigung, wann macht das Sprachlabor auf?

2. Qǐng wèn,	**yǔyán shíyànshì**	jǐdiǎn zhōng guānmén?	Entschuldigung, wann macht das Sprachlabor zu?
	túshūguǎn		Entschuldigung, wann macht die Bibliothek zu?
	shítáng		Entschuldigung, wann macht die Mensa zu?
	dàshǐguǎn		Entschuldigung, wann macht die Botschaft zu?
	màoyì gōngsī		Entschuldigung, wann macht die Handelsfirma zu?
	shíyànshì		Entschuldigung, wann macht das Laboratorium zu?
	yǔyán shíyànshì		Entschuldigung, wann macht das Sprachlabor zu?

3. Měitiān zǎoshang	**bādiǎn**	kāimén.	Es macht jeden Tag um 8:00 Uhr auf.
	qīdiǎn bàn		Es macht jeden Tag um 7:30 Uhr auf.
	shídiǎn yíkè		Es macht jeden Tag um 10:15 Uhr auf.
	liùdiǎn bàn		Es macht jeden Tag um 6:30 Uhr auf.
	jiǔdiǎn sānkè		Es macht jeden Tag um 9:45 Uhr auf.
	shídiǎn wǔfēn		Es macht jeden Tag um 10:05 Uhr auf.
	bādiǎn		Es macht jeden Tag um 8:00 Uhr auf.

4. Wǎnshang	**jiǔdiǎn bàn**	guānmén.	Es schließt jeden Tag um 21:30 Uhr.
	shídiǎn bàn		Es schließt jeden Tag um 22:30 Uhr.
	bādiǎn yíkè		Es schließt jeden Tag um 20:15 Uhr.
	liùdiǎn sānkè		Es schließt jeden Tag um 18:45 Uhr.
	qīdiǎn		Es schließt jeden Tag um 19:00 Uhr.
	jiǔdiǎn bàn		Es schließt jeden Tag um 21:30 Uhr.

5. **Xīngqīliù**	kāi bu kāi?	Ist es am Samstag geöffnet?
Xīnqīyī		Ist es am Montag geöffnet?
Xīngqī'èr		Ist es am Dienstag geöffnet?
Xīngqīsān		Ist es am Mittwoch geöffnet?
Xīngqīsì		Ist es am Donnerstag geöffnet?
Xīngqīwǔ		Ist es am Freitag geöffnet?
Xīngqītiān		Ist es am Sonntag geöffnet?
Xīngqīrì		Ist es am Sonntag geöffnet?
Xīngqīliù		Ist es am Samstag geöffnet?

6. **Lǐbàiliù**	kāi bàntiān.	Es ist am Samstag halbtags geöffnet.
Lǐbàiyī		Es ist am Montag halbtags geöffnet.
Lǐbài'èr		Es ist am Dienstag halbtags geöffnet.
Lǐbàisān		Es ist am Mittwoch halbtags geöffnet.
Lǐbàisì		Es ist am Donnerstag halbtags geöffnet.
Lǐbàiwǔ		Es ist am Freitag halbtags geöffnet.
Lǐbàitiān		Es ist am Sonntag halbtags geöffnet.
Lǐbàirì		Es ist am Sonntag halbtags geöffnet.
Lǐbàiliù		Es ist am Samstag halbtags geöffnet.

7. **Xīngqītiān**	xiūxi.	Sonntags ruht er sich aus.
Zǎoshang		Morgens ist es geschlossen.
Wǎnshang		Abends ist es geschlossen.
Shàngwǔ		Vormittags ist es geschlossen.
Xiàwǔ		Nachmittags ist es geschlossen.
Shàngge xīngqī		Letzte Woche war es geschlossen.
Zhèige xīngqī		Diese Woche ist es geschlossen.
Xiàge xīngqī		Nächste Woche ist es geschlossen.
Píngcháng		Normalerweise ist es geschlossen.
Měitiān dōu		Es ist jeden Tag geschlossen.
Xīngqītiān		Sonntags ruht er sich aus.

8. Wǒ píngcháng zǎoshàng	**qīdiǎn**	qǐchuáng.	Ich stehe normalerweise um sieben Uhr auf.
	wǔdiǎn bàn		Ich stehe normalerweise um fünf Uhr dreißig auf.
	liùdiǎn yíkè		Ich stehe normalerweise um viertel nach sechs auf.
	bādiǎn bàn		Ich stehe normalerweise um acht Uhr dreißig auf.
	jiǔdiǎn sānkè		Ich stehe normalerweise um neun Uhr fünfundvierzig auf.
	qīdiǎn èrshí		Ich stehe normalerweise um sieben Uhr zwanzig auf.
	qīdiǎn		Ich stehe normalerweise um sieben Uhr auf.

9. Wǒ píngcháng	**shíyīdiǎn zhōng**	shuìjiào.	Ich gehe normalerweise um elf Uhr ins Bett.
	liǎngdiǎn bàn		Ich gehe normalerweise um zwei Uhr dreißig ins Bett.
	shídiǎn yíkè		Ich gehe normalerweise um zweiundzwanzig Uhr fünfzehn ins Bett.
	shí'èrdiǎn sānkè		Ich gehe normalerweise um null Uhr fünfundvierzig ins Bett.
	sāndiǎn zhōng		Ich gehe normalerweise um drei Uhr ins Bett.
	yīdiǎn bàn		Ich gehe normalerweise um halb zwei ins Bett.
	liǎngdiǎn yíkè		Ich gehe normalerweise um viertel nach zwei ins Bett.
	shíyīdiǎn		Ich gehe normalerweise um elf Uhr ins Bett.

10. Wǒ píngcháng měitiān shuì	**qíge**	zhōngtóu.	Normalerweise schlafe ich täglich sieben Stunden.
	báge		Normalerweise schlafe ich täglich acht Stunden.
	liùge bàn		Normalerweise schlafe ich täglich sechseinhalb Stunden.
	sìge		Normalerweise schlafe ich täglich vier Stunden.
	wǔge bàn		Normalerweise schlafe ich täglich fünfeinhalb Stunden.
	shí'èrge		Normalerweise schlafe ich täglich zwölf Stunden.
	shíge		Normalerweise schlafe ich täglich zehn Stunden.
	qíge		Normalerweise schlafe ich täglich sieben Stunden.

Einheit 4, Abschnitt 2: Ersetzungsdrills

Hören Sie die Audioaufnahme und sagen Sie in der Pause den neuen Satz, den Sie mit den zu ersetzenden Elementen bilden. Machen Sie jeden Ersetzungsdrill mindestens zweimal: Einmal mit offenem und einmal mit geschlossenem Buch. Jeder Drill beginnt mit einem Beispielsatz, den Sie wiederholen sollten.

1. **Nǐ**	jiào shémme míngzi?	Wie heißt du?
Tā		Wie heißt sie?
Nǐ àirén		Wie heißt deine Frau?
Nǐde háizi		Wie heißt dein Kind?
Nǐde tóngwū		Wie heißt dein Mitbewohner?
Nǐde tóngxué		Wie heißt dein Kommilitone?
Nèiwèi tóngshì		Wie heißt dein Kollege?
Nǐ		Wie heißt du?

2. **Nǐ**	shi něinián chūshēngde?	In welchem Jahr wurdest du geboren?
Tā		In welchem Jahr wurde sie geboren?
Gāo Xiānsheng		In welchem Jahr wurde Herr Gao geboren?
Bái Xiáojie		In welchem Jahr wurde Frau Bai geboren?
Lǎo Wáng		In welchem Jahr wurde der Alte Wang geboren?
Xiǎo Lín		In welchem Jahr wurde die Kleine Lin geboren?
Tāmen		In welchem Jahr wurden sie geboren?
Chén Tàitai		In welchem Jahr wurde Frau Chen geboren?
Nǐ		In welchem Jahr wurdest du geboren?

3. Wǒ shi	**yī-jiǔ-qī-jiǔ-nián**	chūshēngde.	Ich bin im Jahr 1979 geboren.
	yī-jiǔ-bā-líng-nián		Ich bin im Jahr 1980 geboren.
	yī-jiǔ-bā-yī-nián		Ich bin im Jahr 1981 geboren.
	yī-jiǔ-bā-èr-nián		Ich bin im Jahr 1982 geboren.
	yī-jiǔ-jiǔ-sān-nián		Ich bin im Jahr 1993 geboren.
	yī-jiǔ-jiǔ-sì-nián		Ich bin im Jahr 1994 geboren.
	yī-jiǔ-jiǔ-wǔ-nián		Ich bin im Jahr 1995 geboren.
	yī-jiǔ-qī-jiǔ-nián		Ich bin im Jahr 1979 geboren.

4. Wǒde shēngrì shi	**sìyuè shísānhào.**	Mein Geburtstag ist der 13. April.
	shíyuè yīhào.	Mein Geburtstag ist der 1. Oktober.
	sānyuè èrshibāhào.	Mein Geburtstag ist der 28. März.
	jiǔyuè sìhào.	Mein Geburtstag ist der 4. September.
	liùyuè èrshihào.	Mein Geburtstag ist der 20. Juni.
	wǔyuè sānhào.	Mein Geburtstag ist der 3. Mai.
	yīyuè sānshihào.	Mein Geburtstag ist der 30. Januar.
	sìyuè shísānhào.	Mein Geburtstag ist der 13. April.

5. Wénhuà Lù	**sìhào**		Kulturstraße Nummer 4.
	sānbǎi èrshisānhào		Kulturstraße Nummer 323.
	bābǎi líng wǔhào		Kulturstraße Nummer 805.
	shísānhào		Kulturstraße Nummer 13.
	sānshihào		Kulturstraße Nummer 30.
	jiǔhào		Kulturstraße Nummer 9.
	sìbǎi wǔshiwǔhào		Kulturstraße Nummer 455.
	sìhào		Kulturstraße Nummer 4.
6. Hépíng Dōng Lù	**yī**	duàn sìhào.	Hoping East Road, Sektion 1, Nummer 4.
	èr		Hoping East Road, Sektion 2, Nummer 4.
	sān		Hoping East Road, Sektion 3, Nummer 4.
	sì		Hoping East Road, Sektion 4, Nummer 4.
	wǔ		Hoping East Road, Sektion 5, Nummer 4.
	liù		Hoping East Road, Sektion 6, Nummer 4.
	qī		Hoping East Road, Sektion 7, Nummer 4.
	yī		Hoping East Road, Sektion 1, Nummer 4.
7. Tiānjīn Lù	**èrxiàng**	qīhào.	Tianjin Road, Gasse 2, Nummer 7.
	yīxiàng		Tianjin Road, Gasse 1, Nummer 7.
	sānxiàng		Tianjin Road, Gasse 3, Nummer 7.
	sìxiàng		Tianjin Road, Gasse 4, Nummer 7.
	wǔxiàng		Tianjin Road, Gasse 5, Nummer 7.
	liùxiàng		Tianjin Road, Gasse 6, Nummer 7.
	qīxiàng		Tianjin Road, Gasse 7, Nummer 7.
	èrxiàng		Tianjin Road, Gasse 2, Nummer 7.
8. Tā yào qù	**jǐlóu?**		Auf welches Stockwerk will sie?
	yīlóu.		Sie will ins Erdgeschoss.
	èrlóu.		Sie will auf den 1. Stock.
	sānlóu.		Sie will auf den 2. Stock.
	sìlóu.		Sie will auf den 3. Stock.
	wǔlóu.		Sie will auf den 4. Stock.
	liùlóu.		Sie will auf den 5. Stock.
	qīlóu.		Sie will auf den 6. Stock.
	jǐlóu?		Auf welches Stockwerk will sie?

9. Qǐng	**nǐ**	děng yíxià.	Könntest du bitte einen Augenblick warten?
	tā		Könnte sie bitte einen Augenblick warten?
	tāmen		Könnten sie bitte einen Augenblick warten?
	Zhào Xiānsheng		Könnte Herr Zhao bitte einen Augenblick warten?
	Xiè Tàitai		Könnte Frau Xie bitte einen Augenblick warten?
	Wáng Xiáojie		Könnte Frau Wang bitte einen Augenblick warten?
	Lǎo Zhāng		Könnte der Alte Zhang bitte einen Augenblick warten?
	Xiǎo Mǎ		Könnte der Kleine Ma bitte einen Augenblick warten?
	nǐ		Könntest du bitte einen Augenblick warten?

10. **Jīntiān**	jǐyuè jǐhào?	Welches Datum haben wir heute?
Míngtiān		Welches Datum haben wir morgen?
Zuótiān		Welches Datum hatten wir gestern?
Jīnnián		In welchem Monat und an welchem Tag dieses Jahr?
Míngnián		In welchem Monat und an welchem Tag nächstes Jahr?
Qùnián		In welchem Monat und an welchem Tag letztes Jahr?
Nǐde shēngrì		Wann ist dein Geburtstag?
Jīntiān		Welches Datum haben wir heute?

11. **Jīnnián**	shi něinián?	Welches Jahr haben wir jetzt?
Míngnián		Welches Jahr haben wir nächstes Jahr?
Qùnián		Welches Jahr hatten wir letztes Jahr?
Jīnnián		Welches Jahr haben wir jetzt?

Einheit 4, Abschnitt 3: Ersetzungsdrills

Hören Sie die Audioaufnahme und sagen Sie in der Pause den neuen Satz, den Sie mit den zu ersetzenden Elementen bilden. Machen Sie jeden Ersetzungsdrill mindestens zweimal: Einmal mit offenem und einmal mit geschlossenem Buch. Jeder Drill beginnt mit einem Beispielsatz, den Sie wiederholen sollten.

1. Zhè shi tā dì	jǐ	cì dào Zhōngguo lái?	Wie oft war er in China?
	yī	.	Das ist das erste Mal, dass er in China ist.
	èr	.	Das ist das zweite Mal, dass er in China ist.
	sān	.	Das ist das dritte Mal, dass er in China ist.
	sì	.	Das ist das vierte Mal, dass er in China ist.
	wǔ	.	Das ist das fünfte Mal, dass er in China ist.
	liù	.	Das ist das sechste Mal, dass er in China ist.
	qī	.	Das ist das siebte Mal, dass er in China ist.
	bā	.	Das ist das achte Mal, dass er in China ist.
	jiǔ	.	Das ist das neunte Mal, dass er in China ist.
	jǐ	?	Wie oft war er in China?

2. Zhè shi wǒ dì	èr	cì lái.	Das ist das zweite Mal, dass ich hier bin.
	yī		Das ist das erste Mal, dass ich hier bin.
	sān		Das ist das dritte Mal, dass ich hier bin.
	sì		Das ist das vierte Mal, dass ich hier bin.
	wǔ		Das ist das fünfte Mal, dass ich hier bin.
	liù		Das ist das sechste Mal, dass ich hier bin.
	qī		Das ist das siebte Mal, dass ich hier bin.
	bā		Das ist das achte Mal, dass ich hier bin.
	jiǔ		Das ist das neunte Mal, dass ich hier bin.
	èr		Das ist das zweite Mal, dass ich hier bin.

3. Dì	yí	ge rén shi shéi?	Wer war der Erste?
	èr		Wer war der Zweite?
	sān		Wer war der Dritte?
	sì		Wer war der Vierte?
	wǔ		Wer war der Fünfte?
	liù		Wer war der Sechste?
	qī		Wer war der Siebte?
	bā		Wer war der Achte?
	jiǔ		Wer war der Neunte?
	shí		Wer war der Zehnte?
	yí		Wer war der Erste?

4. Yǒu yìsi, dì	**èr**	wèi lǎoshī yě xìng Wáng!	Interessant, der Nachname des zweiten Lehrers war auch Wang!
	sān		Interessant, der Nachname des dritten Lehrers war auch Wang!
	sì		Interessant, der Nachname des vierten Lehrers war auch Wang!
	wǔ		Interessant, der Nachname des fünften Lehrers war auch Wang!
	liù		Interessant, der Nachname des sechsten Lehrers war auch Wang!
	qī		Interessant, der Nachname des siebten Lehrers war auch Wang!
	bā		Interessant, der Nachname des achten Lehrers war auch Wang!
	èr		Interessant, der Nachname des zweiten Lehrers war auch Wang!!

5. Wǒ	**lái**	guo.	Ich war schon einmal hier.
	qù		Ich war schon einmal dort.
	wèn		Ich habe schon einmal gefragt.
	mǎi		Ich habe es schon mal gekauft.
	mài		Ich habe es schon mal verkauft.
	lái		Ich war schon einmal hier.

6. Tā láiguo	**yí**	cì.	Sie war schon einmal hier.
	liǎng	.	Sie war schon zweimal hier.
	sān	.	Sie war schon dreimal hier.
	sì	.	Sie war schon viermal hier.
	wǔ	.	Sie war schon fünfmal hier.
	liù	.	Sie war schon sechsmal hier.
	qī	.	Sie war schon siebenmal hier.
	bā	.	Sie war schon achtmal hier.
	jiǔ	.	Sie war schon neunmal hier.
	shí	.	Sie war schon zehnmal hier.
	jǐ	?	Wie oft war sie schon hier?
	yí	.	Sie war schon einmal hier.

7. Lǎo Zhào méi	**zuò**	guo.	Der alte Zhao hat noch nie einen (z.B. einen Zug) genommen.
	mǎi		Der alte Zhao hat noch nie eins gekauft.
	mài		Der alte Zhao hat noch nie eins verkauft.
	shuō		Der alte Zhao hat es noch nie gesagt.
	zuò		Der alte Zhao hat noch nie einen (z.B. einen Zug) genommen.

8. Tā zhèicì yào zhù	**duō jiǔ?**		Wie lange will er diesmal bleiben?
	liǎngtiān.		Er will diesmal zwei Tage bleiben.
	liǎngge xīngqī.		Er will diesmal zwei Wochen bleiben.
	liǎngge yuè.		Er will diesmal zwei Monate bleiben.
	liǎngnián.		Er will diesmal zwei Jahre bleiben.
	bàn'ge yuè.		Er will diesmal einen halben Monat bleiben.
	yíge bàn yuè.		Er will diesmal eineinhalb Monate bleiben.
	duō jiǔ?		Wie lange will er diesmal bleiben?

9. Wǒ míngtiān huí	**guó.**	Ich werde morgen in mein Mutterland zurückkehren.
	jiā.	Ich werde morgen nachhause zurückkehren.
	sùshè.	Ich werde morgen ins Wohnheim zurückkehren.
	xuéxiào.	Ich werde morgen in die Schule zurückkehren.
	guó.	Ich werde morgen in mein Mutterland zurückkehren.

10. Nǐ zhù	**něige**	fángjiān?	In welchem Zimmer wohnst du?
	jǐhào		Welche Nummer hat das Zimmer, in dem du wohnst?
	shéide		In wessen Zimmer wohnst du?
	něige		In welchem Zimmer wohnst du?

11. Tā zhù	**sān líng liù.**	Sie wohnt in der 306.
	èr jiǔ bā.	Sie wohnt in der 298.
	sùshè.	Sie wohnt im Wohnheim.
	wǒ jiā.	Sie wohnt bei mir zuhause.
	něige fángjiān?	In welchem Zimmer wohnt sie?
	wǒde fángjiān.	Sie wohnt in meinem Zimmer.
	nǎr?	Wo wohnt sie?
	sān líng liù.	Sie wohnt in der 306.

12. Tā xiān	**shuōle**	shémme? Ránhòu	**shuōle**	shémme?	Was hat er zuerst gesagt und was dann?
	zuòle		**zuòle**		Was hat er zuerst gemacht und was dann?
	wènle		**wènle**		Was hat er zuerst gefragt und was dann?
	mǎile		**mǎile**		Was hat er zuerst gekauft und was dann?
	kànle		**kànle**		Was hat er zuerst angeschaut und was dann?
	shuōle		**shuōle**		Was hat er zuerst gesagt und was dann?

13. Nǐ shì bu shi	**qiántiān**	láiguo wǒ jiā?	Warst du vorgestern bei mir zuhause?
	zuótiān		Warst du gestern bei mir zuhause?
	jīntiān shàngwǔ		Warst du heute Früh bei mir zuhause?
	qiánnián		Warst du vorletztes Jahr bei mir zuhause?
	qùnián		Warst du letztes Jahr bei mir zuhause?
	jīnnián èryuè		Warst du diesen Februar bei mir zuhause?
	qiántiān		Warst du vorgestern bei mir zuhause?

14. Bái Xiānsheng shuō tā	**jīnnián**	bù huíguó.	Herr Bai sagt, dass er dieses Jahr nicht in die Heimat kommt.
	míngnián		Herr Bai sagt, dass er nächstes Jahr nicht in die Heimat kommt.
	hòunián		Herr Bai sagt, dass er übernächstes Jahr nicht in die Heimat kommt.
	xiàge yuè		Herr Bai sagt, dass er nächsten Monat nicht in die Heimat kommt.
	xiàge xīngqī		Herr Bai sagt, dass er nächste Woche nicht in die Heimat kommt.
	míngtiān		Herr Bai sagt, dass er morgen nicht in die Heimat kommt.
	hòutiān		Herr Bai sagt, dass er übermorgen nicht in die Heimat kommt.
	jīnnián		Herr Bai sagt, dass er dieses Jahr nicht in die Heimat kommt.

Die verbleibenden Ersetzungsdrills
(**Einheit 4, Abschnitt 4** bis **Einheit 10, Abschnitt 4**),
finden Sie auf der CD.

Die folgenden Ersetzungsdrills
(**Einheit 4, Abschnitt 4** bis **Einheit 10, Abschnitt 4**),
finden Sie auf der CD.

3. Transformations- und Antwortdrills

Einheit 1, Abschnitt 1: Transformations- und Antwortdrills

1. Fügen Sie an die folgenden Begrüßungen und Fragen die Final-Partikel **a** an, um diese lockerer und umgangssprachlicher zu machen.

Nǐ hǎo!	**Nǐ hǎo a?**
„Wie geht's? / Hallo!"	„Wie geht's? / Hallo!"
Wāng Jīngshēng, nǐ hǎo!	**Wāng Jīngshēng, nǐ hǎo a!**
„Hallo, Wang Jingsheng!"	„Hallo, Wang Jingsheng!"
Nǐ dào nǎr qù?	**Nǐ dào nǎr qù a?**
„Wohin gehst du?"	„Wohin gehst du?"
Kē Léi'ēn dào nǎr qù bàn shì?	**Kē Léi'ēn dào nǎr qù bàn shì a?**
„Wohin geht Ke Leien, um sich um einige Dinge zu kümmern?"	„Wohin geht Ke Leien, um sich um einige Dinge zu kümmern?"

2. Verwenden Sie **ne**, um die Frage nach der zweiten Person abzukürzen.

Wǒ huí sùshè. Nǐ dào nǎr qù?	**Wǒ huí sùshè. Nǐ ne?**
„Ich gehe zurück ins Wohnheim. Wohin gehst du?"	„Ich gehe zurück ins Wohnheim, und du?"
Wǒ qù bàn yìdiǎnr shì. Nǐ dào nǎr qù?	**Wǒ qù bàn yìdiǎnr shì. Nǐ ne?**
„Ich gehe, mich um eine Angelegenheit kümmern. Wohin gehst du?"	„Ich gehe, mich um eine Angelegenheit kümmern, und du?"
Wǒ qù shítáng. Nǐ dào nǎr qù?	**Wǒ qù shítáng. Nǐ ne?**
„Ich gehe in die Mensa. Wohin gehst du?"	„Ich gehe in die Mensa, und du?"
Wǒ qù túshūguǎn. Nǐ dào nǎr qù?	**Wǒ qù túshūguǎn. Nǐ ne?**
„Ich gehe in die Bibliothek. Wohin gehst du?"	„Ich gehe in die Bibliothek, und du?"

3. Sie hören nun eine Aussage über jemanden, der im Begriff ist, etwas zu tun. Wiederholen Sie die Aussage und sagen Sie, dass Sie das Gleiche tun werden, indem Sie das Adverb **yě** „auch" hinzufügen.

Kē Léi'ēn huí sùshè.	**Kē Léi'ēn huí sùshè, wǒ yě huí sùshè.**
„Ke Leien geht ins Wohnheim zurück."	„Ke Leien geht ins Wohnheim zurück und ich kehre auch in Wohnheim zurück."
Wāng Jīngshēng qù shítáng.	**Wāng Jīngshēng qù shítáng, wǒ yě qù shítáng.**
„Wang Jingsheng geht in die Mensa."	„Wang Jingsheng geht in die Mensa und ich gehe auch in die Mensa."
Nǐ qù túshūguǎn.	**Nǐ qù túshūguǎn, wǒ yě qù túshūguǎn.**
„Du gehst in die Bibliothek."	„Du gehst in die Bibliothek und ich gehe auch in die Bibliothek."
Nǐ qù bàn yìdiǎnr shì.	**Nǐ qù bàn yìdiǎnr shì, wǒ yě qù bàn yìdiǎnr shì.**
„Du gehst dich um ein paar Dinge kümmern."	„Du gehst dich um ein paar Dinge kümmern und ich gehe auch, mich um ein paar Dinge kümmern."

Einheit 1, Abschnitt 2: Transformations- und Antwortdrills

1. Fügen Sie zu jedem Satz ein **dōu** hinzu.

Wǒ bàba, māma hěn máng.
„Mein Vater und meine Mutter sind beschäftigt."

Wǒ bàba, māma dōu hěn máng.
„Mein Vater und meine Mutter sind beide beschäftigt."

Wǒ àirén, háizi qù túshūguǎn.
„Meine Gattin und meine Kinder gehen in die Bibliothek."

Wǒ àirén, háizi dōu qù túshūguǎn.
„Meine Gattin und meine Kinder gehen alle in die Bibliothek."

Tāmen xiān zǒule.
„Sie sind früher gegangen."

Tāmen dōu xiān zǒule.
„Sie sind alle früher gegangen."

Nǐ bàba, māma hěn lèi.
„Dein Vater und deine Mutter sind müde."

Nǐ bàba, māma dōu hěn lèi.
„Dein Vater und deine Mutter sind beide müde."

2. Wandeln Sie die folgenden Aussagen in Fragen um, indem Sie ein **ma** anfügen.

Tāmen hěn máng.
„Sie sind beschäftigt."

Tāmen hěn máng ma?
„Sind sie beschäftigt?"

Nǐ lèile.
„Du bist müde geworden."

Nǐ lèile ma?
„Bist du müde geworden?"

Tāmen qù túshūguǎn.
„Sie gehen in die Bibliothek."

Tāmen qù túshūguǎn ma?
„Gehen sie in die Bibliothek?"

Tā huí sùshè.
„Sie geht ins Wohnheim zurück."

Tā huí sùshè ma?
„Geht sie ins Wohnheim zurück?"

Wǒ àirén xiān zǒule.
„Mein Ehemann ist früher gegangen."

Wǒ àirén xiān zǒule ma?
„Ist mein Ehemann früher gegangen?"

Tā hái hǎo.
„Er ist OK."

Tā hái hǎo ma?
„Ist er OK?"

3. Bilden Sie Sätze mit Statischem Verb mit **hěn**, indem Sie die vorgegebenen Subjekte und Statischen Verben verwenden.

Nǐmen, lèi.
„Ihr, müde."

Nǐmen hěn lèi.
„Ihr seid sehr müde."

Tā, máng.
„Sie, beschäftigt."

Tā hěn máng.
„Sie ist beschäftigt."

Wǒ, hǎo.
„Ich, gut."

Wǒ hěn hǎo.
„Mir geht es gut."

Nǐ, máng.
„Du, beschäftigt."

Nǐ hěn máng.
„Du bist beschäftigt."

Tāmen, lèi.
„Sie, Müde."

Tāmen hěn lèi.
„Sie sind müde."

4. Setzen Sie das Pronominalsubjekt **tā** in den Plural, indem Sie **-men** hinzufügen.

Tā qù túshūguǎn.
„Er geht in die Bibliothek."

Tāmen qù túshūguǎn.
„Sie gehen in die Bibliothek."

Tā huí sùshè.
„Sie geht ins Wohnheim zurück."

Tāmen huí sùshè.
„Sie gehen ins Wohnheim zurück."

Tā hěn máng.
„Er ist sehr beschäftigt."

Tāmen hěn máng.
„Sie sind sehr beschäftigt."

Tā xiān zǒule.
„Er ist früher gegangen."

Tāmen xiān zǒule.
„Sie sind früher gegangen."

Einheit 1, Abschnitt 3: Transformations- und Antwortdrills

1. Bilden Sie aus dem Muster SUBSTANTIV + STATISCHES VERB das Muster ALS ADJEKTIV VERWENDETES STATISCHES VERB + SUBSTANTIV.

Gōngzuò hǎo.	**hǎo gōngzuò**
„Die Arbeit ist gut."	„gute Arbeit"
Háizi xiǎo.	**xiǎo háizi**
„Das Kind ist klein."	„kleines Kind"
Bàba hǎo.	**hǎo bàba**
„Vater ist gut."	„guter Vater"
Shítáng hǎo.	**hǎo shítáng**
„Die Mensa ist gut."	„gute Mensa"
Shìr xiǎo.	**xiǎo shìr**
„Die Angelegenheit ist unwichtig."	„unwichtige Angelegenheit"
Yàngzi lǎo.	**lǎo yàngzi**
„Die Art und Weise ist alt."	„alte Art und Weise"

2. Verneinen Sie die folgenden Verben mit **bù.** Denken Sie daran, dass **bù** vor Silben, die im Vierten Ton stehen, vom Vierten in den Zweiten Ton wechselt und zu **bú** wird.

máng	**bù máng**
„beschäftigt"	„nicht beschäftigt"
jǐnzhāng	**bù jǐnzhāng**
„nervös"	„nicht nervös"
lèi	**bú lèi**
„müde"	„nicht müde"
xiǎo	**bù xiǎo**
„klein"	„nicht klein"
lǎo	**bù lǎo**
„alt"	„nicht alt"
kùn	**bú kùn**
„schläfrig"	„nicht schläfrig"
nán	**bù nán**
„schwierig"	„nicht schwierig"
róngyi	**bù róngyi**
„einfach"	„nicht einfach"
qù	**bú qù**
„gehen"	„nicht gehen"

3. Verneinen Sie die folgenden Sätze, indem Sie **bù** oder **bú** verwenden.

Wǒ huí sùshè.
„Ich gehe ins Wohnheim zurück."
Wǒ bù huí sùshè.
„Ich gehe nicht ins Wohnheim zurück."

Tāmen hǎo ma?
„Geht es ihnen gut?"
Tāmen bù hǎo ma?
„Geht es ihnen nicht gut?"

Nǐ háizi lèi ma?
„Ist dein Kind müde?"
Nǐ háizi bú lèi ma?
„Ist dein Kind nicht müde?"

Nǐmen hěn máng.
„Ihr seid sehr beschäftigt."
Nǐmen bù hěn máng.
„Ihr seid nicht sehr beschäftigt."

Bàba qù gōngzuò.
„Vater geht zur Arbeit."
Bàba bú qù gōngzuò.
„Vater geht nicht zur Arbeit.

Xuéxí Zhōngwén nán ma?
„Ist Chinesischlernen schwierig?"
Xuéxí Zhōngwén bù nán ma?
„Ist Chinesischlernen nicht schwierig?"

4. Machen Sie aus den folgenden Aussagen Fragen, indem Sie das Ja-Nein-Frage-Muster verwenden.

Tā qù.
„Sie geht."
Tā qù bu qù?
„Geht sie oder geht sie nicht?"

Nǐ hěn kùn.
„Du bist schläfrig."
Nǐ kùn bu kùn?
„Bist du schläfrig oder nicht?"

Tāmen hěn máng.
„Sie sind beschäftigt."
Tāmen máng bu máng?
„Sind sie beschäftigt oder nicht?"

Bàba hěn lèi.
„Vater ist müde."
Bàba lèi bu lèi?
„Ist Vater müde oder nicht?"

Māma hěn gāo.
„Mutter ist groß."
Māma gāo bu gāo?
„Ist Mutter groß oder nicht?"

Tā hěn hǎo.
„Er ist gut."
Tā hǎo bu hǎo?
„Ist er gut oder nicht?"

Zhōngwén hěn nán.
„Chinesisch ist schwierig."
Zhōngwén nán bu nán?
„Ist Chinesisch schwierig oder nicht?"

5. Verwandeln Sie die folgenden **ma**-Fragen in Ja-Nein-Fragen.

Nǐ zuìjìn hǎo ma?
„Ging es dir in der letzten Zeit gut?"
Nǐ zuìjìn hǎo bu hǎo?
„Ging es dir in der letzten Zeit gut oder nicht?"

Tā qù túshūguǎn ma?
„Geht er in die Bibliothek?"
Tā qù bu qù túshūguǎn?
„Geht er in die Bibliothek oder nicht?"

Zhōngwén róngyi ma?
„Ist Chinesisch einfach?"
Zhōngwén róngyi bu róngyi?
„Ist Chinesisch einfach oder nicht?"

Nǐ gōngzuò jǐnzhāng ma?
„Ist deine Arbeit stressig?"

Nǐ gōngzuò jǐnzhāng bu jǐnzhāng?
„Ist deine Arbeit stressig oder nicht?"

Tā àirén ǎi ma?
„Ist ihr Mann klein?"

Tā àirén ǎi bu ǎi?
„Ist ihr Mann klein oder nicht?"

Nǐmen qù shítáng ma?
„Geht ihr in die Mensa?"

Nǐmen qù bu qù shítáng?
„Geht ihr in die Mensa oder nicht?"

6. Hören Sie zunächst den Kommentar über **Xiǎo Wáng** und machen Sie dann einen eigenen Kommentar über sich selbst, wobei Sie **bú tài** verwenden.

Xiǎo Wáng hěn kùn.
„Der Kleine Wang ist sehr schläfrig."

Wǒ bú tài kùn.
„Ich bin nicht allzu schläfrig."

Xiǎo Wáng hěn lèi.
„Der Kleine Wang ist sehr müde."

Wǒ bú tài lèi.
„Ich bin nicht allzu müde."

Xiǎo Wáng hěn gāo.
„Der Kleine Wang ist sehr groß."

Wǒ bú tài gāo.
„Ich bin nicht allzu groß."

Xiǎo Wáng zuìjìn hěn hǎo.
„Dem Kleinen Wang geht in letzter Zeit sehr gut."

Wǒ zuìjìn bú tài hǎo.
„Mir geht es in letzter Zeit nicht allzu gut."

Xiǎo Wáng hěn lǎo.
„Der Kleine Wang ist sehr alt."

Wǒ bú tài lǎo.
„Ich bin nicht allzu alt."

Xiǎo Wáng gōngzuò hěn jǐnzhāng.
„Die Arbeit des Kleinen Wang ist sehr stressig."

Wǒ gōngzuò bú tài jǐnzhāng.
„Meine Arbeit ist nicht allzu stressig."

7. Wandeln Sie die folgenden Sätze aus dem **hěn** + STATISCHES VERB-Muster in das **tǐng...-de** -Muster um.

Tā hěn kùn.
„Er ist sehr müde."

Tā tǐng kùnde.
„Er ist ziemlich müde."

Zhōngwén hěn nán.
„Chinesisch ist sehr schwierig."

Zhōngwén tǐng nánde.
„Chinesisch ist ziemlich schwierig."

Wǒ māma hěn máng.
„Meine Mutter ist sehr beschäftigt."

Wǒ māma tǐng mángde.
„Meine Mutter ist ziemlich beschäftigt."

Nǐ àirén hěn ǎi.
„Dein Gatte ist sehr klein."

Nǐ àirén tǐng ǎide.
„Dein Gatte ist ziemlich klein."

Tā bàba hěn lǎo.
„Ihr Vater ist sehr alt."

Tā bàba tǐng lǎode.
„Ihr Vater ist ziemlich alt."

Nǐ yàngzi hěn jǐnzhāng.
„Du siehst sehr nervös aus."

Nǐ yàngzi tǐng jǐnzhāngde.
„Du siehst ziemlich nervös aus."

Tā zuìjìn gōngzuò hěn lèi.
„Seine Arbeit ist in letzter Zeit sehr anstrengend."

Tā zuìjìn gōngzuò tǐng lèide.
„Seine Arbeit ist in letzter Zeit ziemlich anstrengend."

Einheit 1, Abschnitt 4: Transformations- und Antwortdrills

1. Fügen Sie dem Familiennamen und der Anrede des Ehemannes Familiennamen und Anrede der Ehefrau hinzu.

Zhào Xiānsheng „Herr Zhao“	**Zhào Xiānsheng, Zhào Tàitai.** „Herr Zhao und Frau Zhao“
Gāo Xiānsheng „Herr Gao“	**Gāo Xiānsheng, Gāo Tàitai.** „Herr Gao und Frau Gao“
Wáng Xiānsheng „Herr Wang“	**Wáng Xiānsheng, Wáng Tàitai** „Herr Wang und Frau Wang“
Kē Xiānsheng „Herr Ke“	**Kē Xiānsheng, Kē Tàitai** „Herr Ke und Frau Ke“
Lín Xiānsheng „Herr Lin“	**Lín Xiānsheng, Lín Tàitai** „Herr Lin und Frau Lin“
Xiè Xiānsheng „Herr Xie“	**Xiè Xiānsheng, Xiè Tàitai** „Herr Xie und Frau Xie“

2. Fügen Sie jedem Familiennamen die Anrede **Xiáojie** hinzu.

Wáng „Wang“	**Wáng Xiáojie** „Frl. Wang“
Lín „Lin“	**Lín Xiáojie** „Frl. Lin“
Hé „He“	**Hé Xiáojie** „Frl. He“
Xiè „Xie“	**Xiè Xiáojie** „Frl. Xie“
Gāo „Gao“	**Gāo Xiáojie** „Frl. Gao“
Zhào „Zhao“	**Zhào Xiáojie** „Frl. Zhao“

3. Fügen Sie jedem Familiennamen die Anrede **Lǎoshī** hinzu.

Lín „Lin“	**Lín Lǎoshī** „Lehrer/in Lin“
Xiè „Xie“	**Xiè Lǎoshī** „Lehrer/in Xie“
Gāo „Gao“	**Gāo Lǎoshī** „Lehrer/in Gao“

Zhào „Zhao“	**Zhào Lǎoshī** „Lehrer/in Zhao“
Hé „He“	**Hé Lǎoshī** „Lehrer/in He“
Wáng „Wang“	**Wáng Lǎoshī** „Lehrer/in Wang“

4. Bilden Sie höfliche Aufforderungen, indem Sie den folgenden Sätzen **qǐng** hinzufügen.

Nǐ qù shítáng. „Geh in die Mensa.“	**Qǐng nǐ qù shítáng.** „Geh bitte in die Mensa.“
Nǐ qù gōngzuò. „Geh arbeiten.“	**Qǐng nǐ qù gōngzuò.** „Geh bitte arbeiten.“
Tā huí sùshè. „Er geht ins Wohnheim zurück.“	**Qǐng tā huí sùshè.** „Bitte ihn, ins Wohnheim zurückzugehen.“
Nǐmen qù túshūguǎn bàn yìdiǎnr shì. „Ihr geht in die Bibliothek, um etwas zu erledigen.“	**Qǐng nǐmen qù túshūguǎn bàn yìdiǎnr shì.** „Geht bitte in die Bibliothek, um etwas zu erledigen.“
Tāmen xiān zǒu. „Sie sind früher gegangen.“	**Qǐng tāmen xiān zǒu.** „Bitte sie, früher zu gehen.“

5. Fügen Sie das **le** zum Ausdruck eines veränderten Zustandes an die folgenden Sätze an.

Wǒ děi qù gōngzuò. „Ich muss arbeiten gehen.“	**Wǒ děi qù gōngzuòle.** „Ich muss jetzt arbeiten gehen.“
Tā zěmmeyàng? „Wie geht es ihm?“	**Tā zěmmeyàng le?** „Was ist mit ihm?“
Tā xiān zǒu. „Sie geht früher.“	**Tā xiān zǒule.** „Sie ist früher gegangen.“
Xiǎo Lín qù shítáng. „Die Kleine Lin geht in die Mensa.“	**Xiǎo Lín qù shítáng le.** „Die Kleine Lin ist in die Mensa gegangen.“
Shéi bú qù? „Wer geht nicht?“	**Shéi bú qùle?** „Wer geht jetzt nicht?“
Tāmen huí sùshè. „Sie gehen ins Wohnheim zurück.“	**Tāmen huí sùshè le.** „Sie sind ins Wohnheim zurückgegangen.“

6. Fügen Sie das **le** zum Ausdruck eines veränderten Zustandes an die folgenden Fragen mit **ma** an.

Tā māma hǎo ma? „Geht es ihrer Mutter gut?“	**Tā māma hǎole ma?** „Geht es ihrer Mutter wieder gut?“
Nǐ jǐnzhāng ma? „Bist du nervös?“	**Nǐ jǐnzhāngle ma?** „Bist du nervös geworden?“

Wǒmen kéyi huí sùshè ma?

„Können wir ins Wohnheim zurückgehen?“

Wǒmen kéyi huí sùshè le ma?

„Können wir jetzt ins Wohnheim zurückgehen?“

Tā qù túshūguǎn bàn shì ma?

„Geht er in die Bibliothek, um etwas zu erledigen?“

Tā qù túshūguǎn bàn shì le ma?

„Ist er in die Bibliothek gegangen, um etwas zu erledigen?“

Háizi kùn ma?

„Sind die Kinder schläfrig?“

Háizi kùnle ma?

„Sind die Kinder schläfrig geworden?“

Nǐmen qù shítáng ma?

„Geht ihr in die Mensa?“

Nǐmen qù shítáng le ma?

„Seid ihr in die Mensa gegangen?“

Einheit 2, Abschnitt 1: Transformations- und Antwortdrills

1. Beantworten Sie die folgenden Fragen mit einem Satz mit Gleichsetzendem Verb, der mit **shì** beginnt.

Tā shi Měiguo rén ma?	**Shì, tā shi Měiguo rén.**
„Ist er US-Amerikaner?"	„Ja, er ist US-Amerikaner."
Tā shi Zhōngguo rén ma?	**Shì, tā shi Zhōngguo rén.**
„Ist er Chinese?"	„Ja, er ist Chinese."
Tā shi Wáng Lǎoshī ma?	**Shì, tā shi Wáng Lǎoshī.**
„Ist sie Lehrerin Wang?"	„Ja, sie ist Lehrerin Wang."
Tā shi nǐ àirén ma?	**Shì, tā shi wǒ àirén.**
„Ist das deine Frau?"	„Ja, das ist meine Frau."
Nǐ shi tā bàba ma?	**Shì, wǒ shi tā bàba.**
„Bist du ihr Vater?"	„Ja, ich bin ihr Vater."
Nǐ shi tā māma ma?	**Shì, wǒ shi tā māma.**
„Bist du seine Mutter?"	„Ja, ich bin seine Mutter."

2. Beantworten Sie die folgenden Fragen mit einem verneinten Satz mit Gleichsetzendem Verb, der mit **bú shi** beginnt.

Nǐ shi Zhōngwén lǎoshī ma?	**Bú shi, wǒ bú shi Zhōngwén lǎoshī.**
„Bist du Chinesischlehrer?"	„Nein, ich bin kein Chinesischlehrer."
Nǐ shi Lín Xiáojie ma?	**Bú shi, wǒ bú shi Lín Xiáojie.**
„Sind Sie Fräulein Lin?"	„Nein, ich bin nicht Fräulein Lin."
Nǐmen shi Jiā'nádà rén ma?	**Bú shi, wǒmen bú shi Jiā'nádà rén.**
„Seid ihr alle Kanadier?"	„Nein, wir sind nicht alle Kanadier."
Tā shi Wáng Xiānsheng ma?	**Bú shi, tā bú shi Wáng Xiānsheng.**
„Ist er Herr Wang?"	„Nein, er ist nicht Herr Wang."

3. Antworten Sie auf die folgenden Fragen entweder mit einem Satz mit Gleichsetzendem Verb, der mit **Shì** beginnt oder mit einem verneinten Satz mit Gleichsetzendem Verb, der mit **Bú shi** beginnt.

Tā shi nǐ bàba ma? (Shì.)	**Shì, tā shi wǒ bàba.**
„Ist er dein Vater?" („Ja.")	„Ja, er ist mein Vater."
Tā shi nǐ māma ma? (Bú shi.)	**Bú shi, tā bú shi wǒ māma.**
„Ist sie deine Mutter?" („Nein.")	„Nein, sie ist nicht meine Mutter."
Qǐng wèn, nǐ shi Bái Lǎoshī ma? (Bú shi.)	**Bú shi, wǒ bú shi Bái Lǎoshī.**
„Entschuldigung, bist du Lehrer Bai?" („Nein.")	„Nein, ich bin nicht Lehrer Bai."
Tā shi Huáyì Měiguo rén ma? (Shì.)	**Shì, tā shi Huáyì Měiguo rén.**
„Ist er US-Amerikaner chinesischer Abstammung?"(„Ja.")	„Ja, er ist US-Amerikaner chinesischer Abstammung."
Nǐmen shi Táiwān rén ma? (Bú shi.)	**Bú shi, wǒmen bú shi Táiwān rén.**
„Seid ihr Taiwaner?" („Nein.")	„Nein, wir sind keine Taiwaner."

4. Verwandeln Sie die folgenden Aussagen in Fragen, indem Sie **shì bu shi** verwenden.

Tā shi Rìběn rén.	**Tā shì bu shi Rìběn rén?**
„Er ist Japaner."	„Ist er Japaner?"
Nǐ shi tā àirén.	**Nǐ shì bu shi tā àirén?**
„Du bist seine Ehefrau."	„Bist du seine Ehefrau?"
Nǐmen shi Xībānyá rén.	**Nǐmen shì bu shi Xībānyá rén?**
„Ihr seid Spanier."	„Seid ihr Spanier?"
Tā shi Wáng Xiáojie.	**Tā shì bu shi Wáng Xiáojie?**
„Sie ist Fräulein Wang."	„Ist sie Fräulein Wang?"
Nǐ zuìjìn hěn máng.	**Nǐ zuìjìn shì bu shi hěn máng?**
„Ihr wart in der letzten Zeit sehr beschäftigt."	„Wart ihr in der letzten Zeit sehr beschäftigt?"
Tā dào túshūguǎn qù.	**Tā shì bu shi dào túshūguǎn qù?**
„Er geht in die Bibliothek."	„Geht er in die Bibliothek?"

5. Beantworten Sie die Fragen nach der Nationalität anhand der vorgegebenen Hinweise.

Tā shi něiguó rén? (Jiā'nádà rén)	**Tā shi Jiā'nádà rén.**
„Was für ein Landsmann ist er?" („Kanadier")	„Er ist Kanadier."
Nǐ àirén shi něiguó rén? (Rìběn rén)	**Tā shi Rìběn rén.**
„Was für eine Landfrau ist deine Gattin?" („Japanerin")	„Sie ist Japanerin."
Nín shi něiguó rén? (Měiguo rén)	**Wǒ shi Měiguo rén.**
„Aus welchem Land kommen Sie?" (US-Amerikaner")	„Ich bin US-Amerikaner."
Mǎ Xiáojie shi něiguó rén? (Zhōngguo rén)	**Mǎ Xiáojie shi Zhōngguo rén.**
„Aus welchem Land kommt Fräulein Ma?"	„Fräulein Ma ist Chinesin."
Xiǎo Lín shi něiguó rén? (Mǎláixīyà rén)	**Xiǎo Lín shi Mǎláixīyà rén.**
„Aus welchem Land kommt die Kleine Lin?" („Malaysierin")	„Die Kleine Lin ist Malaysierin."
Nǐ lǎoshī shi něiguó rén? (Xīnjiāpō rén)	**Wǒ lǎoshī shi Xīnjiāpō rén.**
„Aus welchem Land kommt dein Lehrer?" („Singapurer")	„Mein Lehrer ist Singapurer."

6. Beantworten Sie die folgenden Fragen zum Namen anhand der vorgegebenen Hinweise.

Tā jiào shémme míngzi? (Hé Zhìwén)	**Tā jiào Hé Zhìwén.**
„Wie heißt er?"	„Er heißt He Zhiwen."
Nǐ àirén jiào shémme míngzi? (Wáng Dàmíng)	**Wǒ àirén jiào Wáng Dàmíng.**
„Wie heißt dein Ehemann?"	„Mein Ehemann heißt Wang Daming."
Nǐ māma jiào shémme míngzi? (Xiè Wéntíng)	**Wǒ māma jiào Xiè Wéntíng.**
„Wie heißt deine Mutter?"	„Meine Mutter heißt Xie Wenting."
Nǐ bàba jiào shémme míngzi? (Zhào Guólì)	**Wǒ bàba jiào Zhào Guólì.**
„Wie heißt dein Vater?"	„Mein Vater heißt Zhao Guoli."
Nǐ jiào shémme míngzi? (bitte geben Sie Ihren Namen an)	**Wǒ jiào...**
„Wie heißt du?"	„Ich heiße ..."

7. Verneinen Sie die folgenden Sätze, indem Sie vor das **dōu** ein **bù** setzen.

Tāmen dōu shi Zhōngguo rén.	**Tāmen bù dōu shi Zhōngguo rén.**
„Sie sind alle Chinesen."	„Sie sind nicht alle Chinesen."
Tāmen dōu hĕn kùn.	**Tāmen bù dōu hĕn kùn.**
„Sie sind alle sehr schläfrig."	„Sie sind nicht alle sehr schläfrig."
Wŏmen dōu huí sùshè.	**Wŏmen bù dōu huí sùshè.**
„Wir gehen alle ins Wohnheim zurück."	„Wir gehen nicht alle ins Wohnheim zurück."
Wŏmen dōu shi Huáyì Mĕiguo rén.	**Wŏmen bù dōu shi Huáyì Mĕiguo rén.**
„Wir sind alle US-Amerikaner mit chinesischer Abstammung."	„Wir sind nicht alle US-Amerikaner mit chinesischer Abstammung."
Nĭmen dōu shi hăo háizi!	**Nĭmen bù dōu shi hăo háizi!**
„Ihr seid alle gute Kinder."	„Ihr seid nicht alle gute Kinder."
Dōu shi xiăo shì.	**Bù dōu shi xiăo shì.**
„Das sind alles unwichtige Angelegenheiten."	„Das sind alles keine unwichtigen Angelegenheiten."

8. Widersprechen Sie der anderen Person. Antworten Sie, es ist nicht DIESE, sondern JENE Person! etc.

Shì zhèige rén ma?	**Bú shi zhèige rén, shi nèige rén!**
„Ist es diese Person?"	„Es ist nicht diese Person, es ist jene Person."
Shì zhèige háizi ma?	**Bú shi zhèige háizi, shi nèige háizi!**
„Ist es dieses Kind?"	„Es ist nicht dieses Kind, es ist jenes Kind."
Shì zhèiwèi lăoshī ma?	**Bú shi zhèiwèi lăoshī, shi nèiwèi lăoshī!**
„Ist es dieser Lehrer?"	„Es ist nicht dieser Lehrer, es ist jener Lehrer."
Shì zhèiwèi tóngxué ma?	**Bú shi zhèiwèi tóngxué, shi nèiwèi tóngxué!**
„Ist es diese Klassenkameradin?"	„Es ist nicht diese Klassenkameradin, es ist jene Klassenkameradin."
Shì zhèige míngzi ma?	**Bú shi zhèige míngzi, shi nèige míngzi!**
„Ist es dieser Name?"	„Es ist nicht dieser Name, es ist jener Name."
Shì zhèige sùshè ma?	**Bú shi zhèige sùshè, shi nèige sùshè!**
„Ist es dieses Wohnheim?"	„Es ist nicht dieses Wohnheim, es ist jenes Wohnheim."

9. Antworten Sie auf die Fragen mit **nĕi-** „welche/r/s mit einem **nèi-** „jene/r/s".

Shì nĕige rén?	**Shì nèige rén!**
„Wer war es?"	„Es war diese Person."
Shì nĕige háizi?	**Shì nèige háizi!**
„Welches Kind war es?"	„Es war dieses Kind."
Shì nĕiwèi lăoshī?	**Shì nèiwèi lăoshī!**
„Welcher Lehrer war es?"	„Es war dieser Lehrer."
Shì nĕiwèi tóngxué?	**Shì nèiwèi tóngxué!**
„Welcher Kommilitone war es?"	„Es war dieser Kommilitone."

Shì nĕige gōngzuò?	**Shì nèige gōngzuò!**
„Welche Arbeit war es?“	„Es war diese Arbeit.“
Shì nĕige shítáng?	**Shì nèige shítáng!**
„Welche Mensa war es?“	„Es war diese Mensa.“

10. Bestätigen Sie, dass Ihre Gesprächspartnerin bezüglich der ersten Person die Wahrheit gesagt hat, indem Sie die Aussage wiederholen. Aber fügen Sie eine neue und andere Aussage hinsichtlich der zweiten Person hinzu, die Sie im Hinweis am **kĕshi** erkennen.

Lăo Wáng shi Mĕiguo rén. (Xiăo Lín, Măláixīyà rén)	**Lăo Wáng shi Mĕiguo rén, kĕshi Xiăo Lín shi Măláixīyà rén.**
„Der Alte Wang ist US-Amerikaner.“ („Kleiner Lin, Malaysier“)	„Der Alte Wang ist US-Amerikaner, aber der Kleine Lin Malaysier.“
Lăo Bái shi Mĕiguo rén. (Xiăo Hé, Xībānyá rén)	**Lăo Bái shi Mĕiguo rén, kĕshi Xiăo Hé shi Xībānyá rén.**
„Die Alte Bai ist US-Amerikanerin.“ (Kleine He, Spanierin“)	„Die Alte Bai ist US-Amerikanerin, aber die Kleine He ist Spanierin.“
Lăo Gāo shi Zhōngguo rén. (Xiăo Zhào, Rìbĕn rén)	**Lăo Gāo shi Zhōngguo rén, kĕshi Xiăo Zhào shi Rìbĕn rén.**
„Der Alte Gao ist Chinese.“ („Junger Zhao, Japaner“)	„Der Alte Gao ist Chinese, aber der Junge Zhao ist Japaner.“
Lăo Lĭ shi Táiwān rén. (Xiăo Kē, Xīnjiāpō rén)	**Lăo Lĭ shi Táiwān rén, kĕshi Xiăo Kē shi Xīnjiāpō rén.**
„Die Kleine Li ist Taiwanerin.“ („Kleiner Ke, Singapurer“)	„Die Kleine Li ist Taiwanerin, aber der Kleine Ke ist Singapurer.“

Einheit 2, Abschnitt 2: Transformations- und Antwortdrills

1. Kombinieren Sie das erste Substantiv oder Pronomen mit dem folgenden Substantiv, indem Sie **-de** hinzufügen.

wǒ, àirén „Ich, Gatte/Gattin"	**wǒde àirén** „Mein(e) Gatte / Gattin"
Lǎo Chén, tóngxué „Alter Chen, Kommilitone"	**Lǎo Chénde tóngxué** „Der Kommilitone vom Alten Chen."
tā, bàba „er/sie, Vater"	**tāde bàba** „sein / ihr Vater"
nǐmen, sùshè „ihr, Wohnheim"	**nǐmende sùshè** „euer Wohnheim"
tāmen, māma „sie (3. Person Plural) Mutter"	**tāmende māma** „ihre Mutter"
Zhào tóngxué, tóngwū „Kommilitone Zhao, Mitbewohner"	**Zhào tóngxuéde tóngwū** „der Mitbewohner von Kommilitone Zhao"

2. Verwandeln Sie die Sätze mit **lái** oder **qù**, denen direkt ein Ortswort folgt, in das **dào...lái** - oder **dào...qù** -Muster.

Hěn gāoxìng nǐ lái Běijīng! „Ich freue mich, dass du nach Beijing gekommen bist."	**Hěn gāoxìng nǐ dào Běijīng lái!** „Ich freue mich, dass du nach Beijing gekommen bist."
Huānyíng nǐ lái Táiwān! „Willkommen auf Taiwan!"	**Huānyíng nǐ dào Táiwān lái!** „Willkommen auf Taiwan!"
Qǐng nǐ qù wǒde sùshè. „Geh bitte in mein Wohnheim."	**Qǐng nǐ dào wǒde sùshè qù.** „Geh bitte in mein Wohnheim."
Búyào qù túshūguǎn! „Geh nicht in die Bibliothek!"	**Búyào dào túshūguǎn qù!** „Geh nicht in die Bibliothek!"
Tā qù Rìběn le. „Er ging nach Japan."	**Tā dào Rìběn qùle.** „Er ist nach Japan gegangen."
Nǐ yīnggāi lái wǒde gōngsī. „Du solltest zu meiner Firma kommen."	**Nǐ yīnggāi dào wǒde gōngsī lái.** „Du solltest zu meiner Firma kommen."

3. Verwandeln Sie die folgenden Befehlssätze in verneinte Befehlssätze, indem Sie **bié** verwenden.

Qǐng nǐ qù gōngzuò. „Geh bitte arbeiten."	**Qǐng nǐ bié qù gōngzuò.** „Geh bitte nicht arbeiten."
Qǐng tāmen lái Táiwān. „Bitte sie, nach Taiwan zu kommen."	**Qǐng tāmen bié lái Táiwān.** „Bitte sie, nicht nach Taiwan zu kommen."
Chén Xiáojie, qǐng zuò. „Setzen Sie sich bitte, Fräulein Chen."	**Chén Xiáojie, qǐng bié zuò.** „Setzen Sie sich bitte nicht, Fräulein Chen."

Bàba, qǐng zǒu.
„Bitte geh, Vater.“

Bàba, qǐng bié zǒu.
„Bitte geh nicht, Vater.“

Qǐng nǐmen jiào wǒ Lǎo Chén.
„Nennt mich bitte Alte Chen.“

Qǐng nǐmen bié jiào wǒ Lǎo Chén.
„Nennt mich bitte nicht Alte Chen.“

4. Verwandeln Sie die folgenden verneinten Befehlssätze mit **búyào** in bejahte Befehlssätze, indem Sie das **búyào** weglassen.

Qǐng nǐ búyào qù túshūguǎn.
„Geh bitte nicht in die Bibliothek.“

Qǐng nǐ qù túshūguǎn.
„Geh bitte in die Bibliothek.“

Qǐng nǐ búyào huí sùshè.
„Kehre bitte nicht ins Wohnheim zurück.“

Qǐng nǐ huí sùshè.
„Kehre bitte ins Wohnheim zurück.“

Qǐng tāmen búyào lái Měiguo.
„Bitte sie, nicht in die USA zu kommen.“

Qǐng tāmen lái Měiguo.
„Bitte sie, in die USA zu kommen.“

Qǐng nǐmen búyào qù Zhōngguo.
„Bitte geht nicht nach China.“

Qǐng nǐmen qù Zhōngguo.
„Bitte geht nach China.“

Qǐng nǐ búyào zèmme chēnghu wǒ.
„Nenn mich bitte nicht so.“

Qǐng nǐ zèmme chēnghu wǒ.
„Nenn mich bitte so.“

Qǐng nǐmen búyào qù gōngzuò.
„Geht bitte nicht arbeiten.“

Qǐng nǐmen qù gōngzuò.
„Geht bitte arbeiten.“

5. Beantworten Sie die Fragen, entsprechend der Hinweise.

Zhè shi shéide lǎoshī? (wǒde)
„Wessen Lehrer ist das?“ („mein“)

Zhè shi wǒde lǎoshī.
„Das ist mein Lehrer.“

Zhè shi shéide háizi? (nǐde)
„Wessen Kind ist das?“ („dein“)

Zhè shi nǐde háizi.
„Das ist dein Kind.“

Zhè shi shéide bàba? (tāmende)
„Wessen Vater ist das?“ („ihr“)

Zhè shi tāmende bàba.
„Das ist ihr Vater.“

Nà shi shéide àirén? (wǒde)
„Wessen Gatte / Gattin ist das?“ („mein/e“)

Nà shi wǒde àirén.
„Das ist mein / meine Gatte / Gattin.“

Nà shi shéide māma? (tāmende)
„Wessen Mutter ist das?“ („ihre“)

Nà shi tāmende māma.
„Das ist ihre Mutter.“

Zhè shi shéide tóngxué? (nǐmende)
„Wessen Kommilitone ist das?“ („euer“)

Zhè shi nǐmende tóngxué.
„Das ist euer Kommilitone.“

Einheit 2, Abschnitt 3: Transformations- und Antwortdrills

1. Formen Sie die höflichen Fragen mit **guìxìng** in gewöhnlichere mit **xìng shémme** um. Denken Sie dabei daran, dass höfliche **nín** durch ein formloseres **nǐ** zu ersetzen.

Nín guìxìng?	**Nǐ xìng shémme?**
„Wie ist ihr Familienname?"	„Wie ist dein Familienname?"
Nèiwèi nǚshì guìxìng?	**Nèiwèi nǚshì xìng shémme?**
„Wie war der Familienname der Dame?"	„Wie war der Familienname der Dame?"
Nèiwèi lǎoshī guìxìng?	**Nèiwèi lǎoshī xìng shémme?**
„Wie war der Familienname der Lehrerin?"	„Wie war der Familienname der Lehrerin?"
Qǐng wèn, xiáojie, nín guìxìng?	**Qǐng wèn, xiáojie, nǐ xìng shémme?**
„Entschuldigen Sie, mein Fräulein, wie lautet ihr Familienname?	„Entschuldigung, Fräulein, wie lautet der Familienname?"
Zhèiwèi dàxué xiàozhǎng guìxìng?	**Zhèiwèi dàxué xiàozhǎng xìng shémme?**
„Wie lautet der Familienname des Rektors dieser Universität?"	„Wie lautet der Familienname des Rektors dieser Universität?"

2. Erklären, dass Ihr Mitbewohner, Kommilitone oder Kollege den gleichen Familiennamen hat wie der der anderen Person.

Wǒde tóngwū xìng Gāo.	**Wǒde tóngwū yě xìng Gāo!**
„Meine Mitbewohnerin heißt mit Familiennamen Gao."	„Meine Mitbewohnerin heißt mit Familiennamen auch Gao."
Wǒde tóngxué xìng Lín.	**Wǒde tóngxué yě xìng Lín!**
„Mein Kommilitone heißt mit Familiennamen Lin."	„Mein Kommilitone heißt mit Familiennamen auch Lin."
Wǒde tóngshì xìng Chén.	**Wǒde tóngshì yě xìng Chén!**
„Meine Kollegin heißt mit Familiennamen Chen."	„Meine Kollegin heißt mit Familiennamen auch Chen."
Wǒde Zhōngwén lǎoshī xìng Wú.	**Wǒde Zhōngwén lǎoshī yě xìng Wú!**
„Mein Chinesischlehrer heißt mit Familiennamen Wu."	„Mein Chinesischlehrer heißt mit Familiennamen auch Wu."
Wǒ māma xìng Mǎ.	**Wǒ māma yě xìng Mǎ!**
„Meine Mutter heißt mit Familiennamen Ma."	„Meine Mutter heißt mit Familiennamen auch Ma."
Wǒmende xiàozhǎng xìng Hé.	**Wǒmende xiàozhǎng yě xìng Hé!**
„Unser Rektor heißt mit Familiennamen He."	„Unser Rektor heißt mit Familiennamen auch He."

3. Fügen Sie den folgenden Sätzen ein **ba** an, um auszudrücken, dass sie glauben, dass es wohl so sei.

Nǐ yě shi lǎoshī.	**Nǐ yě shi lǎoshī ba?**
„Du bist auch Lehrer."	„Du bist auch Lehrer, nehme ich an?"
Tā shi nǐde tóngshì.	**Tā shi nǐde tóngshì ba?**
„Sie ist deine Kollegin."	„Sie ist deine Kollegin, nehme ich an?"
Xiǎo Zhào bú shi Zhōngguo rén.	**Xiǎo Zhào bú shi Zhōngguo rén ba?**
„Die Kleine Zhao ist keine Chinesin."	„Die Kleine Zhao ist keine Chinesin, nehme ich an."

Nǐ zài Wàijiāobù gōngzuò.
„Du arbeitest im Außenministerium."

Nǐ zài Wàijiāobù gōngzuò ba?
„Du arbeitest im Außenministerium, nehme ich an."

Chén Xiáojie shi Mǎláixīyà rén.
„Fräulein Chen ist Malaysierin."

Chén Xiáojie shi Mǎláixīyà rén ba?
„Fräulein Chen ist Malaysierin, nehme ich an."

Tāmen bú rènshi nǐ.
„Sie kennen dich nicht."

Tāmen bú rènshi nǐ ba?
„Sie kennen dich nicht, nehme ich an?"

4. Beantworten Sie die folgenden Fragen anhand der Hinweise.

Nǐ zài nǎr gōngzuò a? (shítáng)
„Wo arbeitest du?" („Mensa")

Wǒ zài shítáng gōngzuò.
„Ich arbeite in der Mensa."

Nǐmen zài nǎr gōngzuò a? (dàshǐguǎn)
„Wo arbeitet ihr?" („Botschaft")

Wǒmen zài dàshǐguǎn gōngzuò.
„Wir arbeiten in der Botschaft."

Tā zài nǎr gōngzuò a? (dàxué)
„Wo arbeitet sie?" („Universität")

Tā zài dàxué gōngzuò.
„Sie arbeitet an der Universität."

Tāmen zài nǎr gōngzuò a? (túshūguǎn)
„Wo arbeiten sie?" („Bibliothek")

Tāmen zài túshūguǎn gōngzuò.
„Sie arbeiten in der Bibliothek."

Xiǎo Chén zài nǎr gōngzuò a? (gōngsī)
„Wo arbeitet der Kleine Chen?" („Firma")

Xiǎo Chén zài gōngsī gōngzuò.
„Der Kleine Chen arbeitet in einer Firma."

Lǎo Zhào zài nǎr gōngzuò a? (Wàijiāobù)
„Wo arbeitet die Alte Zhao?" („Außenministerium")

Lǎo Zhào zài Wàijiāobù gōngzuò.
„Die Alte Zhao arbeitet im Außenministerium."

Einheit 2, Abschnitt 4: Transformations- und Antwortdrills

1. Verwandeln Sie die mit **bù** verneinten Sätze durch **méi** in verneinte Sätze in der Vergangenheit.

Wǒ bù lái.
„Ich komme nicht."

Wǒ méi lái.
„Ich kam nicht."

Wǒ bù zǒu.
„Ich gehe nicht."

Wǒ méi zǒu.
„Ich ging nicht."

Wǒ bú dài míngpiàn.
„Ich nehme keine Visitenkarten mit."

Wǒ méi dài míngpiàn.
„Ich nahm keine Visitenkarten mit."

Tā bú qù Zhōngguo.
„Sie geht nicht nach China."

Tā méi qù Zhōngguo.
„Sie ging nicht nach China."

Nǐ yě bú wèn zěmme qù.
„Auch du fragst nicht, wie man gehen muss."

Nǐ yě méi wèn zěmme qù.
„Auch du fragtest nicht, wie man gehen muss."

Nǐmen bù huí sùshè ma?
„Kehrt ihr nicht ins Wohnheim zurück?"

Nǐmen méi huí sùshè ma?
„Kehrtet ihr nicht ins Wohnheim zurück?"

Nǐmen bú qù gōngsī ma?
„Geht ihr nicht in die Firma?"

Nǐmen méi qù gōngsī ma?
„Gingt ihr nicht in die Firma?"

2. Verwandeln Sie die folgenden Sätze mit dem Co-Verb **zài**, die beschreiben, wo jemand arbeitet, in Nominalphrasen mit **-de**, um die Zugehörigkeit einer Person auszudrücken.

Nèiwèi Shī Xiáojie zài Zhōng-Měi Màoyì Gōngsī gōngzuò.
„Dieses Fräulein Shi arbeitet in der Sino-American Trading Company."

Zhōng-Měi Màoyì Gōngsīde nèiwèi Shī Xiáojie
„Dieses Fräulein Shi von der Sino-American Trading Company."

Nèiwèi Mǎ Xiáojie zài Déguo Dàshǐguǎn gōngzuò.
„Dieses Fräulein Ma arbeitet in der Deutschen Botschaft."

Déguo Dàshǐguǎnde nèiwèi Mǎ Xiáojie
„Dieses Fräulein Ma von der Deutschen Botschaft."

Nèiwèi Hé Lǎoshī zài Táiwān Dàxué gōngzuò.
„Dieser Lehrer He arbeitet an der Taiwan-Universität."

Táiwān Dàxuéde nèiwèi Hé Lǎoshī
„Dieser Lehrer He von der Taiwan-Universität."

Nèiwèi Wú Xiáojie zài Wàijiāobù gōngzuò.
„Dieses Fräulein Wu arbeitet im Außenministerium."

Wàijiāobùde nèiwèi Wú Xiáojie
"„Dieses Fräulein Wu vom Außenministerium."

3. Wandeln Sie die Sätze mit **bù dōu** in Sätze mit **dōu bù** um.

Tāmen bù dōu shi Rìběn rén.
„Sie sind nicht alle Japaner."

Tāmen dōu bú shi Rìběn rén.
„Sie sind alle keine Japaner."

Wǒmen bù dōu zài Wàijiāobù gōngzuò.
„Wir arbeiten nicht alle im Außenministerium."

Wǒmen dōu bú zài Wàijiāobù gōngzuò.
„Keiner von uns arbeitet im Außenministerium."

Tāmen bù dōu rènshì Wáng Xiáojie.
„Sie kennen nicht alle Fräulein Wang."

Tāmen dōu bú rènshì Wáng Xiáojie.
„Keiner von ihnen kennt Fräulein Wang."

Wǒmen bù dōu xuéxí Zhōngwén.
„Wir lernen nicht alle Chinesisch."

Wǒmen dōu bù xuéxí Zhōngwén.
„Niemand von uns lernt Chinesisch."

Tāmen bù dōu huānyíng wǒ dào Běijīng qù.
„Nicht alle von ihnen heißen mich in Beijing willkommen."

Tāmen dōu bù huānyíng wǒ dào Běijīng qù.
„Keiner von ihnen heißt mich in Beijing willkommen."

4. Verwandeln Sie die folgenden Ausdrücke mit **zhèi-** in solche mit **nèi-** und fügen Sie jeweils ein **yě** hinzu.

Zhèiwèi xiānsheng xìng Wáng.
„Dieser Herr heißt mit Familiennamen Wang."

Nèiwèi xiānsheng yě xìng Wáng.
„Jener Herr heißt mit Familiennamen auch Wang."

Zhèiwèi tàitai xìng Bái.
„Diese Dame heißt mit Familiennamen Bai."

Nèiwèi tàitai yě xìng Bái.
„Jene Dame heißt mit Familiennamen auch Bai."

Zhèiwèi xiáojie xìng Lín.
„Dieses Fräulein heißt mit Familiennamen Lin."

Nèiwèi xiáojie yě xìng Lín.
„Jenes Fräulein heißt mit Familiennamen auch Lin."

Zhèige háizi hěn lèi.
„Dieses Kind ist sehr müde."

Nèige háizi yě hěn lèi.
„Jenes Kind ist auch sehr müde."

Zhèiwèi jīnglǐ hěn gāoxìng.
„Dieser Manager ist sehr glücklich."

Nèiwèi jīnglǐ yě hěn gāoxìng.
„Jener Manager ist auch sehr glücklich."

Zhèige Měiguo rén wǒ bú rènshì.
„Diesen US-Amerikaner kenne ich nicht."

Nèige Měiguo rén wǒ yě bú rènshì.
„Jenen US-Amerikaner kenne ich auch nicht."

Zhèige dàxué hěn xīn.
„Diese Universität ist sehr neu."

Nèige dàxué yě hěn xīn.
„Jene Universität ist auch sehr neu."

5. Verbinden Sie das erste und das zweite Substantiv oder Pronomen, indem Sie **gēn** verwenden.

wǒ (nǐ)
„ich" („du")

wǒ gēn nǐ
„ich und du"

wǒ (tā)
„ich" („er")

wǒ gēn tā
„ich und er"

wǒmen (nǐmen)
„wir" („ihr")

wǒmen gēn nǐmen
„wir und ihr"

wǒmen (tāmen)
„wir" („sie")

wǒmen gēn tāmen
„wir und sie"

Lǎo Lǐ (Xiǎo Bái)
„Alter Li" („Kleine Bai")

Lǎo Lǐ gēn Xiǎo Bái
„Alter Li und kleine Bai"

àirén (háizi)
„Gattin" („Kind")

àirén gēn háizi
„Gattin und Kind"

xiānsheng (tàitai)
„Ehemann" („Ehefrau")

xiānsheng gēn tàitai
„Ehemann und Ehefrau"

Zhōngguo (Táiwān)
„Festlandchina" („Taiwan")

Zhōngguo gēn Táiwān
„Festlandchina und Taiwan"

Zhōngguo rén (Měiguo rén) „Chinesen" („US-Amerikaner")	**Zhōngguo rén gēn Měiguo rén** „Chinesen und US-Amerikaner"

6. Verwandeln Sie jede Phrase bzw. jeden Satz in ein höflicheres Äquivalent.

Nǐ hǎo! „Hallo!"	**Nín hǎo!** „Guten Tag!"
Nǐ xìng shémme? „Wie heißt du mit Familiennamen?"	**Nín guìxìng?** „Wie ist der werte Name?"
zhèige xiānsheng „Dieser Mann"	**zhèiwèi xiānsheng** „Dieser Herr"
nèige tàitai „Jene Dame"	**nèiwèi tàitai** „Jene Dame"
Něige xiáojie? „Welche junge Frau?"	**Něiwèi xiáojie?** „Welche junge Dame?"
zhèige xiàozhǎng „Dieser Rektor"	**zhèiwèi xiàozhǎng** „Dieser Herr Rektor"
nèige zǒngjīnglǐ „Jener General Manager"	**nèiwèi zǒngjīnglǐ** „Jener General Manager"
Něige nǚshì? „Welche Dame?"	**Něiwèi nǚshì?** „Welche Dame?"
yíge lǎoshī „ein Lehrer"	**yíwèi lǎoshī** „ein Lehrer"

Einheit 3, Abschnitt 1: Transformations- und Antwortdrills

1. Sagen Sie die Zahl, die nach der gehörten Zahl kommt.

liù „sechs“	**qī** „sieben“
jiŭ „neun“	**shí** „zehn“
yī „eins“	**èr** „zwei“
sì „vier“	**wŭ** „fünf“
qī „sieben“	**bā** „acht“
èr „zwei“	**sān** „drei“
bā „acht“	**jiŭ** „neun“
sān „drei“	**sì** „vier“
wŭ „fünf“	**liù** „sechs“

2. Sagen Sie die Zahl, die vor der gehörten Zahl kommt.

qī „sieben“	**liù** „sechs“
shí „zehn“	**jiŭ** „neun“
èr „zwei“	**yī** „eins“
jiŭ „neun“	**bā** „acht“
wŭ „fünf“	**sì** „vier“
sān „drei“	**èr** „zwei“
liù „sechs“	**wŭ** „fünf“

bā
„acht"

qī
„sieben"

sì
„vier"

sān
„drei"

3. Sagen Sie jeweils, dass Ihre Klasse einen Studenten mehr hat als die der anderen Person.

Wǒmen bānshang yǒu jiǔge tóngxué.
„In unserer Klasse sind neun Kommilitonen."

Wǒmen bānshang yǒu shíge tóngxué.
„In unserer Klasse sind zehn Kommilitonen."

Wǒmen bānshang yǒu liǎngge tóngxué.
„In unserer Klasse sind zwei Kommilitonen."

Wǒmen bānshang yǒu sān'ge tóngxué.
„In unserer Klasse sind drei Kommilitonen."

Wǒmen bānshang yǒu liùge tóngxué.
„In unserer Klasse sind sechs Kommilitonen."

Wǒmen bānshang yǒu qíge tóngxué.
„In unserer Klasse sind sieben Kommilitonen."

Wǒmen bānshang yǒu sìge tóngxué.
„In unserer Klasse sind vier Kommilitonen."

Wǒmen bānshang yǒu wǔge tóngxué.
„In unserer Klasse sind fünf Kommilitonen."

Wǒmen bānshang yǒu sān'ge tóngxué.
„In unserer Klasse sind drei Kommilitonen."

Wǒmen bānshang yǒu sìge tóngxué.
„In unserer Klasse sind vier Kommilitonen."

Wǒmen bānshang yǒu qíge tóngxué.
„In unserer Klasse sind sieben Kommilitonen."

Wǒmen bānshang yǒu báge tóngxué.
„In unserer Klasse sind acht Kommilitonen."

Wǒmen bānshang yǒu wǔge tóngxué.
„In unserer Klasse sind fünf Kommilitonen."

Wǒmen bānshang yǒu liùge tóngxué.
„In unserer Klasse sind sechs Kommilitonen."

Wǒmen bānshang yǒu báge tóngxué.
„In unserer Klasse sind acht Kommilitonen."

Wǒmen bānshang yǒu jiǔge tóngxué.
„In unserer Klasse sind neun Kommilitonen."

4. Sagen Sie jeweils, dass das Verhältnis zwischen Kommilitonen und Kommilitoninnen in ihrer Klasse genau gegenteilig zu dem in der Klasse der anderen Person ist.

Wǒmen bānshang yǒu liǎngge nánshēng, yíge nǚshēng.
„In unserer Klasse gibt es zwei Männer und eine Frau."

Wǒmen bānshang yǒu yíge nánshēng, liǎngge nǚshēng.
„In unserer Klasse gibt es einen Mann und zwei Frauen."

Wǒmen bānshang yǒu sān'ge nánshēng, sìge nǚshēng.
„In unserer Klasse gibt es drei Männer und vier Frauen."

Wǒmen bānshang yǒu sìge nánshēng, sān'ge nǚshēng.
„In unserer Klasse gibt es vier Männer und drei Frauen."

Wǒmen bānshang yǒu wǔge nánshēng, liùge nǚshēng.
„In unserer Klasse gibt es fünf Männer und sechs Frauen."

Wǒmen bānshang yǒu liùge nánshēng, wǔge nǚshēng.
„In unserer Klasse gibt es sechs Männer und fünf Frauen."

Wǒmen bānshang yǒu qíge nánshēng, báge nǚshēng.
„In unserer Klasse gibt es sieben Männer und acht Frauen."

Wǒmen bānshang yǒu báge nánshēng, qíge nǚshēng.
„In unserer Klasse gibt es acht Männer und sieben Frauen."

Wǒmen bānshang yǒu jiǔge nánshēng, shíge nǚshēng.	**Wǒmen bānshang yǒu shíge nánshēng, jiǔge nǚshēng.**
„In unserer Klasse gibt es neun Männer und zehn Frauen."	„In unserer Klasse gibt es zehn Männer und neun Frauen."

5. Verwenden Sie die Konjunktion **nà** und die Final-Partikel **ne**, um das neue (vorgegebene) Thema einzuführen.

Tāmen bānshang yǒu shíge tóngxué. (nǐmen bānshang)	**Nà, nǐmen bānshang ne?**
„In ihrer Klasse sind zehn Kommilitonen." („eure Klasse")	„Und wie ist es in eurer Klasse?"
Tā yǒu sānwèi Zhōngwén lǎoshī. (nǐ)	**Nà, nǐ ne?**
„Er hat drei Chinesischlehrer." („du")	„Und du?"
Wǒmende gōngsī yǒu liǎngwèi jīnglǐ. (nǐde gōngsī)	**Nà, nǐde gōngsī ne?**
„Unsere Firma hat zwei Manager." („deine Firma")	„Und deine Firma?"
Tāde lǎoshī dōu shi nánde. (nǐde lǎoshī)	**Nà, nǐde lǎoshī ne?**
„Ihre Lehrer sind alle Männer." („eure Lehrer")	„Und eure Lehrer?"
Tā xìng Chén. (nǐ)	**Nà, nǐ ne?**
„Sie heißt Chen mit Familiennamen." („du")	„Und du?"

6. Wandeln Sie die folgenden Ausdrücke mit Beijinger Aussprache in Nicht-Beijinger Aussprache um.

yìdiǎnr	**yìdiǎn**
„ein bisschen"	„ein bisschen"
shìr	**shì**
„Angelegenheit"	„Angelegenheit"
yíxiàr	**yíxià**
„(macht das Verb lockerer)"	„(macht das Verb lockerer)"
tóngwūr	**tóngwū**
„Mitbewohner"	„Mitbewohner"
yíbànr	**yíbàn**
„halb"	„halb"
yíbànr yíbànr	**yíbàn yíbàn**
„halb und halb"	„halb und halb"

Einheit 3, Abschnitt 2: Transformations- und Antwortdrills

1. Antworten Sie jedesmal, dass Sie drei Jahre älter sind als die andere Person.

Wǒ jīnnián shíliùsuì. Nǐ ne?	**Wǒ jīnnián shíjiǔsuì.**
„Ich bin dieses Jahr sechzehn, und du?"	„Ich bin dieses Jahr neunzehn."
Wǒ jīnnián èrshiyīsuì. Nǐ ne?	**Wǒ jīnnián èrshisìsuì.**
„Ich bin dieses Jahr einundzwanzig, und du?"	„Ich bin dieses Jahr vierundzwanzig."
Wǒ jīnnián sānshibāsuì. Nǐ ne?	**Wǒ jīnnián sìshiyīsuì.**
„Ich bin dieses Jahr achtunddreißig, und du?"	„Ich bin dieses Jahr einundvierzig."
Wǒ jīnnián sìshiwǔsuì. Nǐ ne?	**Wǒ jīnnián sìshibāsuì.**
„Ich bin dieses Jahr fünfundvierzig, und du?"	„Ich bin dieses Jahr achtundvierzig."
Wǒ jīnnián wǔshiqīsuì. Nǐ ne?	**Wǒ jīnnián liùshisuì.**
„Ich bin dieses Jahr siebenundfünfzig, und du?"	„Ich bin dieses Jahr sechzig."
Wǒ jīnnián liùshiliùsuì. Nǐ ne?	**Wǒ jīnnián liùshijiǔsuì.**
„Ich bin dieses Jahr sechsundsechzig, und du?"	„Ich bin dieses Jahr neunundsechzig."

2. Beim Beantworten der Frage sagen Sie jedesmal, dass Ihre Mutter sechs Jahre jünger ist als die Mutter der anderen Person.

Wǒ mǔqīn jīnnián sìshibāsuì le. Nǐ mǔqīn ne?	**Wǒ mǔqīn jīnnián sìshi'èrsuì le.**
„Meine Mutter ist dieses Jahr achtundvierzig, und deine?"	„Meine Mutter ist dieses Jahr zweiundvierzig."
Wǒ mǔqīn jīnnián sānshiliùsuì le. Nǐ mǔqīn ne?	**Wǒ mǔqīn jīnnián sānshisuì le.**
„Meine Mutter ist dieses Jahr sechsunddreißig, und deine?"	„Meine Mutter ist dieses Jahr dreißig."
Wǒ mǔqīn jīnnián wǔshiqīsuì le. Nǐ mǔqīn ne?	**Wǒ mǔqīn jīnnián wǔshiyīsuì le.**
„Meine Mutter ist dieses Jahr siebenundfünfzig, und deine?"	„Meine Mutter ist dieses Jahr einundfünfzig."
Wǒ mǔqīn jīnnián bāshiliùsuì le. Nǐ mǔqīn ne?	**Wǒ mǔqīn jīnnián bāshisuì le.**
„Meine Mutter ist dieses Jahr sechsundachtzig, und deine?"	„Meine Mutter ist dieses Jahr achtzig."
Wǒ mǔqīn jīnnián qīshiwǔsuì le. Nǐ mǔqīn ne?	**Wǒ mǔqīn jīnnián liùshijiǔsuì le.**
„Meine Mutter ist dieses Jahr fünfundsiebzig, und deine?"	„Meine Mutter ist dieses Jahr neunundsechzig."
Wǒ mǔqīn jīnnián liùshisānsuì le. Nǐ mǔqīn ne?	**Wǒ mǔqīn jīnnián wǔshiqīsuì le.**
„Meine Mutter ist dieses Jahr dreiundsechzig, und deine?"	„Meine Mutter ist dieses Jahr siebenundfünfzig."

3. Verdoppeln Sie jedes einsilbige Verb und fügen Sie **kàn** an.

Nǐ zuò.	**Nǐ zuòzuo kàn.**
„Du sitzt."	„Sitz mal probeweise darauf."
Nǐ shuō.	**Nǐ shuōshuo kàn.**
„Du sagst."	„Sag es mal versuchsweise."
Nǐ tīng.	**Nǐ tīngting kàn.**
„Du hörst."	„Hör es dir mal an."

Nǐ xiǎng.
„Du denkst."

Nǐ xiángxiang kàn.
„Versuch mal, dir etwas auszudenken."

Nǐ wèn.
„Du fragst."

Nǐ wènwen kàn.
„Frag doch mal."

Nǐ cāi.
„Du rätst."

Nǐ cāicai kàn.
„Rate doch mal."

4. Ersetzen Sie das finale **ba**, das eine Vermutung ausdrückt, mit der Anhängsel-Frage **duì bu duì**.

Zhè shi nǐ mèimei ba?
„Ich nehme an, das ist deine Schwester?"

Zhè shi nǐ mèimei, duì bu duì?
„Das ist deine Schwester, stimmt's?"

Tā hěn ài tā xiānsheng ba?
„Ich nehme an, sie liebt ihren Mann?"

Tā hěn ài tā xiānsheng, duì bu duì?
„Sie liebt ihren Mann, stimmt's?"

Nǐmen dōu shi Rìběn rén ba?
„Ich nehme an, ihr seid alle Japaner?"

Nǐmen dōu shi Rìběn rén, duì bu duì?
„Ihr seid alle Japaner, stimmt's?"

Tāmende fùqin wǔshisuì le ba?
„Ich nehme an, ihr Vater ist fünfzig?"

Tāmende fùqin wǔshisuì le, duì bu duì?
„Ihr Vater ist fünfzig, stimmt's?"

Nèiwèi xiáojie shi Lín Xiáojie ba?
„Ich nehme an, diese junge Dame ist Fräulein Lin?"

Nèiwèi xiáojie shi Lín Xiáojie, duì bu duì?
„Diese junge Dame ist Fräulein Lin, stimmt's?"

Zhèiwèi shi nǐ gēge ba?
„Ich nehme an, das ist dein Bruder?"

Zhèiwèi shi nǐ gēge, duì bu duì?
„Das ist dein Bruder, stimmt's?"

5. Ersetzen Sie das finale **ba**, das eine Vermutung ausdrückt, mit der Anhängsel-Frage **shì bu shì**.

Tā shi nǐ fùqin ba?
„Ich nehme an, er ist dein Vater?"

Tā shi nǐ fùqin, shì bu shì?
„Er ist dein Vater, stimmt's?"

Wǒmen hěn kě'ài ba?
„Ich nehme an, wir sind sehr süß?"

Wǒmen hěn kě'ài, shì bu shì?
„Wir sind sehr süß, stimmt's?"

Wáng Jīnglǐ sìshisuì le ba?
„Ich nehme an, Manager Wang ist vierzig?"

Wáng Jīnglǐ sìshisuì le, shì bu shì?
„Manager Wang ist vierzig, stimmt's?"

Tā xiǎng qù Zhōngguo ba?
„Ich nehme an, er möchte nach China gehen?"

Tā xiǎng qù Zhōngguo, shì bu shì?
„Er möchte nach China gehen, stimmt's?"

Nǐmen lèile ba?
„Ich nehme an, ihr seid müde?"

Nǐmen lèile, shì bu shì?
„Ihr seid müde, stimmt's?"

Die verbleibenden Transformations- und Antwortdrills (**Einheit 3, Abschnitt 3** bis **Einheit 10, Abschnitt 4**), finden Sie auf der CD.

Die weiteren Transformations- und Antwortdrills
(**Einheit 3, Abschnitt 3** bis **Einheit 10, Abschnitt 4**),
finden Sie auf der CD.

4. Rollenspiele

Einheit 1, Abschnitt 1: Rollenspiele

Üben Sie diese Rollenspiele auf Chinesisch, um flüssiger sprechen zu lernen.

1. A: Hallo!
   B: Hallo!
   A: Wohin gehst du?
   B: Ich gehe in die Mensa, und du?
   A: Ich gehe in die Bibliothek.

2. A: Hallo!
   B: Hi!
   A: Wohin gehst du?
   B: Ich gehe zurück ins Wohnheim, und du?
   A: Ich habe noch eine Kleinigkeit zu erledigen.

3. A: Hallo, wie geht's?
   B: Hi!
   A: Wohin gehst du?
   B: Ich gehe in die Bibliothek, und du?
   A: Ich gehe auch in die Bibliothek.

4. A: Hallo! Wohin geht Wang Jingsheng?
   B: Wang Jingsheng geht in die Bibliothek.
   A: Und Ke Leien?
   B: Ke Leien geht auch in die Bibliothek.
   A: Und du?
   B: Ich gehe zurück in mein Wohnheim.

In den folgenden Rollenspielen kommen auch Vokabeln aus den Ausdrücken für den Unterricht vor.

5. A: Guten Morgen, wie geht's?
   B: Ich habe eine Kleinigkeit zu erledigen, und du?
   A: Ich gehe in die Mensa.
   B: Gut, sehr gut. Auf Wiedersehen! Wir sehen uns morgen.
   A: Bis morgen!

6. A: Guten Morgen! Wie geht's? Wohin gehst du?
   B: Ich gehe zurück in mein Wohnheim.
   A: Könntest du das wiederholen?
   B: Ich kehre in mein Wohnheim zurück, und du? Wohin gehst du?
   A: Ich kehre auch in mein Wohnheim zurück.

Einheit 1, Abschnitt 2: Rollenspiele

Üben Sie diese Rollenspiele auf Chinesisch, um flüssiger sprechen zu lernen.

1. A: Wie geht's?

   B: Wie geht's? Lange nicht gesehen. Wie ging es dir in der letzten Zeit?

   A: Gut, danke. Wie geht es deiner Mutter und deinem Vater?

   B: Es geht beiden gut, danke.

   A: Ich gehe jetzt. Wiedersehen!

   B: Wiedersehen!

2. A: Hallo! Lange nicht gesehen. Wie ging es dir in der letzten Zeit?

   B: Nicht schlecht. Wie ging es dir in der letzten Zeit?

   A: Sehr beschäftigt.

   B: Ich war auch sehr beschäftigt.

   (Wechsel zu einem anderen Sprecherpaar)

   A: Wie geht es deinem Ehemann / deiner Ehefrau?

   B: Ihm / ihr geht es gut, danke. Und wie ist es mit deinem Ehemann / deiner Ehefrau?

   A: Auch ihm / ihr geht es gut, danke.

   B: Ich habe etwas zu erledigen. Ich gehe jetzt ... Bis bald!

   A: Bis bald!

3. A: Ich habe dich eine Weile nicht gesehen. Wie geht es dir?

   B: Ich war sehr beschäftigt. Wie geht es dir?

   A: Auch wir waren sehr beschäftigt. Wie geht es deiner Ehefrau und deinen Kindern?

   B: Ihnen allen geht es gut, danke. Wie geht es deinem Vater und deiner Mutter?

   (Wechsel zu einem anderen Sprecherpaar)

   A: Auch ihnen geht es beiden gut.

   B: Wohin gehst du?

   A: Ich gehe in die Bibliothek, und du?

   B: Ich habe etwas zu erledigen. Ich gehe jetzt ...

4. A: Hallo, lange nicht gesehen! Wie geht es dir?

   B: Ich bin sehr müde. Wie geht es dir?

   A: Ich bin auch sehr müde.

   B: Wie geht es deiner Mutter?

   A: Sie ist sehr beschäftigt.

   (Wechsel zu einem anderen Sprecherpaar)

   B: Wie geht es deinem Vater?

   A: Ihm geht es gut.

   B: Wohin gehst du?

   A: Ich gehe zurück ins Wohnheim, und du?

   B: Ich gehe in die Mensa. Ich gehe jetzt ...

   A: Auf Wiedersehen!

Einheit 1, Abschnitt 3: Rollenspiele

Üben Sie diese Rollenspiele auf Chinesisch, um flüssiger sprechen zu lernen.

1. A: Hallo Alter Gao. Wie geht's? Warst du in letzter Zeit sehr beschäftigt?

   B: Mir geht es wie immer. Ich bin nicht zu beschäftigt. Kleine Wang, wie geht es dir in der letzten Zeit?

   A: Nicht schlecht, nicht zu stressig. Wie ist es bei dir mit dem Lernen? Ist Chinesisch schwer?

   (Wechsel zu einem anderen Sprecherpaar)

   B: Die Lernerei war sehr stressig. Chinesisch ist schwer! Wie war es auf deiner Arbeit?

   A: Auf der Arbeit war es in der letzten Zeit sehr stressig.

   B: Ich habe etwas zu tun, ich gehe jetzt. Wiedersehen!

   A: Wiedersehen! Wir sehen uns morgen!

2. A: Hallo, Alter He.

   B: Hallo, Kleiner Zhao.

   A: Wie geht es dir in der letzten Zeit?

   B: Sehr gut, danke. Wie immer. Wie geht es dir in der letzten Zeit?

   A: Nicht so gut. Ich bin zu beschäftigt.

   B: In der letzten Zeit bin ich auch sehr beschäftigt.

   (Wechsel zu einem anderen Sprecherpaar)

   A: Wie geht es deinen Kindern?

   B: Es geht ihnen allen gut. Die Lernerei ist sehr stressig. Wie geht es deiner Frau / deinem Mann?

   A: Gut, sie / er ist nicht zu beschäftigt. Wohin gehst du? Gehst du in die Bibliothek?

   B: Ich gehe nicht in die Bibliothek. Ich gehe in die Mensa.

   A: Ich gehe in die Bibliothek um eine Kleinigkeit zu erledigen. Ich gehe jetzt.

   B: Auf Wiedersehen.

3. A: Hallo, Kleine Wang. Wie geht es dir in der letzten Zeit?

   B: Hallo, alter Ke. Ich bin sehr schläfrig. Wie geht es dir in der letzten Zeit? Bist du auch schläfrig?

   A: Ich bin nicht schläfrig. Ich war in letzter Zeit sehr beschäftigt.

   B: Wie geht es mit dem Lernen? Ist Chinesisch schwer?

   A: Das Lernen ist sehr stressig. Chinesisch ist sehr schwer.

   (Wechsel zu einem anderen Sprecherpaar)

   B: Chinesisch ist nicht schwer, Chinesisch ist leicht! Wohin gehst du? Zurück ins Wohnheim?

   A: Ich gehe in die Bibliothek. Gehst du auch in die Bibliothek?

   B: Ich gehe nicht in die Bibliothek, ich gehe zurück ins Wohnheim. Auf Wiedersehen!

   A: Auf Wiedersehen! Bis morgen!

4. A: Kleine He, du bist sehr groß!

   B: Ich bin nicht groß. Alte Zhao, du bist auch nicht klein!

5. A: Mein Vater ist sehr groß. Ist dein Vater groß?

   B: Mein Vater ist ziemlich klein. Meine Mutter ist groß.

Einheit 1, Abschnitt 4: Rollenspiele

Üben Sie diese Rollenspiele auf Chinesisch, um flüssiger sprechen zu lernen.

1. A: Herr Lin, Frau Lin. Willkommen, willkommen. Kommt herein, kommt herein!

   B: Herr / Frau Ke, wie geht's? Danke.

   A: Gern geschehen. Setzt euch bitte, setzt euch bitte. Geht es euch beiden gut?

   B: Danke, es geht uns beiden sehr gut. Geht es deinen Eltern gut?

   A: Es geht ihnen auch gut, danke.

   B: Ich habe eine Kleinigkeit zu tun, ich muss jetzt gehen. Danke.

   A: Gern geschehen. Geh langsam. Auf Wiedersehen!

2. A: Herr und Frau Xie, willkommen, willkommen. Kommt herein, kommt herein!

   B: Herr / Frau Wang, wie geht's? Danke.

   A: Setzt euch bitte, setzt euch bitte.

   B: Danke, danke.

   (Wechsel zu einem anderen Sprecherpaar)

   A: Herr und Frau Xie, ich habe eine Kleinigkeit zu erledigen. Ich muss jetzt gehen.

   B: Herr / Frau Wang, wohin gehst du?

   A: Ich muss etwas erledigen. Herr und Frau Xie, danke.

   B: Gern geschehen. Geh langsam. Auf Wiedersehen! Bis morgen.

3. A: Lehrer Zhao, willkommen, willkommen. Komm herein, komm herein!

   B: Herr / Frau Gao, danke. Lange nicht gesehen.

   A: Stimmt, lange nicht gesehen. Setz dich bitte, setz dich bitte!

   B: Danke, wie läuft das Lernen? Ist Chinesisch interessant?

   (Wechsel zu einem anderen Sprecherpaar)

   A: Chinesisch ist zu schwer, es ist uninteressant.

   B: Herr / Frau Gao, ich bin müde geworden, ich muss jetzt gehen. Danke.

   A: Gern geschehen. Geh langsam. Auf Wiedersehen, Lehrer Zhao.

   B: Auf Wiedersehen! Auf Wiedersehen!

4. A: Alte Li, wie geht's? Willkommen, willkommen!

   B: Kleine Gao, wie geht es dir in der letzten Zeit?

   A: Sehr gut. Komm herein! Ist es dir in der letzten Zeit gut gegangen?

   B: Wie immer. Wie geht es deinem Mann und den Kindern?

   A: Uns geht es allen gut. Meinem Mann geht es gut. Meinen Kindern geht es auch gut.

   (Wechsel zu einem anderen Sprecherpaar)

   B: Wie geht es mit dem Lernen?

   A: Das Lernen ist sehr stressig. Und bei dir? Ist deine Arbeit stressig?

   B: Meine Arbeit ist nicht zu stressig.

   A: Ist deine Arbeit interessant?

   B: Meine Arbeit ist uninteressant. Kleine Gao, ich habe etwas, ich muss jetzt gehen. Danke.

   A: Gern geschehen. Geh langsam. Auf Wiedersehen!

Einheit 2, Abschnitt 1: Rollenspiele

Üben Sie diese Rollenspiele auf Chinesisch, um flüssiger sprechen zu lernen.

1. A: Wie heißt du?
   B: Ich heiße ___. Wie heißt du?
   A: Ich heiße ___.
   B: Ist er dein Lehrer?
   A: Stimmt, er ist unser Chinesischlehrer.
   B: Wie heißt er?
   A: Sein Name ist Lǐ Qún. Er ist Malaysier.

2. A: Entschuldigung, aus welchem Land kommt ihr?
   B: Ich bin Kanadier. Sie ist Amerikanerin. Aus welchem Land kommst du?
   A: Ich bin Chinese.
   B: Wie heißt du?
   A: Ich heiße ___. Wie heißt du?
   B: Ich heiße ___.

3. A: Entschuldigung, sind sie eure Lehrer?
   B: Sie sind meine Kommilitonen, nicht meine Lehrer.
   A: Sind sie alle Amerikaner?
   B: Nicht alle sind Amerikaner. Dieser Kommilitone ist Amerikaner, aber jener Kommilitone ist Taiwaner.

4. A: Entschuldigung, aus welchem Land kommst du?
   B: Ich bin Amerikaner, Sino-Amerikaner. Und du? Aus welchem Land kommst du?
   A: Ich bin auch Amerikaner. Sind deine Kommilitonen alle Amerikaner?
   B: Nicht alle sind Amerikaner. Dieser Kommilitone ist Amerikaner, aber jener Kommilitone ist Japaner.

5. A: Wie heißt deine Chinesischlehrerin?
   B: Ihr Name ist Zhāng Huìqiáng.
   A: Aus welchem Land kommt sie?
   B: Sie ist Singapurerin.
   A: Wie läuft es mit dem Chinesischen in der letzten Zeit? Ist es schwer? Ist es interessant?
   B: Chinesisch ist nicht schwer, es ist einfach. Es ist auch sehr interessant.

6. A: Welcher Kommilitone ist Spanier?
   B: Jener Kommilitone ist Spanier.

7. A: Welcher Lehrer heißt Yáng Pēixīn?
   B: Jener Lehrer heißt Yáng Pēixīn!

Einheit 2, Abschnitt 2: Rollenspiele

Üben Sie diese Rollenspiele auf Chinesisch, um flüssiger sprechen zu lernen.

1. A: Ich stelle euch mal vor. Alter Wang, das ist die Kleine Li. Kleine Li, das ist der Alte Wang.

   B: Kleine Li, wie geht's? Schön dich kennen zu lernen. Willkommen in China.

   C: Alter Wang, wie geht's? Danke. Ich freue mich auch, dich kennen zu lernen.

2. A: Lass mich dich vorstellen. Das ist mein neuer Mitbewohner / meine neue Mitbewohnerin, er/sie heißt ___. Das ist mein alter Kommilitone / meine alte Kommilitonin, er/sie heißt ___.

   B: Wie geht's, willkommen in Amerika!

   C: Ich freue mich, dich kennen zu lernen, Frau / Herr ___.

   B: Oh, nenn mich nicht so! Es ist besser, du nennst mich Kleine / Kleiner ___.

   C: OK, in dem Fall, warum nennst du mich dann nicht auch Kleiner / Kleine ___.

3. A: Ich bin eure/r neue/r Mitbewoner/in ___. Ich freue mich, euch kennenzulernen!

   B: Wie geht es dir? Ich freue mich auch, dich kennen zu lernen. Mein Name ist ___.

   A: Entschuldigung, aus welchem Land kommst du? Bist du Amerikaner/in?

   B: Ich bin nicht Amerikaner/in. Ich bin Kanadier/in.

4. A: Wer ist das?

   B: Sie ist unsere neue Mitbewohnerin, ihr Name ist Lili.

   A: Und wer ist er?

   B: Er ist unser Chinesischlehrer, Lehrer Zhāng.

   A: Und wer sind sie?

   B: Sie sind unsere neuen Kommilitonen. Kennst du sie nicht?

   A: Ich kenne sie alle nicht. Stell mich ihnen bitte vor.

5. A: Entschuldigung, bist du Chinese?

   B: Nein, ich bin kein Chinese, ich bin Japaner. Bist du Amerikaner?

   A: Nein, ich bin kein Amerikaner, ich bin Kanadier.

   B: Wie soll ich dich nennen?

   A: Oh, mein Name ist ___. Am besten nennst du mich Kleiner ___. Wie heißt du?

   B: Mein Name ist ___. In dem Fall, warum nennst du mich nicht auch Kleiner ___.

   A: Kleiner ___, ich habe eine Kleinigkeit zu erledigen, ich gehe jetzt zuerst. Auf Wiedersehen!

   B: Ich muss jetzt auch gehen. Auf Wiedersehen!

6. A: Herr/Frau Zhao, wie geht's?

   B: Nenn mich nicht so. Nenn mich Kleine/r Zhao.

   A: OK, in diesem Fall nenn mich auch Kleine He. Kleine/r Zhao, aus welchem Land kommst du?

   B: Ich bin Chinese / Chinesin. Und du? Aus welchem Land kommst du?

   A: Ich bin Amerikanerin. Willkommen in Amerika! Ich freue mich, dich kennen zu lernen.

Einheit 2, Abschnitt 3: Rollenspiele

Üben Sie diese Rollenspiele auf Chinesisch, um flüssiger sprechen zu lernen.

1. A: Wie geht's? Wie ist Ihr werter Familienname?

   B: Mein Familienname ist ___. Wie ist Ihr werter Familienname?

   A: Mein Familienname ist ___.

   B: Entschuldigung, ich habe eine Kleinigkeit (zu tun). Ich gehe zuerst. Auf Wiedersehen!

   A: Auf Wiedersehen!

2. A: Das ist wohl Ihr Ehemann / Ihre Ehefrau?

   B: Nein, nein, das ist nicht mein Ehemann / meine Ehefrau. Er ist mein Kollege / sie ist meine Kollegin.

   A: Entschuldigung, ich habe eine Kleinigkeit (zu tun). Ich gehe zuerst. Es war mir eine Freude, Sie kennen zu lernen!

   B: Es war mir auch eine Freude, Sie kennen zu lernen! Auf Wiedersehen!

3. A: Ich nehme an, das ist Frau Zhao?

   B: Nein, nein, das ist nicht Frau Zhao. Sie ist meine Chinesischlehrerin. Ihr Familienname ist Chen.

   A: Entschuldigung, ich habe eine Kleinigkeit (zu tun). Ich gehe zuerst. Es war mir eine Freude, Sie kennen zu lernen!

   B: Es war mir auch eine Freude, Sie kennen zu lernen! Auf Wiedersehen!

4. A: Wie geht's? Wie ist Ihr werter Familienname?

   B: Mein Familienname ist ___. Wie ist Ihr werter Familienname?

   A: Mein Familienname ist ___. Herr / Frau ___, in welcher Einheit arbeiten Sie?

   B: Ich arbeite in der kanadischen Botschaft. Herr / Frau ___, in welcher Einheit arbeiten Sie?

   A: Ich arbeite nicht mehr. Ich lerne Chinesisch.

   (Wechsel zu einer anderen Sprechergruppe)

   B: Wo studieren Sie Chinesisch?

   A: Ich studiere Chinesisch an der Chinese University of Hong Kong.

   B: Ist Chinesisch schwer?

   A: Chinesisch ist schwer, aber es ist sehr interessant.

5. A: Wie geht's? Wie ist Ihr werter Familienname?

   B: Mein Familienname ist ___. Wie ist Ihr werter Familienname?

   A: Mein Familienname ist ___. Herr / Frau ___, aus welchem Land kommen Sie? Wo arbeiten Sie?

   B: Ich bin Amerikaner, ich arbeite in einer Firma. Oh, lassen Sie mich vorstellen. Das ist mein Ehemann / meine Ehefrau, sein / ihr Name ist ___.

   (Wechsel zu einer anderen Sprechergruppe)

   A: Wie geht's? Ich arbeite im chinesischen Außenministerium. Wo arbeiten Sie?

   C: Ich bin Hochschullehrer, ich arbeite an der ___ -Universität.

   A: Sehr erfreut, Sie kennen zu lernen! Wie heißt Ihr Rektor / Ihre Rektorin mit Familiennamen?

   C: Unser Rektor / unsere Rektorin heißt mit Familiennamen ___. Kennen Sie ihn / sie?

   A: Ich kenne ihn / sie! Rektor / Rektorin ___ ist sehr gut. Die Lehrer an der ___ -Universität sind auch alle sehr gut.

Einheit 2, Abschnitt 4: Rollenspiele

Üben Sie diese Rollenspiele auf Chinesisch, um flüssiger sprechen zu lernen.

1. A: Hallo! Mein Name ist ___. Bitte lehren Sie mich mehr.

   B: Mein Familienname ist ___. Entschuldigung, ich habe keine Visitenkarten dabei.

   A: Ich habe auch keine Visitenkarten dabei.

   B: Herr / Frau ___, wo arbeiten Sie?

   (Wechsel zu einem anderen Sprecherpaar)

   A: Ich arbeite an der Peking-Universität. Herr / Frau ___, wo arbeiten Sie?

   B: Ich arbeite bei der Sino-American Trading Company.

   A: Herr / Frau ___, entschuldigen Sie, ich muss etwas erledigen gehen. Auf Wiedersehen!

   B: Auf Wiedersehen!

2. A: General Manager Li, das ist Manager Xie von der China Trading Company.

   B: Oh, willkommen, willkommen! Mein Name ist Li. Entschuldigen Sie, ich habe keine Visitenkarten mitgebracht.

   C: Mein Name ist Gao. Ich arbeite bei der Sino-American Trading Company. Bitte lehren Sie mich mehr.

   B: Herr / Frau Gao, ich nehme an, Sie sind Chinese / Chinesin?

   (Wechsel zu einer anderen Sprechergruppe)

   C: Ja, meine Ehefrau / mein Ehemann und ich, wir sind beide Chinesen. Ich nehme an, Sie sind auch Chinese?

   B: Nein, ich bin kein Chinese, ich bin Amerikaner, Sino-Amerikaner.

   A: Entschuldigung, ich muss jetzt arbeiten. Ich gehe vor Ihnen allen. Auf Wiedersehen!

3. A: Hallo! Sie müssen Frau Bai vom chinesischen Außenministerium sein?

   B: Sie irren sich. Mein (Familien-)Name ist Hou, meine Name ist nicht Bai.

   A: Oh, Entschuldigung, ich habe mich geirrt.

   B: Macht nichts.

   (Wechsel zu einem anderen Sprecherpaar)

   A: Ich nehme an, Sie sind aus Spanien?

   B: Nein, nein, ich bin kein Spanier, ich bin Kanadier.

   A: Oh, Entschuldigung, ich habe mich geirrt.

   B: Macht nichts. Ich muss jetzt gehen. Auf Wiedersehen! Bis morgen!

4. A: Wer ist die Dame?

   B: Sie heißt mit Familiennamen Luo. Ihr voller Name ist Luó Měiyún.

   A: Wer ist der Herr?

   B: Sein Familienname ist Shi. Sein voller Name ist Shī Dàpéng.

   A: Ich nehme an, sie sind beide Chinesen?

   B: Das stimmt nicht, Sie irren sich. Keiner von beiden ist Chinese, sie sind beide Japaner!

5. A: Wir heißen Frau Wood von der Britischen Botschaft willkommen!

   B: Willkommen, willkommen! Ich nehme an, Sie sind auch Amerikaner? Oh, Entschuldigung, ich habe mich geirrt!

   C: Sie irren sich nicht. Ich arbeite an der Britischen Botschaft, aber ich bin Amerikanerin.

Einheit 3, Abschnitt 1: Rollenspiele

Üben Sie diese Rollenspiele auf Chinesisch, um flüssiger sprechen zu lernen.

1. A: Wie viele Kommilitonen sind in eurer Chinesischgruppe?

   B: Es sind zehn – oh, das stimmt nicht, ich habe einen Fehler gemacht. Es sind neun.

   A: Sind sie alle Amerikaner?

   B: Sie sind nicht alle Amerikaner. Es sind sechs Amerikaner, zwei Deutsche und ein Franzose.

   (Wechsel zu einem anderen Sprecherpaar)

   A: Wie viele Studenten und wie viele Studentinnen?

   B: Vier Männer und fünf Frauen.

   A: Soso, wie viele Lehrer habt ihr insgesamt?

   B: Insgesamt sind es zwei. Ein Lehrer und eine Lehrerin.

2. A: Entschuldigung, wie viele Studenten sind in eurer Englischgruppe?

   B: Insgesamt sind es sechs.

   A: Sind sie alle Amerikaner?

   B: Richtig, es sind alles Amerikaner – oh, Entschuldigung, es sind nicht alles Amerikaner. Da ist ein Brite.

   (Wechsel zu einem anderen Sprecherpaar)

   A: Wie viele Studenten und wie viele Studentinnen?

   B: Halb und halb. Drei Männer und drei Frauen.

   A: Soso, wer ist euer Lehrer? Ich nehme an, es ist eine Lehrerin?

   B: Stimmt, es ist eine Lehrerin. Sie heißt Ramirez. Sie ist Spanierin.

3. A: Wie viele Kommilitonen sind in deinem Wohnheim?

   B: Insgesamt sind es sieben. Das Wohnheim ist nicht groß, es ist sehr klein.

   A: Sind alle deine Kommilitonen Amerikaner?

   B: Sie sind nicht alle Amerikaner. Es sind drei Amerikaner, drei Japaner und eine Singapurerin.

   (Wechsel zu einem anderen Sprecherpaar)

   A: Ich nehme an, deine Kommilitonen sind alle Frauen?

   B: Nein, sie sind nicht alle Frauen. Es sind vier Männer und drei Frauen.

   A: Das ist sehr interessant. Gehst du jetzt in dein Wohnheim zurück?

   B: Nein, ich gehe jetzt in die Bibliothek, um zu lernen. Morgen gibt es eine Prüfung. Ich bin sehr nervös.

4. A: Wie viele Kollegen gibt es in deiner Firma?

   B: Insgesamt sind es acht. Vier Männer und vier Frauen – halb und halb. Es ist eine kleine Firma.

   A: Soso, ich nehme an, deine Kollegen sind alle Amerikaner?

   B:Nein, sie sind nicht alle Amerikaner. Es sind Amerikaner, Taiwaner und Deutsche.

   (Wechsel zu einem anderen Sprecherpaar)

   A: Der Manager eurer Firma, ist er männlich oder weiblich?

   B: Es gibt einen General Manager und einen Manager. Sie sind beide weiblich. Die General Managerin ist deutsch, ihr Familienname ist Weiss. Die Managerin ist Taiwanerin, ihr Familienname ist Ma.

   A: Ich kenne Managerin Ma. Sie ist sehr gut.

   B: Stimmt, Managerin Ma ist sehr gut. Sie ist ein sehr interessanter Mensch.

Einheit 3, Abschnitt 2: Rollenspiele

Üben Sie diese Rollenspiele auf Chinesisch, um flüssiger sprechen zu lernen.

1. A: Ist das deine Mutter? Wie alt ist sie?

   B: Lass mich mal versuchen, nachzudenken. Sie ist dieses Jahr 46 – nein 47.

   A: Oh, ich nehme an, das ist dein Vater?

   B: Ja, er ist dieses Jahr 45 Jahre alt.

2. A: Dies ist dein jüngerer Bruder, richtig? Er ist süß. Wie alt ist er dieses Jahr?

   B: Er ist fünf Jahre alt. Nächsten Monat wird er sechs.

   A: Und dies ist deine jüngere Schwester, richtig? Sie ist auch süß. Wie alt ist sie?

   B: Sie ist drei Jahre alt.

3. A: Ist das dein älterer Bruder? Wie alt ist er?

   B: Lass mich mal versuchen, nachzudenken. Er ist dieses Jahr 28 – nein 29.

   A: Oh. Dann denke ich, muss das deine ältere Schwester sein?

   B: Ja, das ist meine ältere Schwester. Sie ist dieses Jahr 27.

4. A: Du bist süß. Wie alt bist du?

   B: Versuch zu raten!

   A: Lass mich mal versuchen, nachzudenken … Ich denke, du bist 17!

   B: Das stimmt nicht. Ich bin 32. Bin ich immer noch süß?

5. A: Wie alt bist du?

   B: Nächsten Monat bin ich 21. Wie alt bist du?

   A: Versuch zu raten!

   B: 20 Jahre?

   A: Stimmt nicht.

   B: 19 Jahre?

   A: Auch nicht richtig! Ich bin letzten Monat 21 geworden.

6. A: Ich habe weder einen älteren Bruder noch eine ältere Schwester.

   B: Ich habe weder einen jüngeren Bruder noch eine jüngere Schwester.

   A: Aber du hast mich, stimmt‘s? Ich bin auch sehr süß, stimmt‘s?

   B: Richtig, ich habe dich. Du hast auch mich. Aber du bist nicht süß!

7. A: Lass uns zurück ins Wohnheim gehen, OK?

   B: Nicht gut. Ins Wohnheim zurück zu gehen ist uninteressant.

   A: In dem Fall, lass uns in die Mensa gehen, OK?

   B: Gut! Zu Gut!

Einheit 3, Abschnitt 3: Rollenspiele

Üben Sie diese Rollenspiele auf Chinesisch, um flüssiger sprechen zu lernen.

1. A: Entschuldigung, wie viel kostet diese Tasche?
   B: Diese Tasche kostet 50 Yuan.
   A: Wow, das ist zu teuer! Wie viel kostet diese Tasse?
   B: Diese Tasse kostet nur 15 Yuan, sie ist sehr billig.
   (Wechsel zu einem anderen Sprecherpaar)
   A: Darf ich mir sie ansehen?
   B: Natürlich. Warum schaust du sie dir nicht mal an? Wie viele willst du?
   A: Ich kaufe eine. Das sind 15 Yuan.
   B: OK, danke. Auf Wiedersehen!

2. A: Entschuldigung. Was kostet das?
   B: Diese Aktentasche? Lass mich mal sehen. Diese Aktentasche kostet 625 Yuan.
   A: Au weia, das ist zu teuer! Hmm, was kostet jener Rucksack?
   B: Jener Rucksack kostet nur 260 Yuan, er ist sehr billig.
   A: Darf ich ihn mir ansehen?
   B: Natürlich, warum schaust du ihn dir nicht mal an? Die Rucksäcke, die wir verkaufen, sind sehr gut.
   (Wechsel zu einem anderen Sprecherpaar)
   A: In Ordnung, ich kaufe zwei.
   B: Zusammen sind das 520 Yuan.
   A: 500 Yuan, OK?
   B: Das ist wohl OK. Zusammen sind das 500 Yuan.
   A: OK, hier/das sind 500 Yuan. Danke. Auf Wiedersehen!
   B: Danke. Auf Wiedersehen!

3. A: Habt ihr Rucksäcke?
   B: Rucksäcke haben wir. Ein Rucksack kostet 1.500 Yuan.
   A: Au weia, das ist zu teuer!
   B: Das ist nicht zu teuer, das ist sehr billig. Die Rucksäcke, die wir verkaufen, sind sehr gut.
   (Wechsel zu einem anderen Sprecherpaar)
   A: Was kostet das?
   B: Diese Tasche kostet nur 600 Yuan. Wie viele willst du kaufen?
   A: Darf ich sie mir ansehen?
   B: Natürlich. Warum schaust du sie dir nicht mal an?
   A: Ich kaufe sechs. Wie viel ist das insgesamt?
   B: Insgesamt sind das 3.600 Yuan.

4. A: Wie viel ist ein Fen plus fünf Fen?
   B: Ein Fen plus fünf Fen sind sechs Fen.
   A: Und wie viel sind 90 Fen minus 10 Fen?
   B: 90 Fen minus 10 Fen sind 80 Fen.

Einheit 3, Abschnitt 4: Rollenspiele

Üben Sie diese Rollenspiele auf Chinesisch, um flüssiger sprechen zu lernen.

1. A: Entschuldigung, wann geht der nächste Zug nach Beijing (**Běijīng**)?

   B: Um 11:15. Aber es ist schon 11.10, ich fürchte du schaffst es nicht.

   A: Nun, wie ist es mit dem nach dem nächsten?

   B: Lass mich mal schauen. Der nach dem nächsten fährt um 12:30.

   (Wechsel zu einem anderen Sprecherpaar)

   A: In Ordnung. In dem Fall nehme ich den 12:30er. Wie viel kostet es?

   B: 28,30 Yuan.

   A: Wie lange braucht er bis Beijing?

   B: Er braucht eineinhalb Stunden.

   A: OK, danke.

   B: Gern geschehen.

2. A: Entschuldigung, wann geht der nächste Zug nach Taipei (**Táiběi**)?

   B: Um 9:30. Aber es ist schon 9.25, ich fürchte du schaffst es nicht.

   A: Nun, wie ist es mit dem nach dem nächsten?

   B: Lass mich mal schauen. Der nach dem nächsten fährt um 9:45.

   (Wechsel zu einem anderen Sprecherpaar)

   A: In Ordnung. In dem Fall nehme ich den 9:45er. Wie viel kostet es?

   B: 50 Yuan.

   A: Wie lange braucht er bis Taipei?

   B: Er braucht eine halbe Stunde. Lass mich nachsehen: Er braucht nur 25 Minuten.

   A: OK, danke.

   B: Gern geschehen.

3. A: Entschuldigung, wann geht der nächste Zug nach Schanghai (**Shànghǎi**)?

   B: Um 21:05. Aber es ist schon 21.00, ich fürchte du schaffst es nicht.

   A: Nun, wie ist es mit dem nach dem nächsten?

   B: Lass mich mal schauen. Der nach dem nächsten fährt um 23:05.

   (Wechsel zu einem anderen Sprecherpaar)

   A: In Ordnung. In dem Fall nehme ich den 23:05er. Wie viel kostet es?

   B: 133,50 Yuan.

   A: Wie lange braucht er bis Schanghai?

   B: Er braucht viereinhalb Stunden.

   A: OK, danke.

   B: Gern geschehen.

4. A: Wann fährst du?

   B: Ich fahre um sieben.

   A: Wie spät ist es jetzt?

   B: Es ist schon viertel vor sieben. Ich schaffe es nicht!

Einheit 4, Abschnitt 1: Rollenspiele

Üben Sie diese Rollenspiele auf Chinesisch, um flüssiger sprechen zu lernen.

1. A: Entschuldigung, wann macht die Bibliothek jeden Tag auf und wann zu?

   B: Sie öffnet morgens um 7:30 und schließt um 11:00 abends.

   A: Ist sie am Samstag und Sonntag geöffnet?

   B: Am Samstag ist sie geöffnet. Am Sonntag ist sie den halben Tag geöffnet; sie ist morgens offen und nachmittags geschlossen.

2. A: Entschuldigung, wann macht die Botschaft jeden Tag auf und wann zu?

   B: Sie öffnet morgens um 8:15 und schließt um 4:15 nachmittags.

   A: Ist sie am Samstag und Sonntag geöffnet?

   B: Am Samstag ist sie morgens geöffnet. Am Samstag nachmittags und am Sonntag ist sie geschlossen.

   A: Danke.

   B: Nichts zu danken.

3. A: Entschuldigung, wann macht die Sino-American Trading Company jeden Tag auf und wann zu?

   B: Sie öffnet jeden Morgen um 9:15 und schließt um 5:30 jeden Nachmittag.

4. A: Wann stehst du morgens normalerweise auf?

   B: Ich stehe normalerweise morgens um 6:30 auf.

   A: Wann gehst du normalerweise abends ins Bett?

   B: Ich gehe normalerweise im 11:45 abends ins Bett.

5. A: Wie viele Stunden schläfst du normalerweise jeden Tag?

   B: Ich schlafe jeden Tag normalerweise sieben Stunden. Und du?

   A: Ich schlafe jeden Tag normalerweise fünf Stunden.

   B: Du schläfst nur fünf Stunden? Bist du nicht schläfrig?

   A: Ich bin sehr schläfrig.

6. A: Wie viele Stunden schläfst du normalerweise jeden Tag?

   B: Montag bis Freitag schlafe ich vier Stunden pro Tag. Samstag und Sonntag schlafe ich zehn Stunden pro Tag. Und du?

   A: Montag bis Freitag schlafe ich drei Stunden pro Tag. Samstag und Sonntag schlafe ich zwölf Stunden pro Tag.

7. A: Letzten Montag war ich noch in China!

   B: Letzten Dienstag war ich noch in Deutschland!

   A: Nächsten Donnerstag gehe ich nach Japan!

   B: Nächsten Freitag gehe ich nach Taiwan!

Einheit 4, Abschnitt 2: Rollenspiele

Üben Sie diese Rollenspiele auf Chinesisch, um flüssiger sprechen zu lernen.

1. A: Wie heißt du?

   B: Mein Name ist ___.

   A: In welchem Jahr bist du geboren?

   B: 1992, das ist das 81. Jahr der Republik.

   A: Welcher Monat und Tag?

   B: 16. Mai.

   A: Deine Adresse ist?

   B: Heping Road, Abschnitt drei, Gasse 5, Gässchen 8, Nummer 66, 2. Stock.

   A: OK, einen Augenblick bitte.

2. A: Wie ist dein Name? Wo bist du geboren?

   B: Mein Name ist ___. Ich bin in Kanada geboren.

   A: In welchem Jahr bist du geboren?

   B: 1987, das ist das 76. Jahr der Republik.

   A: Welcher Monat und Tag?

   B: 2. November.

   A: Deine Adresse ist?

   B: Beijing West Road, Abschnitt eins, Gasse 20, Gässchen 4, Nummer 5, 5. Stock.

   A: OK, einen Augenblick bitte.

3. A: In welchem Monat und an welchem Tag ist dein Geburtstag?

   B: Mein Geburtstag ist der 10. Juni. Wann ist dein Geburtstag?

   A: Mein Geburtstag ist der 25. Dezember.

   B: Ich bin dieses Jahr 19. Wie alt bist du dieses Jahr?

   A: Ich bin dieses Jahr 18.

4. A: Welcher Monat und an welcher Tag ist heute? Welcher Wochentag?

   B: Heute ist ___.

   A: Was ist das Datum von gestern und welcher Wochentag war es?

   B: Gestern war ___.

   A: Und was ist das Datum von morgen und welcher Wochentag ist es?

   B: Morgen ist ___.

5. A: Welches Jahr ist dieses Jahr?

   B: Dieses Jahr ist ___.

   A: Welches Jahr war letztes Jahr?

   B: Letztes Jahr war ___.

   A: Welches Jahr wird nächstes Jahr sein?

   B: Nächstes wird ___ sein.

Einheit 4, Abschnitt 3: Rollenspiele

Üben Sie diese Rollenspiele auf Chinesisch, um flüssiger sprechen zu lernen.

1. A: Hallo!

   B: Hi, bist du Amerikaner?

   A: Ja, ich bin Amerikaner.

   B: Ist das dein erstes Mal in China?

   A: Nein, das ist mein drittes Mal. Vorletztes Jahr bin ich einmal gekommen und letztes Jahr bin ich einmal gekommen.

   (Wechsel zu einem anderen Sprecherpaar)

   B: Wie lange bleibst du dieses Mal?

   A: Ungefähr zwei Wochen. Ich gehe am 23. November in meine Heimat zurück.

   B: In welchem Zimmer wohnst du?

   A: Ich wohne in 702.

   B: Oh, Entschuldigung, ich muss jetzt gehen. Auf Wiedersehen!

   A: Auf Wiedersehen!

2. A: Hallo, ich nehme an, du bist Chinesin?

   B: Ja, ich bin Chinesin.

   A: Willkommen in Amerika!

   B: Danke.

   A: Ist das deine erste Reise in die USA?

   B: Nein, das ist mein viertes Mal. Ich bin letztes Jahr zweimal gekommen, einmal 1989 und einmal 1998.

   (Wechsel zu einem anderen Sprecherpaar)

   A: Wie lange bleibst du dieses Mal?

   B: Ungefähr eineinhalb Monate. Ich fahre am 15. Februar zurück.

   A: In welchem Zimmer wohnst du?

   B: Ich wohne in 428.

   A: Ich freue mich, dich kennen gelernt zu haben!

   B: Ich freue mich auch, dich kennen gelernt zu haben!

3. A: Bist du jemals mit dem Zug gefahren?

   B: Ich bin schon mit einem Zug gefahren, und du?

   A: Ich bin noch nie Zug gefahren.

4. A: Warst du schon mal in Malaysia?

   B: Ich war schon in Singapur, aber noch nicht in Malaysia, und du?

   A: Singapur und Malaysia, ich war schon in beiden.

5. A: Kehrst du morgen nachhause zurück?

   B: Ja, ich komme morgen Mittag nachhause zurück. Und du? Ich nehme an, du gehst auch nachhause?

   A: Ich bin in letzter Zeit zu beschäftigt, diesmal kehre ich nicht nachhause zurück.

Einheit 4, Abschnitt 4: Rollenspiele

Üben Sie diese Rollenspiele auf Chinesisch, um flüssiger sprechen zu lernen.

1. A: Entschuldigung, wie viele Einwohner hat China?
   B: China hat ungefähr 1 Milliarde 300 Millionen Einwohner.
   A: Wie viele Einwohner hat Taiwan?
   B: Taiwan hat über 20 Millionen Einwohner.

2. A: Entschuldigung, wie viele Einwohner hat Hongkong?
   B: Hongkong hat ungefähr 7 Millionen Einwohner.
   A: Nun, und wie viele Einwohner hat Singapur?
   B: Singapur hat eine relativ kleine Bevölkerung. Es scheint, es sind nur ungefähr 5 Millionen Menschen.
   A: Oh, Singapur hat nur 5 Millionen Menschen?
   B: Das stimmt!

3. A: Entschuldigung, wie viele Einwohner haben die USA?
   B: Die USA haben ungefähr 300 Millionen Einwohner.
   A: Wie viele Einwohner hat England?
   B: England hat über 60 Millionen Menschen.
   A: Aha, und wie ist es mit Kanada?
   B: Kanada hat eine relativ kleine Bevölkerung. Es scheint, es sind nur ungefähr 32 Millionen Menschen.

4. A: Entschuldigung, wie viele Einwohner hat Schanghai?
   B: Schanghais Bevölkerung ist sehr groß. Schanghai hat über 17 Millionen Menschen.
   A: Wie viele Einwohner hat Guangzhou?
   B: Die Bevölkerung von Guangzhou ist relativ kleiner. Es scheint, es hat über 9 Millionen Menschen.

5. A: Entschuldigung, wie viele Einwohner hat Xian?
   B: Xian hat ungefähr 8 Millionen Menschen.
   A: Aha, und was ist mit Taipei?
   B: Die Bevölkerung von Taipei ist relativ klein. Es scheint, es hat ungefähr 3 Millionen Menschen.

6. A: An welchen Wochentagen hast du Chinesischunterricht?
   B: Wir haben jeden Tag Chinesischunterricht.
   A: Schwänzt du oft den Unterricht?
   B: Ich schwänze nicht.
   A: Warst du jemals zu spät zum Unterricht?
   B: Ich war zwei oder drei Mal zu spät zum Unterricht.

Einheit 5, Abschnitt 1: Rollenspiele

Üben Sie diese Rollenspiele auf Chinesisch, um flüssiger sprechen zu lernen.

1. A: Entschuldigung, ich suche Frau Li. Ist sie hier?

   B: Welche Frau Li?

   A: Es tut mir leid, ich kenne ihren chinesischen Namen nicht. Allerdings ist ihr englischer Name Gertrude.

   B: Gertrude, ach, jetzt weiß ich. Ihr chinesischer Name ist Lǐ Gē. Aber, weißt du, sie ist gerade nicht da.

   (Wechsel zu einem anderen Sprecherpaar)

   A: Weißt du, wo sie jetzt ist?

   B: Es scheint, sie ist gerade im Büro des General Managers.

   A: Könnte ich ihr in diesem Fall eine Nachricht hinterlassen?

   B: Natürlich kannst du.

   A: Danke.

2. A: Herein!

   B: Entschuldigung, ich suche Herrn Wang. Ist er hier?

   A: Herr Wang? Welcher Herr Wang?

   B: Es tut mir leid, ich bin Amerikaner und mein Chinesisch ist nicht so gut. Ich kenne seinen chinesischen Namen nicht. Aber sein englischer Name ist Hank.

   A: Hank Wang? Ach, jetzt weiß ich. Sein chinesischer Name ist Wáng Jiànjūn. Aber, weißt du, er ist gerade nicht hier!

   (Wechsel zu einem anderen Sprecherpaar)

   B: Weißt du wo Herr Wang gerade ist?

   A: Es scheint, er ist gerade im Büro des Universitätsrektors.

   B: Könnte ich ihm in diesem Fall eine Nachricht hinterlassen?

   A: Natürlich kannst du.

   B: Danke.

3. A: Entschuldigung, was kann ich tun, wenn die Kleine Xie nicht da ist?

   B: In diesem Fall kannst du ihr eine Nachricht hinterlassen.

4. A: Die Stühle sind hier. Aber wo ist der Tisch?

   B: Der Tisch ist dort drüben.

   A: Ach ja, stimmt. Danke!

5. A: Ich möchte diesen Stuhl und jenen Tisch kaufen.

   B: Du kaufst nur einen Stuhl?

   A: Ja. Wie viel kostet dieser Stuhl? Und wie viel kostet jener Tisch?

   B: Dieser Stuhl kostet 200 Yuan. Jener Tisch kostet 500 Yuan. Zusammen sind das 700 Yuan.

   A: In Ordnung. Danke. Auf Wiedersehen.

Einheit 5, Abschnitt 2: Rollenspiele

Üben Sie diese Rollenspiele auf Chinesisch, um flüssiger sprechen zu lernen.

1. A: Entschuldigung, sitzt hier jemand?

   B: Nein, da ist niemand. Setz dich.

   A: Kommst du oft zum Essen her?

   B: Nein, ich komme nicht oft. Und du?

   (Wechsel zu einem anderen Sprecherpaar)

   A: Ich esse oft hier. Ich komme fast jeden Tag.

   B: Bist du Studentin?

   A: Ja, bist du auch Studentin?

   B: Nein, ich bin Arbeiter/in. Ich arbeite in der Nanjinger Schuhfabrik Nr. 13.

2. A: Sitzt da jemand?

   B: Nein, Setz dich!

   A: Kommst du oft hierher zum Frühstücken?

   B: Nein, ich komme nicht oft. Und du?

   A: Ich komme auch nicht oft. Bist du Student?

   B: Nein, ich arbeite in einer Handelsfirma. Und du?

   (Wechsel zu einem anderen Sprecherpaar)

   A: In Amerika studiere ich an der Universität. Dieses Jahr lerne ich in China Chinesisch.

   B: Wo lernst du Chinesisch?

   A: Am Chinesisch-Sprachlernzentrum der Peking-Universität. Huch! Gleich ist es 9:00 Uhr. Ich muss zum Unterricht. Auf Wiedersehen!

   B: Auf Wiedersehen!

3. A: Ich bin Student. Ich studiere Englisch an der Taiwan-Universität. Ich nehme an, du bist auch Student?

   B: Nein, ich bin kein Student. Ich bin schon über 30! Ich arbeite in einer Firma.

4. A: Entschuldigung, wo isst du normalerweise?

   B: Ich esse normalerweise in der Unimensa. Sie ist relativ billig.

5. A: Frühstück, Mittagessen und Abendessen, isst du sie alle in der Unimensa?

   B: Mittagessen und Abendessen esse ich in der Mensa. Ich frühstücke nicht.

6. A: Hast du schon mal chinesisches Essen gegessen?

   B: Chinesisches Essen, habe ich schon sehr oft gegessen.

   A: Isst du gerne chinesisches Essen?

   B: Ich esse sehr gerne chinesisches Essen.

   A: In dem Fall essen wir chinesisch zu Mittag, OK?

   B: Das ist zu gut!

Einheit 5, Abschnitt 3: Rollenspiele

Üben Sie diese Rollenspiele auf Chinesisch, um flüssiger sprechen zu lernen.

1. A: Entschuldigung, wo sind die Toiletten?
   B: Da drüben.

2. A: Ich suche die Toiletten. Entschuldigung, wo sind die Toiletten?
   B: Sie sind dort drüben – pardon – ich habe mich geirrt, sie sind hier drüben.

3. A: Alter Bai, entschuldige, dass ich dich so lange habe warten lassen.
   B: Das macht nichts, das macht nichts. Alter Li, lange nicht gesehen! Du bist wirklich dünner geworden!
   A: Wo wohnst während deiner Reise nach Schanghai?
   B: Ich wohne im Schanghai-Hotel, Zimmer 107. Wohnst du noch, wo du früher gewohnt gewohnt hast?
   (Wechsel zu einem anderen Sprecherpaar)
   A: Nein, vorletztes Jahr sind wir nach Pǔdōng umgezogen.
   B: Wo liegt Pǔdōng?
   A: Pǔdōng ist im Westen von Schanghai. Und du? Wohnst du immer noch am selben Ort?
   B: Im März diesen Jahres sind wir in den Süden der USA gezogen.

4. A: Kleine Zhang, entschuldige, dass ich dich so lange habe warten lassen.
   B: Das macht nichts. Alte Chen, lange nicht gesehen! Du bist wirklich dicker geworden!
   A: Du bist auch dicker geworden. Wir sind beide dicker geworden.
   (Wechsel zu einem anderen Sprecherpaar)
   A: Wo wohnst während deiner Reise nach Tianjin?
   B: Ich wohne im Tianjin-Hotel, Zimmer 227. Wohnst du noch, wo du früher gewohnt gewohnt hast?
   A: Ja, wir leben immer noch am alten Ort. Wir heißen dich willkommen, uns zu besuchen.

5. A: Schau! Jenes Kind ist wirklich zu dick.
   B: Jenes Kind ist zu dick? Das ist mein Kind. Deine Kinder sind auch nicht dünn!

6. A: Wo ist meine Tasse? Ich muss meine Tasse finden.
   B: OK, wir suchen erst hier und dann gehen wir dorthin und suchen.

7. A: In welchem Teil Chinas liegt Chéngdū?
   B: Chéngdū liegt im Westen von China.

8. A: Entschuldigung, in welchem Teil Chinas liegt Guǎngxī?
   B: Guǎngxī liegt im Süden von China. Guǎngxī ist westlich von Guǎngdōng, was heißt, dass Guǎngdōng östlich von Guǎngxī liegt.

Einheit 5, Abschnitt 4: Rollenspiele

Üben Sie diese Rollenspiele auf Chinesisch, um flüssiger sprechen zu lernen.

1. A: Gestern habe ich einen neuen Computer gekauft. Er ist in meinem Arbeitszimmer. Möchtest du ihn sehen?

   B: In Ordnung! Es ist ein Pentium, stimmt's? Drinnen sind wie viel RAM?

   A: Natürlich ist es ein Pentium, drinnen sind 64 MB.

   B: Ich nehme an, der Schalter sollte vorne sein?

   (Wechsel zu einem anderen Sprecherpaar)

   A: Nein, der Schalter ist hinten.

   B: Kann ich das Bedienungshandbuch sehen?

   A: Natürlich kannst du. Allerdings ist da nur ein chinesisches, kein englisches.

   B: Macht nichts. Wo ist das Bedienungshandbuch?

   (Wechsel zu einem anderen Sprecherpaar)

   A: Es ist auf dem Tisch links – nein, es ist auf dem Stuhl rechts – entschuldige, ich habe mich geirrt, es ist auf dem Computer.

   B: OK. Huch, was ist das Ding unter dem Tisch?

   A: Oh, das ist Lassie (**Láixī**), unser Familienhund. Kümmere dich nicht um sie.

   B: Ich mag Hunde sehr gerne! Komm Lassie!

2. A: Vorgestern habe ich einen neuen Computer gekauft. Er ist in meinem Zimmer. Möchtest du ihn sehen?

   B: Natürlich will ich ihn sehen! Es ist ein Pentium, stimmt's? Drinnen sind wie viel RAM?

   A: Natürlich ist es ein Pentium, drinnen sind 128 MB.

   B: Wo ist der Schalter? Ich nehme an, der Schalter sollte hinten sein?

   A: Nein das ist ein neuer Computer, der Schalter ist oben drauf.

   (Wechsel zu einem anderen Sprecherpaar)

   B: Oben drauf? Sehr interessant. Kann ich das Bedienungshandbuch sehen?

   A: Natürlich kannst du. Es ist auf dem Regal rechts – nein, es ist auf dem Tisch links – entschuldige, ich weiß nicht, wo es ist.

   B: In dem Fall suche ich es. Huch, wer ist das kleine Kind?

   A: Das ist mein zweijähriger Bruder. Kümmere dich nicht um ihn.

   B: Er ist wirklich süß!

3. A: Was kostet dieser Computer?

   B: Dieser Computer kostet 1.000 Yuan.

   A: Und was kostet jener Computer?

   B: Jener Computer kostet 1.500 Yuan.

   A: Beide sind neue Computer, stimmt's?

   B: Sie sind keine neuen, aber sie sind sehr gut. Willst du sie dir mal anschauen?

   A: Sie sind keine neuen? Wenn ich Computer kaufe, dann kaufe ich natürlich neue! Ich gehe!

   B: Geh nicht! Willst du unsere neuen Computer sehen? Geh nicht! Geh nicht!

4. A: Entschuldigung, war der Alte Zhao da?

   B: Nein, der Alte Zhao war nicht da, aber ich habe eine Nachricht hinterlassen.

Einheit 6, Abschnitt 1: Rollenspiele

Üben Sie diese Rollenspiele auf Chinesisch, um flüssiger sprechen zu lernen.

1. A: Onkel, wie geht's?
   B: Wie geht's, kleine Freundin! Wie heißt du? Wie alt bist du?
   A: Mein Name ist Lùlu. Ich bin 7.
   B: Lùlu, ich nehme an, du gehst schon in die Grundschule?
   (Wechsel zu einer anderen Sprechergruppe)
   A: Ja, ich bin in der zweiten Klasse.
   B: Hier ist ein kleines Geschenk, das ich dir gebe.
   A: Danke, Onkel.
   B: Gern geschehen.
   A: Es schmeckt wirklich gut!

2. A: Tante, wie geht's?
   B: Wie geht's? Wie heißt du?
   A: Mein Name ist Xiǎo Míng.
   B: Wie alt bist du, Xiǎo Míng? Ich nehme an, du gehst schon in die Grundschule?
   A: Ich bin fünf Jahre alt. Ich gehe noch nicht in die Schule.
   B: Xiǎo Míng, das ist ein Bonbon, das ich dir gebe.
   A: Ich esse sehr gerne Bonbons. Danke, Tante!

3. A: Magst du Hunde?
   B: Ich mag sehr gerne kleine Hunde, sie sind süß.
   A: Magst du mich?
   B: Ich mag dich nicht. Du bist nicht süß!

4. A: In welchem Studienjahr bist du?
   B: Ich bin im vierten Jahr. Und du? In welchem Studienjahr bist du?
   A: Ich bin im dritten Jahr. Mein jüngerer Bruder ist im zweiten Jahr, meine jüngere Schwester ist im ersten Jahr.

5. A: Ich stelle dir einen Freund vor. Das ist der Kleine Ma. Kleiner Ma, das ist der Kleine Ke.
   B: Kleiner Ke, ich freue mich, dich kennen zu lernen!
   C: Kleiner Ma, ich freue mich auch, dich kennen zu lernen!

6. A: Entschuldigung, hast du schon mal chinesisches Essen gegessen?
   B: Ich habe schon chinesisches Essen gegessen. Es ist lecker. Ich esse sehr gerne chinesisches Essen.

7. A: Hat sie einen Freund?
   B: Sie hat zwei Freunde. Einer sieht gut aus, einer sieht nicht sehr gut aus.

Einheit 6, Abschnitt 2: Rollenspiele

Üben Sie diese Rollenspiele auf Chinesisch, um flüssiger sprechen zu lernen.

1. A: Hi! Bist du Chinese?

   B: Ja, ich bin Chinese.

   A: Welche Gegend in China?

   B: Ich bin in Tianjin geboren, dann wuchs ich in Beijing auf. Von wo bist du?

   A: Ich bin aus Kanada. Du siehst sehr jung aus. Ich nehme an, die bist keine 20?

   B: Ich bin 19, nächsten Monat werde ich 20.

2. A: Hallo! Bist du Amerikaner?

   B: Nein, ich bin Deutscher.

   A: Welche Gegend in Deutschland?

   B: Ich bin in Berlin (**Bólín**) geboren, dann wuchs ich in Hamburg (**Hànbǎo**) auf. Von wo bist du?

   A: Ich bin aus Schanghai. Du siehst sehr jung aus. Ich nehme an, du bist keine 30?

   B: Ich bin 24, im April werde ich 25.

3. A: Wo bist du geboren?

   B: Ich bin in New York geboren und in San Francisco aufgewachsen.

   A: Interessant! Ich bin in San Francisco geboren und dann in New York aufgewachsen.

4. A: Bist du verheiratet?

   B: Ich bin schon verheiratet.

   A: Hast du Kinder?

   B: Wir haben drei Kinder, einen Sohn und zwei Töchter. Und du? Bist du verheiratet?

   A: Ich bin Student. Ich habe noch nicht geheiratet.

5. A: Was tust du hier sitzend?

   B: Darf ich hier nicht sitzen?

   A: Ich habe nicht gesagt, dass du hier nicht sitzen darfst. Ich habe dich gefragt, was du hier sitzend tust?

6. A: Umziehen ist sehr anstrengend. Bist du schon mal umgezogen?

   B: Ich bin schon umgezogen. Ich bin schon zweimal umgezogen.

7. A: Wie ist das Essen in der Mensa? Schmeckt es?

   B: Das Mensaessen, wenn man es anschaut, sieht es wohlschmeckend aus, aber wenn man es isst, schmeckt es nicht sehr gut.

8. A: Entschuldigung, was bedeutet **shémme dìfang**?

   B: **Shémme dìfang** bedeutet **nǎr**. Ich nehme an, du verstehst jetzt?

Einheit 6, Abschnitt 3: Rollenspiele

Üben Sie diese Rollenspiele auf Chinesisch, um flüssiger sprechen zu lernen.

1. A: Bist du verheiratet, hast du Kinder?

   B: Ich bin verheiratet. Ich habe zwei Kinder, einen Sohn und eine Tochter.

   A: Wie alt sind deine Kinder? Gehen sie schon zur Schule?

   B: Sie sind noch zu klein, mein Sohn ist fünf Jahre und meine Tochter zehn Monate alt, daher gehen sie noch nicht zur Schule.

   (Wechsel zu einer anderen Sprechergruppe)

   A: Wo arbeitest du?

   B: Ich arbeite bei den Northwest Airlines.

   A: Arbeitet deine Frau / dein Mann auch?

   B: Er / sie ist Universitätslehrer/in. Aber da unsere Kinder noch klein sind, kann er / sie nur halbtags arbeiten.

2. A: Bist du verheiratet, hast du Kinder?

   B: Ich bin verheiratet. Ich habe eine Tochter.

   A: Wie alt ist deine Tochter? Ich nehme an sie geht schon zur Schule?

   B: Ja, sie geht schon zur Schule. Sie ist sieben Jahre alt und schon in der zweiten Klasse der Grundschule.

   (Wechsel zu einer anderen Sprechergruppe)

   A: Wo arbeitest du?

   B: Ich arbeite bei den Southwest Airlines.

   A: Arbeitet deine Frau / dein Mann auch?

   B: Er / sie arbeitet in einer Handelsfirma. Aber da unsere Kinder noch klein sind, kann er / sie nur halbtags arbeiten.

   A: Das ist ein kleines Geschenk, dass ich deiner Tochter gebe. Es sind Bonbons. Es gibt keine Kinder, die nicht gerne Bonbons essen.

3. A: Entschuldigung, wie heißt du? Wo arbeitest du?

   B: Mein Name ist ___. Ich unterrichte an der Junior High School.

   A: Was lehrst du?

   B: Ich lehre Englisch.

4. A: Um wie viel Uhr geht eure Mutter jeden Morgen zur Arbeit?

   B: Sie geht jeden Morgen um 9:00 Uhr zur Arbeit.

   A: Um wie viel Uhr kommt sie jeden Nachmittag von der Arbeit?

   B: Sie kommt jeden Nachmittag um 5:00 Uhr von der Arbeit.

5. A: Warum sagen so viele, dass Chinesisch schwer zu lernen ist?

   B: Ich glaube das ist, weil es zu viele Schriftzeichen gibt. Schriftzeichen sind auch schwer zu schreiben, stimmt's?

Einheit 6, Abschnitt 4: Rollenspiele

Üben Sie diese Rollenspiele auf Chinesisch, um flüssiger sprechen zu lernen.

1. A: Hast du Brüder oder Schwestern?

   B: Ich habe einen älteren Bruder und einen jüngeren Bruder. Und du?

   A: Ich habe zwei ältere Schwestern und eine jüngere Schwester.

   B: Oh, es ist schon 9:00! Entschuldigung. Ich habe etwas zu erledigen. Ich gehe jetzt zuerst. Lass uns später mal plaudern, wenn sich eine Gelegenheit ergibt.

2. A: Hast du irgendwelche Geschwister?

   B: Ich bin der Älteste in unserer Familie. Ich habe zwei jüngere Brüder und zwei jüngere Schwestern. Und du? Hast du irgendwelche Brüder oder Schwestern?

   A: Ich habe zwei ältere Schwestern und eine jüngere Schwester.

   B: Oh, es ist schon 10:00. Ich muss zum Unterricht. Ich war schon oft zu spät! Lass uns später mal plaudern, wenn sich eine Gelegenheit ergibt.

3. A: Wie viele Brüder und Schwestern hast du?

   B: Ich bin der Zweitälteste in unserer Familie. Ich habe eine ältere Schwester und einen jüngeren Bruder.

   A: Wo leben deine Schwester und dein Bruder? Leben sie in den USA?

   B: Nein, meine ältere Schwester ist nach England ausgewandert. Mein jüngerer Bruder macht ein Auslandsstudium in China.

4. A: Wie viele Brüder und Schwestern hast du?

   B: Ich habe einen älteren Bruder, einen jüngeren Bruder, eine ältere Schwester und eine jüngere Schwester.

   A: Leben sie alle in China?

   B: Meine Eltern, mein älterer Bruder und jüngerer Bruder leben in China. Meine ältere Schwester ist nach Kanada ausgewandert; sie hat einen Kanadier geheiratet. Meine jüngere Schwester macht ein Auslandsstudium in Japan.

5. A: Oh, Entschuldigung, ich habe vergessen, mich vorzustellen. Mein Name ist ___.

   B: Mein Name ist ___. Das ist meine Visitenkarte, bitte unterweise mich viel.

   A: Danke, danke. Pardon, ich habe meine Visitenkarten vergessen mitzunehmen.

   B: Das ist OK. Entschuldigung, ich habe eine Kleinigkeit. Ich gehe zuerst. Lass uns später mal plaudern, wenn sich eine Gelegenheit ergibt.

6. A: Guten Tag! Das ist meine Visitenkarte. Mein Name ist ___.

   B: Danke, danke. Pardon, ich habe vergessen, mich vorzustellen. Mein Name ist ___. Ich bin in Beijing geboren und in Schanghai aufgewachsen. Ich gebe dir auch eine Visitenkarte.

   A: Du bist in Beijing geboren und in Schanghai aufgewachsen? Sehr interessant! Ich bin in Schanghai geboren und in Beijing aufgewachsen..

   B: Stimmt, sehr interessant. OK, schön dich kennen gelernt zu haben. Entschuldigung, ich habe etwas zu tun. Lass uns später mal plaudern, wenn sich eine Gelegenheit ergibt. Ich plaudere gerne mit Freunden.

Einheit 7, Abschnitt 1: Rollenspiele

Üben Sie diese Rollenspiele auf Chinesisch, um flüssiger sprechen zu lernen.

1. A: Wo wohnt ihr?

   B: Wir leben im Westen der Stadt Beijing.

   A: Wer alles ist in deiner Familie?

   B: Ich und mein Mann / meine Frau, außerdem sind da noch zwei Kinder.

   (Wechsel zu einer anderen Sprechergruppe)

   A: Jungen oder Mädchen? Wie alt sind sie?

   B: Ein vierjähriger Junge und ein einjähriges Mädchen.

   A: Wo arbeitest du?

   B: Ich arbeite in einem Kindergarten.

   A: Und dein Mann / deine Frau?

   B: Ursprünglich hat er / sie in einer Fabrik gearbeitet. Weil es ihm / ihr gesundheitlich nicht gut ging, hat er / sie die Arbeit gewechselt. Er / sie hat ein kleines Business.

2. A: Wo wohnst du?

   B: Wir leben im Süden der Stadt Schanghai.

   A: Wer alles ist in deiner Familie?

   B: Ich und mein Mann / meine Frau, außerdem ist da noch ein Kind.

   (Wechsel zu einer anderen Sprechergruppe)

   A: Junge oder Mädchen? Wie alt Ist es?

   B: Ein Junge. Er ist sieben Jahre alt.

   A: Darf ich fragen, wo du arbeitest?

   B: Ich arbeite in einer Fabrik.

   A: Und dein Mann / deine Frau?

   B: Ursprünglich hat er / sie in der High School Englisch unterrichtet. Weil es ihm / ihr zu wenig Geld gab, hat er / sie die Arbeit gewechselt. Er / sie arbeitet jetzt in einer Computerfirma.

3. A: Wo wohnst du?

   B: Wir leben im Kreis Taipei, im Osten der Stadt Taipei.

   A: Wer alles ist in deiner Familie?

   B: Wir sind drei in unserer Familie: Ich und mein Mann / meine Frau, außerdem ist da noch ein Kind.

   (Wechsel zu einer anderen Sprechergruppe)

   A: Junge oder Mädchen? Wie alt Ist es?

   B: Eine Tochter. Sie ist sechzehn Jahre alt.

   A: Wo arbeiten du und dein Mann / deine Frau?

   B: Ich arbeite im Außenministerium. Mein Mann / meine Frau hat früher auch im Außenministerium gearbeitet. Weil es ihm / ihr die Arbeit zu stressig war, hat er / sie die Arbeit gewechselt. Er / sie unterrichtet jetzt zuhause Englisch. Er / sie hat ungefähr zwanzig Schüler.

4. A: Wie Personen sind in eurer Familie?

   B: Es sind drei in unserer Familie.

Einheit 7, Abschnitt 2: Rollenspiele

Üben Sie diese Rollenspiele auf Chinesisch, um flüssiger sprechen zu lernen.

1. A: Hallo! Du kannst Chinesisch!

   B: Ich spreche es nicht sehr gut, aber ich kann ein bisschen sprechen.

   A: Oh, du sprichst ziemlich gut. Wo hast du es gelernt?

   B: Ich habe zuerst ein bisschen in England gelernt. Jetzt setze ich meine Studien an der Peking-Universität fort.

   A: Kannst du auch Schriftzeichen lesen („erkennen")?

   B: Ich kenne ein paar Hundert, aber ich kann nur ungefähr 100 schreiben.

   A: Ich habe vergessen, mich vorzustellen. Mein Name ist ___. Wie heißt du?

   B: Mein Name ist ___. Entschuldigung, ich habe eine Kleinigkeit zu erledigen. Lass uns später mal plaudern, wenn sich eine Gelegenheit ergibt.

2. A: Ich weiß, du sprichst Chinesisch, du sprichst es sehr gut. Entschuldigung, kannst du es auch schreiben?

   B: Ich kann nicht sehr gut schreiben, aber ich kann ein bisschen schreiben.

   A: Wo hast du deine chinesischen Schriftzeichen gelernt?

   B: Ich habe einige in der High School gelernt. Jetzt lerne ich sie hier weiter.

   A: Du kannst Chinesisch und Englisch. Kannst du auch irgendwelche anderen Sprachen?

   B: Ich habe in der Grundschule ein bisschen Französisch und in der Junior High School Deutsch gelernt. Früher konnte ich ein bisschen Japanisch, aber ich habe es jetzt völlig vergessen.

3. A: Manche Leute sagen, Japanisch sei schwer zu lernen. Sprichst du Japanisch?

   B: Ich kann kein Japanisch, aber ich kann Deutsch.

   A: Oh, du kannst Deutsch? Sprichst du es sehr gut?

   B: Ziemlich gut.

   A: Wo hast du Deutsch gelernt?

   B: Meine Mutter und mein Vater sprechen es zuhause.

   A: Kannst du auch Deutsch schreiben?

   B: Früher konnte ich es nicht, aber jetzt studiere ich Deutsch an der Universität.

4. A: Kannst du Chinesisch schreiben?

   B: Ja, das kann ich.

   A: Wie viele Schriftzeichen hast du in etwa gelernt?

   B: Ich habe ein paar Hundert gelernt. Ungefähr 250 Schriftzeichen, nehme ich an.

   A: Schön, mit dir zu plaudern. Ich muss in den Unterricht. Auf Wiedersehen!

5. A: Dein Mandarin, du sprichst wirklich gut.

   B: Woher denn, woher denn.

   A: Wie viele chinesische Schriftzeichen kannst du schreiben?

   B: Ich konnte ein paar Tausend lesen, jetzt kenne ich nur noch ein paar Hundert. Einige kann ich schreiben, einige kann ich nicht schreiben. Kannst du Englisch?

   A: Mein Englisch, ich habe es völlig vergessen! Englisch ist sehr schwer zu lernen, sehr leicht zu vergessen.

Einheit 7, Abschnitt 3: Rollenspiele

Üben Sie diese Rollenspiele auf Chinesisch, um flüssiger sprechen zu lernen.

1. A: Wann bist du in China angekommen?
   B: Ich bin im Monat März diesen Jahres angekommen.
   A: Bist du allein gekommen?
   B: Nein, ich bin zusammen mit meinem älteren Bruder gekommen.
   (Wechsel zu einem anderen Sprecherpaar)
   A: Wo hast du Chinesisch gelernt? Hast du es vorher in Amerika gelernt?
   B: Ja, am Anfang habe ich es in Amerika gelernt. Später habe ich es in Singapur gelernt.
   A: Kein Wunder, dass du so gut Chinesisch kannst.
   B: Gar nicht. Ich muss noch viel lernen.

2. A: Wann bist du in Taiwan angekommen?
   B: Ich bin im Oktober diesen Jahres angekommen.
   A: Bist du allein gekommen?
   B: Nein, ich bin zusammen mit zwei Freunden gekommen.
   (Wechsel zu einem anderen Sprecherpaar)
   A: Wo hast du Chinesisch gelernt? Hast du es vorher in China gelernt?
   B: Nein, am Anfang habe ich es in Amerika gelernt. Später habe ich es eine Weile in Hongkong gelernt.
   A: Kein Wunder, dass du so gut Chinesisch sprechen kannst.
   B: Gar nicht. Mein Chinesisch ist nicht sehr gut. Ich muss noch viel lernen.

3. A: Wann ist sie in Amerika angekommen?
   B: Sie ist im Monat August diesen Jahres angekommen.
   A: Mit wem zusammen ist sie gekommen? Ist sie mit ihrem Ehemann gekommen?
   B: Sie ist noch nicht verheiratet; sie hat keinen Mann. Sie ist allein gekommen.
   (Wechsel zu einem anderen Sprecherpaar)
   A: Wo hat sie Englisch gelernt? Hat sie es vorher in Amerika gelernt?
   B: Am Anfang hat sie es in China gelernt. Später hat sie es eine Weile in England gelernt.
   A: Kein Wunder, dass sie so gut Englisch kann.
   B: Manchmal spricht sie so lala, manchmal spricht sie nicht sehr gut.

4. A: Wann bist du in Hongkong angekommen?
   B: Ich bin im Februar diesen Jahres angekommen.
   A: Ich nehme an, du bist nicht allein gekommen?
   B: Nein, ich bin zusammen mit meiner älteren Schwester gekommen.
   (Wechsel zu einem anderen Sprecherpaar)
   A: Wo hast du Chinesisch gelernt? Hast du es vorher in Kanada gelernt?
   B: Ja, am Anfang habe ich es in Kanada gelernt. Später habe ich es eine Weile in Beijing gelernt.
   A: Kein Wunder, dass du so gut Chinesisch kannst.
   B: Gar nicht. Mein Chinesisch ist nicht sehr gut. Ich muss noch viel lernen; chinesische Schriftzeichen kann ich auch nicht sehr gut schreiben.

Einheit 7, Abschnitt 4: Rollenspiele

Üben Sie diese Rollenspiele auf Chinesisch, um flüssiger sprechen zu lernen.

1. A: Entschuldigung, bist du aus Taiwan gekommen?

   B: Ja. Bist du schon mal in Taiwan gewesen? Du kannst sehr gut Chinesisch sprechen.

   A: Gar nicht. Wo in Taiwan ist dein Zuhause?

   B: Tainan (**Táinán**). Es ist eine alte Stadt. Hast du von ihr schon mal gehört?

   A: Ich habe von ihr gehört.

   (Wechsel zu einem anderen Sprecherpaar)

   A: Bevor du nach Amerika gekommen bist, wo hast du da gearbeitet?

   B: Nachdem ich die High School abgeschlossen hatte, habe ich einige Jahre in einer Fabrik gearbeitet (A: Oh.), dann habe ich mich dafür beworben, nach Amerika zu kommen und an die Universität zu gehen.

   A: Ach, so war das? Nun, was planst du, wenn du die Universität abgeschlossen hast?

   B: Wenn ich die Universität abgeschlossen habe, plane ich, nach Taiwan zurück zu gehen und mir einen guten Job zu suchen.

   A: Natürlich.

2. A: Entschuldigung, bist du aus China?

   B: Ja, bist du schon mal in China gewesen? Du kannst sehr gut Chinesisch sprechen.

   A: Gar nicht. Wo in China ist dein Zuhause?

   B: **Luòyáng**. Es ist eine alte Stadt. Hast du von ihr schon mal gehört?

   A: **Luòyáng**? Pardon, ich habe anscheinend noch nicht von ihr gehört.

   (Wechsel zu einem anderen Sprecherpaar)

   A: Nun, bevor du nach Amerika gekommen bist, wo hast du da gearbeitet?

   B: Nachdem ich die Universität abgeschlossen hatte, habe ich einige Jahre in einer Grundschule unterrichtet (A: Oh.), dann habe ich mich dafür beworben, nach Amerika zu kommen und an einer Graduiertenschule zu studieren.

   A: Ach, so war das? Wie findest du Amerika?

   B: Amerika ist nicht schlecht. Amerika ist sehr reich und die meisten Leute arbeiten viel. Es gibt nur ziemlich viele Verbrechen.

   A: Oh.

3. A: Entschuldigung, bist du aus Amerika?

   B: Ja. Bist du schon mal in Amerika gewesen? Du kannst sehr gut Englisch sprechen.

   A: Gar nicht. Wo in Amerika ist dein Zuhause?

   B: New York City. Vor einem Monat war ich noch dort. New York ist eine große Stadt, du hast sicherlich von ihr schon mal gehört?

   A: Natürlich habe ich von ihr schon gehört.

   (Wechsel zu einem anderen Sprecherpaar)

   A: Bevor du nach China gekommen bist, was hast du in Amerika gemacht?

   B: Nachdem ich die High School abgeschlossen hatte, habe ich einige Jahre in einer Firma gearbeitet, aber die Arbeit war nicht sehr interessant (A: Oh.). Dann habe ich mich dafür beworben, am Chinese Language Training Center der Peking-Universität Chinesisch zu lernen. Ich unterrichte auch ein bisschen Englisch.

   A: Ach, so war das? Wie findest du China?

   B: Ich finde China sehr interessant. Ich mag es sehr. Auch das Chinesische Essen ist sehr lecker. Es ist nur, dass manchmal die Toiletten hier ...

   A: Oh ..., was du sagst, das stimmt.

Einheit 8, Abschnitt 1: Rollenspiele

Üben Sie diese Rollenspiele auf Chinesisch, um flüssiger sprechen zu lernen.

1. A: Entschuldigung, wie kommt man zum Schanghai-Hotel?

   B: Das Schanghai-Hotel? Geh weiter geradeaus, wenn du an der Bibliothek vorbeigegangen bist, kommst du hin.

   A: Ist es sehr weit von hier?

   B: Es ist nicht weit von hier.

   (Wechsel zu einem anderen Sprecherpaar)

   A: Ungefähr wie lange braucht man?

   B: Wenn du läufst, dauert es wahrscheinlich ungefähr eine halbe Stunde. Oder du nimmst ein Taxi, das ist noch schneller; dann bist du in 10 Minuten angekommen.

   A: In Ordnung, danke!

   B: Nichts zu danken.

2. A: Entschuldigung, wie kommt man zur Sino-American Trading Company?

   B: Zur Sino-American Trading Company? Geh weiter nach Norden, ungefähr 10 Minuten, wenn du an der US-Botschaft vorbeigegangen bist, gehst du fünf Minuten nach Süden, dann kommst du hin.

   A: Ist es weit von hier?

   B: Es ist nicht weit von hier. Es ist in der Nähe von hier.

   (Wechsel zu einem anderen Sprecherpaar)

   A: Ungefähr wie lange braucht man?

   B: Ich habe es schon gesagt! Wenn du läufst, dauert es wahrscheinlich ungefähr 15 Minuten. Oder du nimmst ein Taxi, das ist noch schneller; dann bist du in 5 Minuten angekommen.

   A: In Ordnung, danke!

   B: Nichts zu danken.

3. A: Wie kommt man zu dir nachhause?

   B: Fahre erst nach Osten, wenn du am Great Wall-Hotel vorbeigekommen bist, dann fahre nach Westen.

   A: Ist es weit vom Great Wall-Hotel?

   B: Mein Zuhause ist sehr nah am Great Wall-Hotel. In ein paar Minuten bist du da.

4. A: Entschuldigung, bist du aus Amerika?

   B: Ja, ich bin Amerikaner, ein Südstaatler. Mein Zuhause ist der Staat Alabama (**Ālābāmǎ zhōu**).

   A: Ich bin auch ein Südstaatler, ein chinesischer Südstaatler. Mein Zuhause ist die Provinz Guangdong (**Guǎngdōng shěng**).

   B: Zuhause sprechen wir südliche Sprache. Ich weiß nicht, ob du sie verstehst oder nicht?

5. A: Von wo ist ihre Japanisch-Lehrerin? Ist sie Amerikanerin?

   B: Ich weiß, dass sie keine Westlerin ist, sie ist Asiatin. Allerdings ist sie keine Japanerin; es scheint, sie ist Chinesin.

Einheit 8, Abschnitt 2: Rollenspiele

Üben Sie diese Rollenspiele auf Chinesisch, um flüssiger sprechen zu lernen.

1. A: Hallo? Peace Hotel-Taxi.

   B: Hallo? Wie geht's? Ich möchte ein Taxi zum Peace Hotel.

   A: Wo bist du jetzt?

   B: Ich bin am Capital Airport.

   A: Wie viele Personen?

   B: Drei.

   (Wechsel zu einem anderen Sprecherpaar)

   A: Wann willst du den Wagen?

   B: Sofort.

   A: In Ordnung. Wie ist dein Name?

   B: Ich bin ein Student und bin aus Amerika gekommen. Mein chinesischer Name ist ___.

   A: OK. Das Auto wird in fünf Minuten da sein. Warte bitte am Eingang des Flughafens.

   B: In Ordnung, danke!

2. A: Hallo? Ist da Peace Hotel-Taxi?

   B: Ja, willst du ein Taxi?

   A: Ich will zwei Taxis zur US-Botschaft.

   B: Du willst zwei Taxis?

   A: Ja, es sind insgesamt sieben Personen.

   B: Sieben Personen, in Ordnung. Wo bist du jetzt?

   A: Wir sind an der Peking-Universität.

   (Wechsel zu einem anderen Sprecherpaar)

   B: Wann willst du die Wagen?

   A: In 15 Minuten.

   B: Wie ist dein Name?

   A: Mein Name ist ___.

   B: Bist du Ausländer? Du sprichst sehr gut Chinesisch.

   A: Woher denn. Ich bin ein Professor aus Amerika.

   B: OK. Zwei Taxis werden um 2:30 Uhr da sein. Warte bitte am Eingang der Peking-Universität.

   A: Gut, danke!

3. A: Hallo? Ich will einen Wagen zum Außenministerium. Ich bin jetzt am Great Wall-Hotel.

   B: Wie viele Personen?

   A: Nur ich allein.

   B: Der Wagen wird in einer halben Stunde da sein. Warte bitte am Eingang des Great Wall-Hotels.

4. A: Warum sind in Beijing so viele Ausländer?

   B: Findest du es gibt viele Ausländer?

   A: Ja, ich möchte Chinesisch mit Chinesen sprechen und nicht ausländische Sprachen mit Ausländern!

   B: Es ist sehr gut, dass du Chinesisch sprechen magst, aber vergiss nicht, du bist auch ein Ausländer.

Einheit 8, Abschnitt 3: Rollenspiele

Üben Sie diese Rollenspiele auf Chinesisch, um flüssiger sprechen zu lernen.

1. A: Hallo? Wie geht's? New Asia Taxi.

   B: Hallo, vor 20 Minuten habe ich angerufen und ein Taxi bestellt. Du hast gesagt, es komme in 15 Minuten. Wie kommt es, dass es immer noch nicht da ist?

   A: Es tut mir leid. Wir haben das Taxi schon geschickt. Aber jetzt ist Rush Hour und die Straßen sehr verstopft. Sei bitte geduldig und warte ein bisschen länger.

   (Wechsel zu einem anderen Sprecherpaar)

   B: Wie viel länger muss ich warten?

   A: Bitte reg dich nicht auf. Ich denke, es kommt wohl in ungefähr fünf Minuten.

   B: Bitte versucht euch zu beeilen, OK? Ich muss zum Flughafen fahren, um ein Flugzeug zu nehmen. Ich bin bald zu spät.

   A: OK, ich werde dem Fahrer sofort mitteilen, so schnell wie möglich zu dir zu kommen.

2. A: Hallo? Wie geht's? Friendship Hotel-Taxi.

   B: Hallo, vor einer Stunde habe ich angerufen und ein Taxi bestellt. Du hast gesagt, es komme in einer halben Stunde. Wie kommt es, dass es immer noch nicht da ist?

   A: Es tut mir leid. Wir haben das Taxi schon geschickt. Aber jetzt ist Rush Hour und die Straßen sehr verstopft. Sei bitte geduldig und warte ein bisschen länger.

   (Wechsel zu einem anderen Sprecherpaar)

   B: Wie viel länger muss ich warten?

   A: Bitte reg dich nicht auf. Ich denke, es kommt wohl gleich.

   B: Bitte versucht euch zu beeilen, OK? Ich muss den Zug um 12:30 Uhr nehmen. Ich bin bald zu spät.

   A: OK, ich werde dem Fahrer sofort mitteilen, so schnell wie möglich zu dir zu kommen.

3. A: Hallo? Wie geht's? Beijing Taxifirma Nummer Eins.

   B: Hallo, vor drei Stunden habe ich angerufen und ein Taxi bestellt. Du hast gesagt, es komme sofort. Wie kommt es, dass es immer noch nicht da ist?

   A: Entschuldigung, es scheint, wir haben es vergessen. Wie ist dein Name? Wie viele Personen? Wo bist du jetzt? Wann willst du den Wagen. Hallo? Hallo? Hallo?

4. A: Ich habe gehört, gestern hat die Kleine Lin eine Stunde auf ein Taxi gewartet, aber es kam doch nicht. Sie war sehr aufgeregt.

   B: Als das Taxi nicht kam, was hat sie dann zu tun beschlossen?

   A: Sie hat beschlossen, zu laufen.

5. A: Alter Zhang, ich warte auf ein Taxi, aber es ist noch nicht gekommen. Was soll ich tun?

   B: Ich weiß, es ist Rush Hour, die Straßen sind sehr verstopft. Warum rufst du nicht noch einmal bei der Taxifirma an?

   A: Ich habe schon drei Mal angerufen! Weißt du eine Methode, sie dazu zu bringen hierher zu kommen?

   B: Ich weiß auch keine Methode.

Einheit 8, Abschnitt 4: Rollenspiele

Üben Sie diese Rollenspiele auf Chinesisch, um flüssiger sprechen zu lernen.

1. A: Seid ihr es, die ein Taxi zum Capital Airport wollen?

   B: Ja, das sind wir.

   A: Bist du Amerikaner? Du bist sehr groß. Wie groß bist du? Wie viel wiegst?

   B: Ja, ich bin Amerikaner. Ich bin einsfünfundachtzig. Ich wiege zweiundneunzig Kilo.

   A: Nur diese drei Gepäckstücke?

   B: Ja, diese drei Gepäckstücke. Wie lange dauert es von hier zum Capital Airport?

   A: Normalerweise eine halbe Stunde, aber jetzt ist Rush Hour, daher wird es wahrscheinlich etwa eine Stunde dauern.

   (Wechsel zu einem anderen Sprecherpaar)

   A: Mist! Da ist wieder ein Stau.Wir haben keine andere Wahl, als die Straße zu wechseln.

   B: Ist der Flughafen weit von hier?

   A: Es ist nicht weit, es ist in der Nähe. Wir kommen wahrscheinlich in ungefähr 10 Minuten an.

   B: Ich gebe dir zweihundert Yuan. Gib mir fünfzig Yuan heraus und es ist OK.

2. A: Seid ihr es, die ein Taxi zum Friendship Hotel wollen?

   B: Nein, wir wollen ein Taxi zum Capital Airport.

   A: Entschuldigung, ich habe mich geirrt. Stimmt, stimmt, stimmt, zum Capital Airport. Wie kommt es, dass ich das vergaß. Hm, wie viele Gepäckstücke habt ihr? Nur dieses eine Gepäckstück?

   B: Nein, wir haben fünf.

   (Wechsel zu einem anderen Sprecherpaar)

   A: Zwei Personen und fünf Gepäckstücke? Kein Problem, mein Wagen ist groß.

   B: Diese vier Stücke sind alle leicht, aber jenes Stück ist schwer, lass es uns zusammen tragen!

   A: OK, wir tragen es zusammen. Es ist wirklich schwer.

   B: Wie lange dauert es von hier zum Capital Airport?

   A: Wahrscheinlich eineinhalb Stunden, ungefähr.

   (Wechsel zu einem anderen Sprecherpaar)

   A: Mist! Da ist wieder ein Stau.Wir haben keine andere Wahl, als die Straße zu wechseln.

   B: Wir hätten wahrscheinlich nicht diese Straße nehmen sollen. Was sollen wir tun? Ist der Flughafen weit von hier? Bald ist es zu spät ...

   A: Der Flughafen ist sehr nah von hier. Wir kommen in wenigen Minuten an.

   B: Fahrer, wie viel kostet es?

   A: 95 Yuan.

   B: Ich gebe dir hundert Yuan. Du brauchst mir nicht herauszugeben.

3. A: Du hast gesagt, du lehrst mich fahren. Wie kommt es, dass du gestern Abend nicht gekommen bist?

   B: Ich bin gekommen! Ich habe lange auf die gewartet, aber du bist nicht gekommen. Am Ende hatte ich keine andere Wahl, als zu gehen.

   A: War es nicht abends um sieben Uhr?

   B: Nein, es war fünf Uhr nachmittags!

Einheit 9, Abschnitt 1: Rollenspiele

Üben Sie diese Rollenspiele auf Chinesisch, um flüssiger sprechen zu lernen.

1. A: Entschuldigung, wie kommt man zum Beijing Hotel?

   B: Pardon, ich bin nicht von hier, ich bin selbst nicht sicher. Da sind zwei Verkehrspolizisten da drüben, warum gehst du nicht sie fragen?

   A: OK, danke.

   (Wechsel zu einem anderen Sprecherpaar)

   A: Entschuldigung, wie kommt man zum Beijing Hotel?

   C: Es ist nicht weit von hier. Du gehst von hier geradeaus. Wenn du an der dritten Ampel vorbeigegangen bist, bieg rechts ab. Geh noch etwa zehn Minuten weiter, dann bist du da.

   A: Danke.

   C: Nichts zu danken.

2. A: Entschuldigung, wie kommt man zum Peace Hotel?

   B: Das Peace Hotel? Ich bin aus Schanghai, ich bin nicht von hier, ich weiß es nicht. Warum fragst du nicht einen Einheimischen?

   A: OK, danke.

   (Wechsel zu einem anderen Sprecherpaar)

   A: Entschuldigung, bist du von hier?

   C: Ja, ich bin von hier. Was suchst du?

   A: Wie kommt man zum Peace Hotel?

   C: Es ist nicht weit von hier. Du gehst von hier geradeaus. An der nächsten Kreuzung biegst du links ab. Geh noch etwa drei Minuten weiter, dann bist du da.

   A: Danke.

   C: Nichts zu danken.

3. A: Entschuldigung, wie kommt man zum Tiananmen?

   B: Tut mir leid, ich bin Auslandschinese aus den USA, ich bin nicht von hier. Da vorne ist eine Verkehrspolizistin, warum gehst du nicht sie fragen?

   A: Entschuldigung, wie komme ich zum Tiananmen?

   C: Es ist relativ weit von hier. Du gehst von hier geradeaus. Nach der ersten Ampel, bieg nach Süden ab. Geh noch etwa eine halbe Stunde weiter, dann bist du da. Es ist auf der rechten Seite.

   A: Danke.

   C: Gern geschehen.

4. A: Welche Farben magst du?

   B: Ich mag die Farben Rot und Blau. Und du? Welche Farben magst du?

   A: Ich mag die Farbe Schwarz und die Farbe Weiß.

   B: Findest du gelbe Rucksäcke schön?

   A: Nein, aber ich mag gerne grüne Schuhe. Zuhause habe ich viele grüne Schuhe. Willst du zu mir nachhause kommen und meine grünen Schuhe ansehen?

   B: Tut mir leid, wir haben morgen einen Test in unserer Chinesischklasse, ich muss lernen …

Einheit 9, Abschnitt 2: Rollenspiele

Üben Sie diese Rollenspiele auf Chinesisch, um flüssiger sprechen zu lernen.

1. A: Entschuldigung, welche Buslinie nimmt man, um zum Tiananmen zu kommen?

   B: Tiananmen? Ich muss nachdenken … Zuerst nimmst du die Straßenbahn Nummer 478, dann steigst du in den Bus 35 um, den du bis zur Endhaltestelle nimmst, diese ist Tiananmen..

   (Wechsel zu einem anderen Sprecherpaar)

   A: Und wo ist die Straßenbahnhaltestelle?

   B: Geh an der Kreuzung vor dir nach Osten, dann kommt es gleich.

   A: Vielen Dank.

   B: Nicht der Rede wert.

2. A: Wo ist die Bushaltestelle?

   B: Du gehst erst geradeaus, wenn du an der nächsten Kreuzung ankommst, bieg rechts ab.

   A: Danke.

   B: Gern geschehen.

   (Wechsel zu einem anderen Sprecherpaar)

   A: Entschuldigung, geht dieser Bus zum Flughafen?

   C: Nein, aber du kannst erst diesen nehmen und dann in die Straßenbahn Nummer 113 umsteigen.

   A: Wohin nehme ich den Bus, um in die Straßenbahn umzusteigen?

   C: Lass mich nachdenken … Du steigst am Zoo um.

   A: Oh, es sieht so aus, als ob der Bus gekommen sei.

   C: Ja, der Bus ist gekommen. Schnell, steig ein!

3. A: Entschuldigung, wie komme ich zum Great Wall-Hotel? Weißt du das?

   B: Ich war lange nicht dort. Lass mich überlegen … Erst gehst du geradeaus. Wenn du an die dritte Ampel kommst, bieg links ab. Geh dann etwa zehn Minuten, dann bist du da. Es ist auf der rechten Seite.

   A: Es scheint sehr weit zu sein. Kann man mit dem Bus fahren?

   B: Nein, aber man kann mit der Straßenbahn fahren.

   (Wechsel zu einem anderen Sprecherpaar)

   A: Bis wohin nehme ich die Straßenbahn?

   B: Nimm sie bis zur Station **Měishùguǎn** und steige dort aus.

   A: Oh, die Straßenbahn ist da.

   B: Ja, Steig schnell ein!

   A: Danke.

   B: Gerne geschehen.

4. A: Ich mag sehr gerne Tiere. Habt ihr zuhause kleine Tiere?

   B: Ja, zuhause haben wir einen Hund und zwei Katzen. Und du? Habt ihr auch kleine Tiere zuhause?

   A: Ja, wir haben drei Vögel und mehrere Fische. Die Vögel können sprechen! Sie sagen oft: **Nǐ hǎo! Nǐ hǎo!** und **Zǎogāo, zāogāo!**

   B: Und was ist mit den Fischen, was sagen die?

Einheit 9, Abschnitt 3: Rollenspiele

Üben Sie diese Rollenspiele auf Chinesisch, um flüssiger sprechen zu lernen.

1. A: Kauft jemand eine Fahrkarte? [Leute] ohne Fahrkarte, kauft eine!
   B: Zwei Fahrkarten zum Tiananmen.
   A: Wo seid ihr eingestiegen?
   B: Wir sind gerade eingestiegen.
   A: Zwei Yuan.
   B: Hier ist das Geld. Könntest du mich rufen, wenn Tiananmen kommt?
   A: In Ordnung.

2. A: Kauft jemand eine Fahrkarte? [Leute] ohne Fahrkarte, kauft eine!
   B: Drei Fahrkarten zum Beijing Hotel.
   A: Wo seid ihr eingestiegen?
   B: Wir sind am Zoo eingestiegen.
   A: Sechs Yuan.
   B: Hier ist das Geld. Wenn wir zum Beijing Hotel kommen, rufst du mich dann?
   A: In Ordnung.

3. A: Kauft jemand eine Fahrkarte? [Leute] ohne Fahrkarte, kauft eine!
   B: Eine Fahrkarte zum Capital Airport.
   A: Wo seid ihr eingestiegen?
   B: Wir sind gerade eingestiegen.
   A: Ein Yuan fünfzig.
   B: Hier ist das Geld. Könntest du mich rufen, wenn der Capital Airport kommt?
   A: In Ordnung.

4. A: Mein Mitbewohner ist nicht sehr klug. Wie ist deine Mitbewohnerin?
   B: Meine Mitbewohnerin ist nicht dumm, aber sie ist sehr faul. Sie arbeitet nicht tüchtig.

5. A: Mein Zimmer ist nicht nur schmutzig, es ist auch durcheinander. Wie ist dein Zimmer?
   B: Mein Zimmer ist nicht nur sauber, sondern auch aufgeräumt. Willkommen! Komm herein, setz dich!

6. A: Warum bist du so wütend? Wir alle hoffen, dass du glücklich sein wirst. Sei nicht ärgerlich, OK?
   B: Ich bin froh. Ich war nicht wütend. Ich habe Spaß gemacht.

7. A: Du bist wirklich zu faul. In Zukunft musst du mehr lernen!
   B: OK, in Zukunft werde ich mehr lernen.
   A: Und dein Zimmer ist zu durcheinander. Warum ist nur dein Zimmer so schmutzig?
   B: Es tut mir leid, in Zukunft wird mein Zimmer nicht nur ordentlich, sondern auch sauber sein.

Einheit 9, Abschnitt 4: Rollenspiele

Üben Sie diese Rollenspiele auf Chinesisch, um flüssiger sprechen zu lernen.

1. A: Wir sind bald da, nehme ich an?

   B: Es ist noch früh, es sind noch zwei Stationen. Wenn es soweit ist, rufe ich euch alle ... Hey, die nächste Station ist Tiananmen, ihr solltet euch alle darauf vorbereiten, auszusteigen.

   A: OK, danke.

   (Wechsel zu einem anderen Sprecherpaar)

   B: Die Kameraden, die aussteigen, bitte die Fahrkarten vorzeigen!

   A: Oh, Entschuldigung, meine Fahrkarte, ich kann sie nicht finden.

   B: Wenn du deine Fahrkarte nicht finden kannst, musst du eine neue kaufen.

   A: Aber mein Geld, Ich kann es auch nicht finden.

   B: OK, OK. Macht nichts. Aber in Zukunft, solltest du wirklich vorsichtiger sein.

2. A: Wir sind bald da, nehme ich an?

   B: Es ist noch früh, es sind noch acht Stationen. Wenn es soweit ist, rufe ich euch alle ... Hey, die nächste Station ist Sommerpalast, du solltest dich darauf vorbereiten, auszusteigen..

   A: OK, danke.

   (Wechsel zu einem anderen Sprecherpaar)

   B: Die Kameraden, die aussteigen, bitte die Fahrkarten vorzeigen!

   A: Oh, Entschuldigung, meine Fahrkarte, ich kann sie nicht finden. Ich habe eine gekauft, aber ich kann sie nicht finden.

   B: Du musst eine neue kaufen, 2,50 Yuan.

   A: Heutzutage ist das Busfahren wirklich zu teuer.

3. A: Die Kameraden, die aussteigen, bitte die Fahrkarten vorzeigen!

   B: Entschuldigung, ich kann meine Fahrkarte nicht finden, was soll ich tun?

   A: Weil du ein Ausländer bist, macht es diesmal nichts; ich erinnere mich, dass du eine Fahrkarte gekauft hast. In Zukunft, solltest du wirklich vorsichtiger sein.

4. A: Diese paar Schriftzeichen, kannst du sie lesen oder kannst du sie nicht lesen?

   B: Diese paar Schriftzeichen, ja? Ich kann sie nicht lesen.

   A: Und was ist mit diesen drei Schriftzeichen? Kannst du sie lesen?

   B: Diese drei Schriftzeichen kann ich lesen. Es sind **yī, èr, sān**!

5. A: Kleiner Li, kannst du einschlafen?

   B: Weil ich sehr müde bin, denke ich, ich kann wahrscheinlich einschlafen.

   A: Ich bin auch sehr müde, aber ich weiß nicht warum, ich kann nicht einschlafen.

6. A: Das Chinesisch, das sie spricht, kannst du es verstehen oder nicht?

   B: Sie ist eine Südlerin, aber ich kann es verstehen. Verstehst du es?

   A: Manchmal verstehe ich es, aber manchmal verstehe ich es nicht.

Einheit 10, Abschnitt 1: Rollenspiele

Üben Sie diese Rollenspiele auf Chinesisch, um flüssiger sprechen zu lernen.

1. A: Guten Morgen! Was sagt der Wetterbericht heute?

   B: Lass mich schauen … Dieser Morgen ist bewölkt, am Nachmittag ist es möglich, dass es aufklart [sich zu klarem Himmel ändert].

   A: Richtig. Nun, am Himmel sind viele Wolken.

   B: Ab übermorgen, wird es heißer und heißer.

   (Wechsel zu einem anderen Sprecherpaar)

   A: Was ist die Höchsttemperatur heute?

   B: Lass mich schauen … Heute ist die Höchsttemperatur 72 Grad.

   A: Huch? Es scheint, es hat geblitzt! Und es hat auch gedonnert! Wird es regnen?

   B: Mensch! Es regnet schon, und zwar auch ganz schön stark.

   A: Deshalb sind Wettervorhersagen nur Vorhersagen und nicht unbedingt zutreffend.

   B: Das stimmt!

2. A: Hallo! Was sagt der Wetterbericht heute?

   B: Lass mich schauen … Dieser Morgen ist klar, am Nachmittag ist es möglich, dass es bewölkt wird [sich zu bewölktem Wetter ändert]. Am Abend könnte es regnen..

   A: Oh. Das wäre nicht sehr gut. Ich wollte am Abend eigentlich einen Freund besuchen.

   B: Wie auch immer, ab morgen wird das Wetter besser und besser.

   (Wechsel zu einem anderen Sprecherpaar)

   A: Was ist die Tiefsttemperatur heute Abend?

   B: Lass mich schauen … Heute Abend ist die Tiefsttemperatur 55 Grad.

   A: Huch? Es scheint, es hat gedonnert! Wird es jetzt regnen?

   B: Verdammt! Es regnet schon, und zwar ganz schön stark.

   A: Das ist, weil Wettervorhersagen nur Vorhersagen sind und nicht unbedingt zutreffend.

   B: Das stimmt!

3. A: Guten Morgen, wie geht‘s? Was sagt der Wetterbericht für morgen?

   B: Lass mich schauen … Morgen Früh ist es wolkig, am Nachmittag wird es vielleicht klar.

   A: In dem Fall sollte das Wetter ab nächster Woche auch ziemlich gut sein, nehme ich an?

   B: Nein! Ab nächster Woche wird das Wetter immer schlechter.

   (Wechsel zu einem anderen Sprecherpaar)

   A: Was sind heute die Höchst- und Tiefsttemperaturen?

   B: Lass mich schauen … Heute ist die Höchsttemperatur 83 Grad und die Tiefsttemperatur 46 Grad.

   A: Das ist unmöglich! Huch? Es scheint, es hat geblitzt! Die kleine Katze bei uns zuhause hat Angst vor Blitzen. Und es donnert. Wird es regnen?

   B: Au weia! Es regnet schon, und es regnet sehr stark.

   A: Das ist, weil Wettervohersgen nur Vorhersagen sind und nicht unbedingt zutreffend.

   B: Das stimmt! In der letzten Zeit werden die Wettervohersagen immer ungenauer.

Einheit 10, Abschnitt 2: Rollenspiele

Üben Sie diese Rollenspiele auf Chinesisch, um flüssiger sprechen zu lernen.

1. A: Hey, das Wetter hier ist nicht schlecht! Es ist weder heiß noch kalt, sehr angenehm.

   B: Die Sommer sind in Ordnung. Die Winter sind unglaublich kalt, sowohl trocken als auch kalt und es schneit oft.

   A: Hmm, und was ist mit Frühling und Herbst?

   B: Im Frühling regnet es oft. Der Herbst ist sehr schön. Wenn du hier eine gute Zeit haben willst, ist der Herbst am passendsten.

   A: So gesagt bin ich gerade zur richtigen Zeit gekommen!

2. A: Hey, das Wetter hier ist nicht schlecht! Es ist weder trocken noch kalt, sehr angenehm.

   B: Die Winter sind in Ordnung. Die Sommer sind unglaublich heiß, sowohl trocken als auch heiß und der Wind ist stark.

   A: Hmm, und was ist mit dem Frühling?

   B: Wenn nicht der Flugsand zu stark wäre, wäre es OK. Im Frühling regnet es oft. Der Herbst ist relativ gut. Wenn du hier Spaß haben willst, sind Herbst und Winter am passendsten.

   A: So gesagt, bin ich gerade zur richtigen Zeit gekommen!

3. A: Das Wetter hier ist ziemlich gut, weißt du! Weder heiß noch kalt, ziemlich angenehm.

   B: Der Frühling ist in Ordnung, aber die Winter sind unglaublich kalt, sowohl trocken als auch kalt und der Wind ist unglaublich stark.

   A: Im Winter, schneit es hier oft?

   B: Nein, es schneit selten, aber es ist oft bewölkt.

4. A: Wie sind hier die Sommer?

   B: Wenn es nicht oft regnen würde, wäre es in Ordnung. Wenn du hier eine gute Zeit haben willst, ist der Herbst am passendsten.

   A: So gesagt, bin ich gerade zur richtigen Zeit gekommen!

   B: Ja. Schau, die Sonne ist gerade herausgekommen!

5. A: Die Jahreszeit, die du am liebsten magst, ist welche Jahreszeit?

   B: Die Jahreszeit, die ich am liebsten mag ist der Winter. Und du? Welche Jahreszeit magst du am liebsten?

   A: Die Jahreszeit, die ich am liebsten mag, ist der Herbst.

6. A: Die Jahreszeit, die du am liebsten magst, ist welche Jahreszeit?

   B: Die Jahreszeit, die ich am liebsten mag, ist der Frühling. Und du? Welche Jahreszeit magst du am liebsten?

   A: Die Jahreszeit, die ich am liebsten mag, ist der Sommer. Schau, die Sonne ist gerade herausgekommen!

7. A: Die Jahreszeit, die du am liebsten magst, ist welche Jahreszeit?

   B: Ich habe keine Jahreszeit, die ich am liebsten mag. Ich mag alle Jahreszeiten.

Einheit 10, Abschnitt 3: Rollenspiele

Üben Sie diese Rollenspiele auf Chinesisch, um flüssiger sprechen zu lernen.

1. A: Wie kommt es, dass es heute Nachmittag wieder Nebel gibt? Es scheint, als ob er durch die Schiebetür geschwebt ist.

   B: Ja, hier ist es oft so im Frühling. Die Luft ist feucht und es regnet oft. Es ist jeden Tag bewölkt.

   A: Tatsächlich nieselt es gerade, aber wegen des Nebels kann man das nicht sehen.

   B: Ich habe wirklich Pech. Letztes Mal, als ich kam hat es jeden Tag geregnet und ich konnte gar nicht heraus!

2. A: Wie kommt es, dass es heute Abend wieder Nebel gibt? Es scheint, als ob er von draußen hereingeschwebt ist.

   B: Ja, hier ist es oft so im Winter. Die Luft ist feucht und es ist oft bewölkt.

   A: Und es nieselt oft. Tatsächlich nieselt es gerade, aber wegen des Nebels kann man das nicht sehen.

   B: In der letzten Zeit ist das Wetter nicht sehr gut. Wir haben wirklich Pech!

3. A: Das letzte Mal, als ich nach Hongkong kam, bin ich in einen großen Taifun hineingeraten. Ich hoffe, diesmal gibt es keinen.

   B: Tatsächlich habe ich gehört, dass es in einigen Tagen einen Taifun geben soll.

   A: Es gibt einen Taifun, der kommt? Wo ist der Taifun jetzt?

   B: Jetzt ist er noch weit weg von uns. Jetzt ist er in der Nähe von Japan.

   A: Verflixt! Wenn der Taifun kommt, regnet es jeden Tag. Der Wind wird auch stark sein. Es wird überhaupt keine Möglichkeit geben, nach draußen zu gehen.

4. A: Wie kommt es, dass es heute Nachmittag wieder nieselt? Es gibt auch Nebel. Es scheint, als ob er durch die Schiebetür geschwebt ist.

   B: Ja, Taiwan ist oft so im Winter. Die Luft ist feucht und es regnet oft. In den Bergen schneit es manchmal sogar.

   A: Tatsächlich schneit es gerade, aber weil die Sonne noch nicht herausgekommen ist, kann man das nicht sehen.

   B: Wir haben wirklich Pech! Das Wetter ist so schlecht, es wird überhaupt keine Möglichkeit für uns geben, nach draußen zu gehen.

5. A: Kleine Lin, bitte geh hinein und suche ein paar Sachen zu essen, OK?

   B: In Ordnung, aber wie macht man die Tür auf? Ich weiß nicht, wie ich sie aufmachen soll.

   A: In dem Fall, geh bitte durch die Schiebetür.

   B: Was, du willst, dass ich durch die Schiebetür gehe?!

   A: Schau mich nicht so an! Natürlich will ich, dass du durch die Schiebetür gehst!

6. A: Kleiner Li, wie kommt man hier heraus?

   B: Alter Bai, wie bist du hereingekommen?

   A: Ich erinnere nicht mehr, wie ich hereingekommen bin.

   B: Tschüss! Ich gehe. Du hast wirklich Pech!

Einheit 10, Abschnitt 4: Rollenspiele

Üben Sie diese Rollenspiele auf Chinesisch, um flüssiger sprechen zu lernen.

1. A: Wo in den USA lebst du?

   B: An der Ostküste der USA. Newark, New Jersey. Es ist nicht weit von New York.

   A: Das ist interessant. Ich lebe an der Westküste. Nun, wie ist das Klima in New Jersey?

   B: Nicht sehr gut. Im Winter ist es kälter als in Schanghai und es ist auch trockener als in Schanghai. Im Sommer ist es sogar heißer als in Schanghai. Daher ist das Klima nicht so gut wie in Schanghai.

2. A: Wo in China ist dein Zuhause?

   B: An der chinesischen Ostküste, **Qīngdǎo**.

   A: Ich habe gehört, die Gegend ist sehr schön. Wie ist das Klima dort?

   B: Wirklich, man kann sagen, „es ist warm im Winter und kühl im Sommer".

   A: Warum redest du so?

   B: Das Wetter in **Qīngdǎo** ist fantastisch. Im Winter ist es warm, trockener als hier, nicht so feucht wie hier. Aber im Sommer ist es kühl, nicht so heiß wie hier.

   A: In dem Fall, lasst uns alle nach **Qīngdǎo** umziehen!

3. A: Wie lange bist du schon in den USA?

   B: Ich bin hier ungefähr ein halbes Jahr.

   A: Nun, du bist schon so lange in den USA, ich nehme an, du hast dich schon an die Kultur hier gewöhnt?

   B: Ja, am Anfang als ich kam, war es schwer, mich anzupassen. Jetzt bin ich gerade so daran gewöhnt.

4. A: Wie lange bist du schon in den Macau?

   B: Ich bin hier schon über zwei Jahre.

   A: Nun, du bist schon so lange in den Macau, ich nehme an, du hast dich schon an das chinesische Essen gewöhnt?

   B: Ja, am Anfang als ich kam, war es schwer, mich anzupassen. Frühstück, Mittagessen und Abendessen – ich musste immer chinesisches Essen essen. Jetzt bin ich gerade so daran gewöhnt. Jetzt esse ich chinesisches Essen gerne; es ist lecker. Hast du schon gegessen? Komm, lass uns zusammen essen gehen!

5. A: Am wenigsten mag ich Leute, die zu spät kommen.

   B: Heute bin ich 10 Minuten vor dir angekommen.

   A: Stimmt, aber gestern bist du 20 Minuten nach mir angekommen.

   B: Wirklich? Wie kommt es, dass ich mich nicht erinnere?

6. A: Mein Hund ist gestern gestorben.

   B: Wie alt war er?

   A: Vierzehn. Ich bin sehr traurig.

   B: Sei nicht traurig, da kann man nichts machen.

5. Hörverstehensübungen

Einheit 1, Abschnitt 1: Hörverstehensübungen

NAME________________ KURS ________________ DATUM ________________

Hören Sie die Tonaufnahmen und umkringeln Sie die jeweils passendste Antwort zu den Fragen. Dazu können Sie die Tonaufnahmen beliebig oft anhören.

ÜBUNG EINS: FRAGEN

1. Wohin geht die Sprecherin?

(A) Ins Wohnheim

(B) In die Mensa

(C) Etwas erledigen

2. Wohin geht der Sprecher?

(A) Ins Wohnheim

(B) In die Mensa

(C) Etwas erledigen

ÜBUNG ZWEI: FRAGEN

1. Wohin geht der Sprecher?

(A) Ins Wohnheim

(B) In die Bibliothek

(C) In die Mensa

2. Wohin geht die Sprecherin?

(A) Ins Wohnheim

(B) In die Bibliothek

(C) In die Mensa

3. Wie heißt die Sprecherin?

(A) Wang Jingsheng

(B) Zhang Taisheng

(C) Jia Aihua

Einheit 1, Abschnitt 2: Hörverstehensübungen

NAME ______________________ KURS ______________________ DATUM ______________________

Hören Sie die Tonaufnahmen und umkringeln Sie die jeweils passendste Antwort zu den Fragen. Dazu können Sie die Tonaufnahmen beliebig oft anhören.

ÜBUNG EINS: FRAGEN

1. Wie geht es der Sprecherin?

(A) Ihr geht es gut.

(B) Sie ist beschäftigt.

(C) Sie ist müde.

2. Wohin geht der Sprecher?

(A) In die Bibliothek.

(B) In die Mensa.

(C) Ins Wohnheim.

ÜBUNG ZWEI: FRAGEN

1. Wie geht es Mann und Kind der Sprecherin?

(A) Ihnen geht es gut.

(B) Sie sind beschäftigt.

(C) Sie sind müde.

2. Wie geht es den Eltern des Sprechers?

(A) Ihnen geht es gut.

(B) Sie sind beschäftigt.

(C) Sie sind müde.

3. Wohin geht der Sprecher?

(A) In die Mensa

(B) In die Bibliothek

(C) Etwas erledigen

Einheit 1, Abschnitt 3: Hörverstehensübungen

NAME________________ KURS ________________ DATUM ________________

Hören Sie die Tonaufnahmen und umkringeln Sie die jeweils passendste Antwort zu den Fragen. Dazu können Sie die Tonaufnahmen beliebig oft anhören.

ÜBUNG EINS: FRAGEN

1. Wie geht es dem Alten Gao in letzter Zeit?

(A) Er ist sehr müde.

(B) Er ist sehr nervös.

(C) Es geht ihm wie immer.

2. Wie geht es seinen Kindern?

(A) Es geht ihnen gut.

(B) Sie sind müde.

(C) Sie sind mit ihren Studien beschäftigt.

ÜBUNG ZWEI: FRAGEN

1. Wie ist die Beziehung zwischen den beiden Sprechern?

(A) Ehemann und Ehefrau

(B) Lehrer und Schüler

(C) Kollegen

2. Was denkt die Sprecherin über die Chinesische Sprache?

(A) Sie ist einfach.

(B) Sie ist schwierig.

(C) Sie ist weder leicht noch schwierig.

3. Wohin geht die Sprecherin?

(A) Ins Wohnheim

(B) In die Bibliothek

(C) In die Mensa

Einheit 1, Abschnitt 4: Hörverstehensübungen

NAME______________________ KURS ______________ DATUM ______________

Hören Sie die Tonaufnahmen und umkringeln Sie die jeweils passendste Antwort zu den Fragen. Dazu können Sie die Tonaufnahmen beliebig oft anhören.

ÜBUNG EINS: FRAGEN

1. Wie geht es dem Ehemann und den Kindern der Sprecherin?

(A) Es geht ihnen gut.

(B) Sie sind beschäftigt.

(C) Sie sind müde.

2. Wie geht es den Eltern des Sprechers?

(A) Es geht ihnen gut.

(B) Sie sind beschäftigt.

(C) Es geht ihnen wie immer.

ÜBUNG ZWEI: FRAGEN

1. Um was bittet die Sprecherin den Sprecher?

(A) Herein zu kommen

(B) Sich zu setzen

(C) Chinesisch zu sprechen

2. Wie geht es der Sprecherin in letzter Zeit?

(A) Ihr ging es gut.

(B) Sie war beschäftigt.

(C) Sie war müde.

3. Was denkt die Sprecherin über das Chinesische?

(A) Es ist einfach und interessant.

(B) Es ist schwierig, aber interessant.

(C) Es ist schwierig und uninteressant.

Einheit 2, Abschnitt 1: Hörverstehensübungen

NAME______________________ KURS ______________ DATUM ______________

Hören Sie die Tonaufnahmen und umkringeln Sie die jeweils passendste Antwort zu den Fragen. Dazu können Sie die Tonaufnahmen beliebig oft anhören.

ÜBUNG EINS: FRAGEN

1. Welche Nationalität hat der Vater der Sprecherin?

(A) US-amerikanisch

(B) Kanadisch

(C) Japanisch

2. Welche Nationalität hat die Mutter der Sprecherin?

(A) US-amerikanisch

(B) Kanadisch

(C) Japanisch

ÜBUNG ZWEI: FRAGEN

1. Wie heißt die Sprecherin?

(A) Ke Jingling

(B) Ke Jinling

(C) Ke Jinlin

2. Welche Nationalität hat die Sprecherin?

(A) Singapurisch

(B) US-amerikanisch

(C) Spanisch

3. Welche Nationalität hat der Mann der Sprecherin?

(A) Singapurisch

(B) US-amerikanisch

(C) Spanisch

Einheit 2, Abschnitt 2: Hörverstehensübungen

NAME____________________ KURS ________________ DATUM ________________

Hören Sie die Tonaufnahmen und umkringeln Sie die jeweils passendste Antwort zu den Fragen. Dazu können Sie die Tonaufnahmen beliebig oft anhören.

ÜBUNG EINS: FRAGEN

1. Über wen wird gesprochen?

(A) Über den neuen Lehrer des Sprechers

(B) Über den neuen Mitbewohner des Sprechers

(C) Über den alten Freund des Sprechers

2. Welche Nationalität hat die Person, über die gesprochen wird?

(A) US-amerikanisch

(B) Spanisch

(C) Kanadisch

ÜBUNG ZWEI: FRAGEN

1. Welche Nationalität hat Zhang Tianming?

(A) Chinesisch

(B) US-amerikanisch

(C) Spanisch

2. Wo findet die Unterhaltung statt?

(A) Taipei

(B) Shanghai

(C) Beijing

3. Wie will die Sprecherin genannt werden?

(A) Fräulein Wang

(B) Kleine Wang

(C) Lili

Einheit 2, Abschnitt 3: Hörverstehensübungen

NAME________________ KURS ________________ DATUM ________________

Hören Sie die Tonaufnahmen und umkringeln Sie die jeweils passendste Antwort zu den Fragen. Dazu können Sie die Tonaufnahmen beliebig oft anhören.

ÜBUNG EINS: FRAGEN

1. Wo arbeitet die Sprecherin?

(A) In der chinesischen Botschaft

(B) In einer Firma

(C) An der Universität

2. Wo arbeitet der Sprecher?

(A) In der amerikanischen Botschaft

(B) In einer Firma

(C) An der Universität

ÜBUNG ZWEI: FRAGEN

1. Über wen wird gesprochen?

(A) Die Mutter von Lehrer Wang

(B) Die Kollegin von Lehrer Wang

(C) Die Frau von Lehrer Wang

2. Wie lautet der Familienname der Person?

(A) Wang

(B) Li

(C) Zhang

3. Was unterrichtet die Person?

(A) Chinesisch

(B) Englisch

(C) Japanisch

Einheit 2, Abschnitt 4: Hörverstehensübungen

NAME____________________ KURS ________________ DATUM ________________

Hören Sie die Tonaufnahmen und umkringeln Sie die jeweils passendste Antwort zu den Fragen. Dazu können Sie die Tonaufnahmen beliebig oft anhören.

ÜBUNG EINS: FRAGEN

1. Wo arbeitet die Sprecherin?

(A) In der Botschaft

(B) An der Universität

(C) In einer Handelsfirma

2. Wo arbeitet der Sprecher?

(A) In der Botschaft

(B) An der Universität

(C) In einer Handelsfirma

ÜBUNG ZWEI: FRAGEN

1. Was macht der Ehemann der Sprecherin?

(A) Er ist Student.

(B) Er ist General Manager einer Firma.

(C) Er ist Universitätsprofessor.

2. Welche Nationalität hat die Sprecherin?

(A) Britisch

(B) Malaysisch

(C) Japanisch

3. Welche Nationalität hat der Ehemann der Sprecherin?

(A) US-amerikanisch

(B) Chinesisch

(C) Britisch

Einheit 3, Abschnitt 1: Hörverstehensübungen

NAME__________ KURS __________ DATUM __________

Hören Sie die Tonaufnahmen und umkringeln Sie die jeweils passendste Antwort zu den Fragen. Dazu können Sie die Tonaufnahmen beliebig oft anhören.

ÜBUNG EINS: FRAGEN

1. Wie viele Chinesischlehrer hat die Sprecherin?

(A) 3

(B) 4

(C) 5

2. Wie viele ihrer Lehrer sind US-Amerikaner?

(A) 1

(B) 2

(C) 3

3. Wie viele ihrer Lehrer sind männlich?

(A) 2

(B) 3

(C) 4

ÜBUNG ZWEI: FRAGEN

1. Wie viele japanische Studenten sind in der Klasse des Sprechers?

(A) 1

(B) 2

(C) 5

2. Wie viele Studentinnen sind in seiner Klasse?

(A) 3

(B) 6

(C) 9

Einheit 3, Abschnitt 2: Hörverstehensübungen

NAME________________ KURS ________________ DATUM ________________

Hören Sie die Tonaufnahmen und umkringeln Sie die jeweils passendste Antwort zu den Fragen. Dazu können Sie die Tonaufnahmen beliebig oft anhören.

ÜBUNG EINS: FRAGEN

1. Über wen wird gesprochen?

(A) Über den Bruder der Sprecherin

(B) Über die ältere Schwester der Sprecherin

(C) Über die jüngere Schwester der Sprecherin

2. Wie alt ist die Person jetzt?

(A) 5

(B) 6

(C) 7

ÜBUNG ZWEI: FRAGEN

1. Wie alt ist der Vater des Sprechers?

(A) 63

(B) 54

(C) 47

2. Wo arbeitet der Vater des Sprechers?

(A) In einer Firma

(B) An einer Universität

(C) An einer Botschaft

3. Wie alt ist der jüngste Bruder des Sprechers?

(A) 8

(B) 9

(C) 10

Einheit 3, Abschnitt 3: Hörverstehensübungen

NAME_______________ KURS _______________ DATUM _______________

Hören Sie die Tonaufnahmen und umkringeln Sie die jeweils passendste Antwort zu den Fragen. Dazu können Sie die Tonaufnahmen beliebig oft anhören.

ÜBUNG EINS: FRAGEN

1. Was will die Sprecherin kaufen?

(A) Eine Tasse

(B) Eine Tasche

(C) Eine Aktentasche

2. Wie viel kostet es?

(A) 500 RMB

(B) 520 RMB

(C) 1.000 RMB

ÜBUNG ZWEI: FRAGEN

1. Was will der Sprecher kaufen?

(A) Eine Tasse

(B) Einen Rucksack

(C) Eine Aktentasche

2. Wie viele will er kaufen?

(A) 1

(B) 3

(C) 5

3. Wie viel wird er bezahlen?

(A) 15 RMB

(B) 40 RMB

(C) 45 RMB

Einheit 3, Abschnitt 4: Hörverstehensübungen

NAME________________________ KURS ________________ DATUM ________________

Hören Sie die Tonaufnahmen und umkringeln Sie die jeweils passendste Antwort zu den Fragen. Dazu können Sie die Tonaufnahmen beliebig oft anhören.

ÜBUNG EINS: FRAGEN

1. Wie ging es dem Sprecher?

(A) Er war beschäftigt.

(B) Er war müde.

(C) Er war schläfrig.

2. Um wie viel Uhr findet die Unterhaltung statt?

(A) Gegen 5:15 Uhr

(B) Gegen 6:30 Uhr

(C) Gegen 6:45 Uhr

ÜBUNG ZWEI: FRAGEN

1. Um wie viel Uhr nimmt der Sprecher den Zug nach Taipei?

(A) 3:10 Uhr

(B) 3:15 Uhr

(C) 5:30 Uhr

2. Wie lange dauert es mit dem Zug nach Taipei?

(A) Ungefähr drei Stunden

(B) Ungefähr vier Stunden

(C) Ungefähr zehn Stunden

3. Wie viel kostet eine Bahnfahrkarte?

(A) 285 NT

(B) 665 NT

(C) 685 NT

Einheit 4, Abschnitt 1: Hörverstehensübungen

NAME________________ KURS ____________ DATUM ____________

Hören Sie die Tonaufnahmen und umkringeln Sie die jeweils passendste Antwort zu den Fragen. Dazu können Sie die Tonaufnahmen beliebig oft anhören.

ÜBUNG EINS: FRAGEN

1. Um wie viel Uhr öffnet das Sprachlabor am Samstag?

(A) 8:30 Uhr

(B) 9:30 Uhr

(C) 10:30 Uhr

2. Um wie viel Uhr schließt das Sprachlabor am Mittwoch?

(A) 20:30 Uhr

(B) 21:30 Uhr

(C) 22:30 Uhr

ÜBUNG ZWEI: FRAGEN

1. In welchem Studienjahr ist die Sprecherin?

(A) Im ersten Studienjahr

(B) Im zweiten Studienjahr

(C) Im dritten Studienjahr

2. Wann steht sie gewöhnlich auf?

(A) 06:30 Uhr

(B) 07:30 Uhr

(C) 08:30 Uhr

3. Wie viele Stunden schläft sie pro Tag?

(A) Sechs Stunden

(B) Sieben Stunden

(C) Acht Stunden

4. Wann geht sie in die Bibliothek, um zu studieren?

(A) Montags bis freitags

(B) Montags bis donnerstags

(C) Fast jeden Tag

Einheit 4, Abschnitt 2: Hörverstehensübungen

NAME____________________ KURS ____________ DATUM ____________

Hören Sie die Tonaufnahmen und umkringeln Sie die jeweils passendste Antwort zu den Fragen. Dazu können Sie die Tonaufnahmen beliebig oft anhören.

ÜBUNG EINS: FRAGEN

1. Wann hat der Sprecher Geburtstag?

(A) Am 31. August 1986

(B) Am 17 Juli 1987

(C) Am 31 August 1987

2. Was macht der Sprecher in Beijing?

(A) Arbeiten

(B) Unterrichten

(C) Studieren

3. Wie ist seine Adresse?

(A) Zimmer 213, Gebäude 14, Peking-Universität

(B) Zimmer 321, Gebäude 15, Peking-Universität

(C) Zimmer 213, Gebäude 15, Peking-Universität

ÜBUNG ZWEI: FRAGEN

1. Wann fand die Unterhaltung statt?

(A) Am 13. März

(B) Am 14. März

(C) Am 15. März

2. Wie alt ist die Sprecherin jetzt?

(A) 20 Jahre

(B) 21 Jahre

(C) 22 Jahre

Einheit 4, Abschnitt 3: Hörverstehensübungen

NAME________________ KURS ________________ DATUM ________________

Hören Sie die Tonaufnahmen und umkringeln Sie die jeweils passendste Antwort zu den Fragen. Dazu können Sie die Tonaufnahmen beliebig oft anhören.

ÜBUNG EINS: FRAGEN

1. Wann kam die Sprecherin zum ersten Mal nach China?

(A) In diesem Jahr

(B) Im letzten Jahr

(C) Im vorletzten Jahr

2. Wann will die Sprecherin wieder in ihre Heimat zurückkehren?

(A) April

(B) August

(C) Dezember

ÜBUNG ZWEI: FRAGEN

1. Welche Nationalität hat Li Weijian?

(A) Chinesisch

(B) US-amerikanisch

(C) Japanisch

2. Wie oft war Li Weijian schon in China?

(A) Einmal

(B) Zweimal

(C) Dreimal

3. Wann will Li Weijian wieder in die Heimat zurückkehren?

(A) Oktober

(B) November

(C) Dezember

Einheit 4, Abschnitt 4: Hörverstehensübungen

NAME______________________ KURS ______________ DATUM ______________

Hören Sie die Tonaufnahmen und umkringeln Sie die jeweils passendste Antwort zu den Fragen. Dazu können Sie die Tonaufnahmen beliebig oft anhören.

ÜBUNG EINS: FRAGEN

1. Wie viele Einwohner hat England ungefähr?

(A) 30 Millionen

(B) 60 Millionen

(C) 80 Millionen

2. Wie viele Einwohner hat Schanghai?

(A) Über 13 Millionen

(B) Über 15 Millionen

(C) Über 18 Millionen

3. Wie viele Menschen mehr leben in Schanghai im Vergleich zu Beijing?

(A) 3 Millionen

(B) 4 Millionen

(C) 5 Millionen

ÜBUNG ZWEI: FRAGEN

1. Wie viele Einwohner hat Hongkong in etwa?

(A) 5,6 Millionen

(B) 6,5 Millionen

(C) 6,8 Millionen

2. Wie viele Einwohner hat Taipei in etwa?

(A) 3 Millionen

(B) 4 Millionen

(C) 5 Millionen

3. Wie viele Male war der Sprecher in Taipei?

(A) Etwa zehnmal

(B) Etwa zwanzigmal

(C) Etwa dreißigmal

Einheit 5, Abschnitt 1: Hörverstehensübungen

NAME ______________________ KURS ______________ DATUM ______________

Hören Sie die Tonaufnahmen und umkringeln Sie die jeweils passendste Antwort zu den Fragen. Dazu können Sie die Tonaufnahmen beliebig oft anhören.

ÜBUNG EINS: FRAGEN

1. Wie heißt die Person, die der Sprecher sucht, mit Familiennamen?

(A) Wàn

(B) Wáng

(C) Wāng

2. Wo befindet sich die Person, die der Sprecher sucht?

(A) In ihrem eigenen Büro

(B) Im Büro von Lehrer Zhang

(C) Im Büro der Sprecherin

3. Woher kommt der Sprecher?

(A) Taiwan

(B) Festlandchina

(C) USA

ÜBUNG ZWEI: FRAGEN

1. Wo ist Li Derong?

(A) Zuhause

(B) In seinem Büro

(C) Im Büro des Managers

2. Warum hat der Sprecher angerufen?

(A) Weil er 150 Tische und 250 Stühle kaufen will.

(B) Weil er 250 Tische und 150 Stühle kaufen will.

(C) Weil er 250 Tische und 50 Stühle kaufen will.

Einheit 5, Abschnitt 2: Hörverstehensübungen

NAME______________________ KURS ______________ DATUM ______________

Hören Sie die Tonaufnahmen und umkringeln Sie die jeweils passendste Antwort zu den Fragen. Dazu können Sie die Tonaufnahmen beliebig oft anhören.

ÜBUNG EINS: FRAGEN

1. Wo studiert die Sprecherin dieses Jahr?

(A) An einer chinesischen High School

(B) An der Peking-Universität

(C) Im Sprachenzentrum

2. Wo wird sie nächstes Jahr hingehen?

(A) Nach Hongkong

(B) Nach Beijing

(C) In die USA

3. Welche Mahlzeiten hat die Sprecherin letztes Jahr in der Mensa eingenommen?

(A) Frühstück

(B) Mittagessen

(C) Frühstück, Mittagessen und Abendessen

4. Welche Mahlzeiten nimmt die Sprecherin jetzt in der Mensa ein?

(A) Frühstück

(B) Mittagessen

(C) Frühstück, Mittagessen und Abendessen

ÜBUNG ZWEI: FRAGEN

1. Was tun die beiden Sprecher?

(A) Frühstücken

(B) Zu Mittag essen

(C) Zu Abend essen

2. Kommt der Sprecher oft in das Restaurant?

(A) Ja, oft

(B) Nein, nicht oft

(C) Er war nur einmal da

3. Wie viele Male war die Sprecherin im Restaurant?

(A) Einmal

(B) Zweimal

(C) Dreimal

4. Wo arbeitet der Sprecher?

(A) An einer Universität

(B) In einer Fabrik

(C) In einer Firma

Einheit 5, Abschnitt 3: Hörverstehensübungen

NAME____________________ KURS ________________ DATUM ________________

Hören Sie die Tonaufnahmen und umkringeln Sie die jeweils passendste Antwort zu den Fragen. Dazu können Sie die Tonaufnahmen beliebig oft anhören.

ÜBUNG EINS: FRAGEN

1. Welche Nummer hat das Hotelzimmer der Sprecherin?

(A) 58

(B) 158

(C) 258

2. Wie lange will sie bleiben?

(A) Einen halben Monat

(B) Einen Monat

(C) Eineinhalb Monate

3. Was sagt sie, als ihr Gesprächspartner sagt, sie habe abgenommen?

(A) Sie ignoriert es.

(B) Sie bestreitet es.

(C) Sie erklärt, warum sie abgenommen hat.

ÜBUNG ZWEI: FRAGEN

1. Wie oft war die Sprecherin in China?

(A) Einmal

(B) Zweimal

(C) Niemals

2. Wie oft war der Sprecher in China?

(A) Einmal

(B) Zweimal

(C) Niemals

3. Wo liegt Suzhou?

(A) Nördlich von Schanghai

(B) Östlich von Schanghai

(C) Westlich von Schanghai

Einheit 5, Abschnitt 4: Hörverstehensübungen

NAME______________________ KURS ______________ DATUM ______________

Hören Sie die Tonaufnahmen und umkringeln Sie die jeweils passendste Antwort zu den Fragen. Dazu können Sie die Tonaufnahmen beliebig oft anhören.

ÜBUNG EINS: FRAGEN

1. Wann hat der Sprecher das iPhone gekauft?

(A) Vorgestern

(B) Gestern

(C) Heute

2. Wo ist das iPhone jetzt?

(A) Auf dem Bücherregal hinter der Sprecherin

(B) Auf dem Tisch rechts von der Sprecherin

(C) Auf dem Tisch links von der Sprecherin

3. Wo befindet sich das Benutzerhandbuch?

(A) Rechts vom iPhone

(B) Links vom iPhone

(C) In der Nähe des iPhone

ÜBUNG ZWEI: FRAGEN

1. Wo ist der Rucksack?

(A) Auf dem Bücherregal im Arbeitszimmer

(B) Auf dem Tisch im Arbeitszimmer

(C) Beim Computer

2. Wo befindet sich das Benutzerhandbuch?

(A) Rechts vom Bücherregal

(B) Auf dem Bücherregal rechts

(C) Auf dem Bücherregal links

3. Worum geht es hauptsächlich in dem Dialog?

(A) Um einen Rucksack

(B) Um einen Computer

(C) Um ein Benutzerhandbuch

Einheit 6, Abschnitt 1: Hörverstehensübungen

NAME______________________ KURS ______________ DATUM ______________

Hören Sie die Tonaufnahmen und umkringeln Sie die jeweils passendste Antwort zu den Fragen. Dazu können Sie die Tonaufnahmen beliebig oft anhören.

ÜBUNG EINS: FRAGEN

1. Wann ist der Sprecher geboren?

(A) 1993

(B) 1994

(C) 1995

2. In welcher Jahrgangsstufe der Schule ist der Sprecher jetzt?

(A) Im zweiten Jahr der Junior High School (8. Klasse)

(B) Im dritten Jahr der Junior High School (9. Klasse)

(C) Im ersten Jahr der Senior High School (10. Klasse)

3. Was hat der Sprecher zum Geburtstag bekommen?

(A) Einen Rucksack

(B) Einen Computer

(C) Ein Bücherregal

ÜBUNG ZWEI: FRAGEN

1. In welchem Studienjahr ist das Kind der Sprecherin?

(A) Im ersten Studienjahr

(B) Im zweiten Studienjahr

(C) Im dritten Studienjahr

2. Was wissen wir über die Frau, die die Sprecherin dem Sprecher vorstellen möchte?

(A) Sie arbeitet in einer Handelsfirma.

(B) Sie ist eine Kollegin des Ehegatten der Sprecherin.

(C) Sie ist 26 Jahre alt.

3. Welche der unten stehenden Aussagen stimmt NICHT?

(A) Der Sprecher ist älter als die Sprecherin.

(B) Die Sprecherin ist verheiratet.

(C) Die Sprecherin hat ein wenig abgenommen.

Einheit 6, Abschnitt 2: Hörverstehensübungen

NAME________________ KURS ________________ DATUM ________________

Hören Sie die Tonaufnahmen und umkringeln Sie die jeweils passendste Antwort zu den Fragen. Dazu können Sie die Tonaufnahmen beliebig oft anhören.

ÜBUNG EINS: FRAGEN

1. Wo ist die Sprecherin aufgewachsen?

(A) Hongkong

(B) New York

(C) San Francisco

2. Wie alt ist die Sprecherin?

(A) 18

(B) 19

(C) 20

3. Wie viele Geschwister hat die Sprecherin?

(A) 1

(B) 2

(C) 3

ÜBUNG ZWEI: FRAGEN

1. Wo arbeitet Zhang Guoshus Ex-Frau?

(A) An der High School

(B) An der Universität

(C) In einer Firma

2. Wo arbeitet Zhang Guoshus aktuelle Ehefrau?

(A) An der High School

(B) An der Universität

(C) In einer Firma

3. Wie alt ist Zhang Guoshus Tochter?

(A) 2

(B) 5

(C) 12

Einheit 6, Abschnitt 3: Hörverstehensübungen

NAME________________ KURS ____________ DATUM ____________

Hören Sie die Tonaufnahmen und umkringeln Sie die jeweils passendste Antwort zu den Fragen. Dazu können Sie die Tonaufnahmen beliebig oft anhören.

ÜBUNG EINS: FRAGEN

1. Welches Problem hat der Sprecher zu Beginn des Dialogs?

(A) Er hat den Unterricht verpasst.

(B) Er hat zu viel gegessen.

(C) Er ist zu spät für eine Verabredung.

2. Was ist das Problem mit seiner Wohnung?

(A) Sie ist schwer zu finden.

(B) Sie ist zu teuer.

(C) Es gibt dort zu viele Studenten.

3. Warum kommt Herr Bai nicht?

(A) Seine Kinder sind noch zu klein.

(B) Er muss lernen.

(C) Er hat zuhause etwas zu erledigen.

4. Welcher Aspekt des Chinesischen ist laut dem ersten Sprecher schwer zu erlernen?

(A) Die Kultur

(B) Die Grammatik

(C) Die Eingabe per Computer

ÜBUNG ZWEI: FRAGEN

1. Aus welcher Stadt stammt der Mann der Sprecherin?

(A) Schanghai

(B) Tianjin

(C) Pudong

2. Wo liegt Pudong?

(A) Im Nordosten von Schanghai

(B) Im Nordwesten von Schanghai

(C) Im Südosten von Schanghai

3. Wie alt ist die Tochter der Sprecherin?

(A) 10 Monate

(B) 5 Monate

(C) 8 Monate

4. Wo arbeitet der Ehemann der Sprecherin?

(A) An der Universität

(B) In einer Handelsfirma

(C) Bei einer Fluggesellschaft

Einheit 6, Abschnitt 4: Hörverstehensübungen

NAME________________ KURS ________________ DATUM ________________

Hören Sie die Tonaufnahmen und umkringeln Sie die jeweils passendste Antwort zu den Fragen. Dazu können Sie die Tonaufnahmen beliebig oft anhören.

ÜBUNG EINS: FRAGEN

1. Wie viele Schwestern hat der Sprecher?

(A) 1

(B) 2

(C) 3

2. Wo ist der Sprecher aufgewachsen?

(A) In New York

(B) In Los Angeles

(C) In Guangzhou

3. Wo wohnen seine Großeltern mütterlicherseits?

(A) In New York

(B) In Los Angeles

(C) In Guangzhou

ÜBUNG ZWEI: FRAGEN

1. Wie alt ist die Sprecherin im Vergleich zu ihren Geschwistern?

(A) Sie ist die Älteste.

(B) Sie ist die Zweitälteste.

(C) Sie ist die Drittälteste.

2. Wo ist der Bruder der Sprecherin?

(A) In China

(B) In den USA

(C) In England

3. Wann ist die Sprecherin in die USA gegangen?

(A) Vor zwei Jahren

(B) Vor einem Jahr

(C) Vor zwei Monaten

Einheit 7, Abschnitt 1: Hörverstehensübungen

NAME______________________ KURS ______________________ DATUM ______________________

Hören Sie die Tonaufnahmen und umkringeln Sie die jeweils passendste Antwort zu den Fragen. Dazu können Sie die Tonaufnahmen beliebig oft anhören.

ÜBUNG EINS: FRAGEN

1. Wer sind die Leute auf dem Bild?

(A) die Schwester der Sprecherin und deren Familie

(B) die Cousine der Sprecherin und deren Familie

(C) die Tante der Sprecherin und deren Familie

2. Was arbeitet die Frau auf dem Bild?

(A) Fabrikarbeiterin

(B) Geschäftsfrau

(C) Lehrerin

ÜBUNG ZWEI: FRAGEN

1. Wo lebt die Sprecherin jetzt?

(A) Im Nordosten von Beijing

(B) Im Nordwesten von Beijing

(C) Im Südosten von Beijing

2. Wo geht der Sohn der Sprecherin zur Schule?

(A) Grundschule

(B) Junior High School

(C) Senior High School

3. Wo arbeitet der Ehemann der Sprecherin?

(A) Im Kindergarten

(B) In der Grundschule

(C) In der Junior High School

Einheit 7, Abschnitt 2: Hörverstehensübungen

NAME________________ KURS ________________ DATUM ________________

Hören Sie die Tonaufnahmen und umkringeln Sie die jeweils passendste Antwort zu den Fragen. Dazu können Sie die Tonaufnahmen beliebig oft anhören.

ÜBUNG EINS: FRAGEN

1. Wo studiert die Sprecherin jetzt?

(A) USA
(B) Festlandchina
(C) Taiwan

2. Wie viele Schriftzeichen kennt die Sprecherin?

(A) 100
(B) 700
(C) Mehrere Hundert

3. Welche andere Fremdsprache hat die Sprecherin gelernt?

(A) Französisch
(B) Japanisch
(C) Spanisch

ÜBUNG ZWEI: FRAGEN

1. Wo hat die Sprecherin Englisch gelernt?

(A) In der Grundschule
(B) In der Junior High School
(C) An der Universität

2. Wie lange hat die Sprecherin Englisch gelernt?

(A) Ein halbes Jahr
(B) Eineinhalb Jahre
(C) Acht Jahre

3. Wie findet die Sprecherin Englisch?

(A) Einfach
(B) Schwer
(C) Interessant

4. Wie lange hat die Sprecherin Spanisch gelernt?

(A) Ein halbes Jahr
(B) Eineinhalb Jahre
(C) Acht Jahre

Einheit 7, Abschnitt 3: Hörverstehensübungen

NAME_______________ KURS _______________ DATUM _______________

Hören Sie die Tonaufnahmen und umkringeln Sie die jeweils passendste Antwort zu den Fragen. Dazu können Sie die Tonaufnahmen beliebig oft anhören.

ÜBUNG EINS: FRAGEN

1. In welchem Monat ist die Sprecherin in Hongkong angekommen?

(A) Januar

(B) Februar

(C) März

2. Wie lange hat der Sprecher Chinesisch gelernt?

(A) Weniger als ein Jahr

(B) Ein Jahr

(C) Über ein Jahr

3. Welches Chinesischniveau hat die Ehefrau des Sprechers?

(A) Anfängerin

(B) Fortgeschrittene

(C) Sie kann kein Chinesisch.

ÜBUNG ZWEI: FRAGEN

1. Wo liegt Nanjing?

(A) Im Süden Chinas

(B) Im Osten Chinas

(C) Im Nordwesten Chinas

2. In welcher Jahrgangsstufe der Schule ist der Sprecher?

(A) Junior High School

(B) Senior High School

(C) Universität

3. Mit wem ist der Sprecher in die USA gekommen?

(A) Mit der Schwester

(B) Mit dem Bruder

(C) Mit der Cousine

4. Was kritisiert der Sprecher?

(A) Chinatown ist schmutzig.

(B) Die New Yorker sprechen zu schnell.

(C) New York ist sehr teuer.

Einheit 7, Abschnitt 4: Hörverstehensübungen

NAME________________ KURS ____________ DATUM ____________

Hören Sie die Tonaufnahmen und umkringeln Sie die jeweils passendste Antwort zu den Fragen. Dazu können Sie die Tonaufnahmen beliebig oft anhören.

ÜBUNG EINS: FRAGEN

1. Was hat der Sprecher nach seinem Universitätsabschluss gemacht?

(A) Er hat an einer Schule unterrichtet.

(B) Er ist auf eine Graduiertenschule gegangen.

(C) Er hat in einer Handelsfirma gearbeitet.

2. Was will die Sprecherin nach ihrem Universitätsabschluss machen?

(A) An der Schule unterrichten

(B) Auf eine Graduiertenschule gehen

(C) In einer Handelsfirma arbeiten

3. Was wird NICHT über Harbin gesagt?

(A) Es ist kalt dort.

(B) Es ist eine gute Gegend.

(C) Die Leute dort sind nett.

ÜBUNG ZWEI: FRAGEN

1. Wie lange hat die Sprecherin in Beijing studiert?

(A) 4 Monate

(B) 6 Monate

(C) 10 Monate

2. Was plant der Sprecher für die Zukunft?

(A) In den USA auf eine Graduiertenschule gehen

(B) In China auf eine Graduiertenschule gehen

(C) Ein paar Jahre in China studieren

3. Was wird NICHT über Beijing gesagt?

(A) Die Luft ist schlecht.

(B) Die Straßen sind verstopft.

(C) Es gibt dort wenig Verbrechen.

Einheit 8, Abschnitt 1: Hörverstehensübungen

NAME__________ KURS __________ DATUM __________

Hören Sie die Tonaufnahmen und umkringeln Sie die jeweils passendste Antwort zu den Fragen. Dazu können Sie die Tonaufnahmen beliebig oft anhören.

ÜBUNG EINS: FRAGEN

1. In welche Richtung sollte der Sprecher gehen, um sein Ziel zu erreichen?

(A) Nach Norden

(B) Nach Süden

(C) Geradeaus

2. Wie lange braucht er mit dem Taxi zum Ziel?

(A) Ungefähr drei Minuten

(B) Ungefähr sieben Minuten

(C) Ungefähr eine halbe Stunde

ÜBUNG ZWEI: FRAGEN

1. Von woher kommt der Lehrer des Sprechers?

(A) Beijing

(B) Nordchina

(C) Südchina

2. Wo liegt Harbin?

(A) Im Nordosten von China

(B) Im Nordwesten von China

(C) Im Südosten von China

3. Wie weit entfernt vom Büro des Lehrers liegt das Wohnheim des Sprechers?

(A) Ziemlich weit

(B) Eine Minute zu Fuß

(C) Sieben Minuten zu Fuß

Einheit 8, Abschnitt 2: Hörverstehensübungen

NAME____________________ KURS ______________ DATUM ______________

Hören Sie die Tonaufnahmen und umkringeln Sie die jeweils passendste Antwort zu den Fragen. Dazu können Sie die Tonaufnahmen beliebig oft anhören.

ÜBUNG EINS: FRAGEN

1. Wie heißt der Fahrgast mit Familiennamen?

(A) Li

(B) Wang

(C) Zhang

2. Wohin will er?

(A) Zur Universität

(B) Zur Botschaft

(C) Zum Flughafen

3. Wann kommt das Taxi?

(A) 5:05 Uhr

(B) 5:20 Uhr

(C) 5:35 Uhr

4. Wie ist die korrekte Pinyin-Umschrift für die gerade erwähnte Universität?

(A) Fūdàn

(B) Fùdàn

(C) Fùdān

ÜBUNG ZWEI: FRAGEN

1. Wo sind die beiden?

(A) Beijing

(B) Shanghai

(C) Hongkong

2. Wie viele Personen nehmen das Taxi?

(A) 1

(B) 2

(C) 3

3. Wann wollen sie los Richtung Flughafen?

(A) 6:00 Uhr

(B) 6:25 Uhr

(C) 6:50 Uhr

Einheit 8, Abschnitt 3: Hörverstehensübungen

NAME____________ KURS ____________ DATUM ____________

Hören Sie die Tonaufnahmen und umkringeln Sie die jeweils passendste Antwort zu den Fragen. Dazu können Sie die Tonaufnahmen beliebig oft anhören.

ÜBUNG EINS: FRAGEN

1. Wann hat der Sprecher zum ersten Mal bei der Taxifirma angerufen?

(A) Vor 15 Minuten

(B) Vor 30 Minuten

(C) Vor 60 Minuten

2. Wie lange muss er noch warten?

(A) 5 Minuten

(B) 10 Minuten

(C) 15 Minuten

3. Wann kommt das Taxi?

(A) 17:00 Uhr

(B) 17:20 Uhr

(C) 17:40 Uhr

ÜBUNG ZWEI: FRAGEN

1. Wie oft hat der Sprecher bei der Taxifirma angerufen?

(A) Einmal

(B) Zweimal

(C) Dreimal

2. Wie spät ist es jetzt?

(A) 10:30 Uhr

(B) 11:30 Uhr

(C) 12:30 Uhr

3. Wie lange dauert es bis zum Flughafen?

(A) 5 Minuten

(B) 20 Minuten

(C) 40 Minuten

Einheit 8, Abschnitt 4: Hörverstehensübungen

NAME____________ KURS ____________ DATUM ____________

Hören Sie die Tonaufnahmen und umkringeln Sie die jeweils passendste Antwort zu den Fragen. Dazu können Sie die Tonaufnahmen beliebig oft anhören.

ÜBUNG EINS: FRAGEN

1. Wie viele Personen wollen zum Flughafen?

(A) 1

(B) 2

(C) 3

2. Wie viele Gepäckstücke sind es?

(A) 1

(B) 2

(C) 3

3. Wie schnell können sie am Flughafen sein?

(A) In 30 Minuten

(B) In 45 Minuten

(C) In 1 Stunde

ÜBUNG ZWEI: FRAGEN

1. Was wiegt der Sprecher?

(A) 73 Kilo

(B) 86 Kilo

(C) 97 Kilo

2. Wie groß ist die Sprecherin?

(A) 1,63 Meter

(B) 1,79 Meter

(C) 1,86 Meter

3. Womit vergleicht die Sprecherin die Körpergröße der US-Amerikaner?

(A) Mit Bäumen

(B) Mit Bergen

(C) Mit dem Himmel

Einheit 9, Abschnitt 1: Hörverstehensübungen

NAME______________________ KURS ______________ DATUM ______________

Hören Sie die Tonaufnahmen und umkringeln Sie die jeweils passendste Antwort zu den Fragen. Dazu können Sie die Tonaufnahmen beliebig oft anhören.

ÜBUNG EINS: FRAGEN

1. Wie soll die Sprecherin nach der dritten Ampel weitergehen?

(A) Geradeaus

(B) Nach rechts

(C) Nach links

2. Wie weit entfernt ist die Bibliothek?

(A) 3 Minuten zu Fuß

(B) 15 Minuten zu Fuß

(C) 30 Minuten zu Fuß

3. Um wie viel Uhr schließt die Bibliothek heute?

(A) Um 19:30 Uhr

(B) Um 20:30 Uhr

(C) Um 21:30 Uhr

ÜBUNG ZWEI: FRAGEN

1. Welcher Rucksack gehört der Mitbewohnerin der Sprecherin?

(A) Der schwarze

(B) Der grüne

(C) Der weiße

2. Welche Farben mag der Sprecher?

(A) Weiß und Rot

(B) Schwarz und Weiß

(C) Grün und Rot

3. Woher stammt die Sprecherin?

(A) New York

(B) San Francisco

(C) Hongkong

Einheit 9, Abschnitt 2: Hörverstehensübungen

NAME__________ KURS __________ DATUM __________

Hören Sie die Tonaufnahmen und umkringeln Sie die jeweils passendste Antwort zu den Fragen. Dazu können Sie die Tonaufnahmen beliebig oft anhören.

ÜBUNG EINS: FRAGEN

1. Wo ist die Haltestelle für den Bus Nummer 805?

(A) Geradeaus

(B) Nach der Kreuzung nach rechts abbiegen

(C) Nach der Kreuzung nach links abbiegen

2. Welchen Bus sollte die Sprecherin nehmen, um zum Zoo zu kommen?

(A) Bus Nummer 805

(B) Bus Nummer 15, dann Bus Nummer 805

(C) Bus Nummer 805, dann Bus Nummer 15

3. Wie weit entfernt ist die Haltestelle von Bus Nummer 805?

(A) 5 Minuten

(B) 10 Minuten

(C) 15 Minuten

ÜBUNG ZWEI: FRAGEN

1. Wie weit weg ist die Peking-Universität?

(A) 5 bis 6 Minuten zu Fuß

(B) 5 bis 6 Minuten mit dem Bus

(C) 20 Minuten zu Fuß

2. Was schlägt die Frau dem Mann vor?

(A) Er soll zu Fuß gehen.

(B) Er soll mit dem Bus fahren.

(C) Er soll ein Taxi nehmen.

3. In welcher Richtung liegt die Peking-Universität?

(A) Im Osten

(B) Im Westen

(C) Geradeaus

Einheit 9, Abschnitt 3: Hörverstehensübungen

NAME__________ KURS __________ DATUM __________

Hören Sie die Tonaufnahmen und umkringeln Sie die jeweils passendste Antwort zu den Fragen. Dazu können Sie die Tonaufnahmen beliebig oft anhören.

ÜBUNG EINS: FRAGEN

1. Wo ist der Sprecher in den Bus eingestiegen?

(A) An der ersten Haltestelle

(B) Am Heping Hotel

(C) An der Renmin Universität

2. Wie viele Haltestellen sind es bis zur Endhaltestelle?

(A) 3

(B) 4

(C) 5

3. Was kostet eine Busfahrkarte?

(A) 3,5 RMB

(B) 4,0 RMB

(C) 4,5 RMB

ÜBUNG ZWEI: FRAGEN

1. Über wessen Zimmer wird gesprochen?

(A) Über das Zimmer des Sprechers

(B) Über das Zimmer der Sprecherin

(C) Über das Zimmer der Kommilitonin der Sprecherin

2. Wie ist die Kleine Wang?

(A) Sie lernt oft in ihrem Wohnheim.

(B) Sie arbeitet viel, ist aber nicht sonderlich klug.

(C) Sie macht gerne Späße.

3. Welche Sprache lernt die Kleine Wang?

(A) Chinesisch

(B) Japanisch

(C) Spanisch

Einheit 9, Abschnitt 4: Hörverstehensübungen

NAME________________________ KURS ________________ DATUM ________________

Hören Sie die Tonaufnahmen und umkringeln Sie die jeweils passendste Antwort zu den Fragen. Dazu können Sie die Tonaufnahmen beliebig oft anhören.

ÜBUNG EINS: FRAGEN

1. Welches Problem hat der Sprecher?

(A) Er hat keine Fahrkarte.

(B) Er kann seine Fahrkarte nicht finden.

(C) Er kann sein Geld nicht finden.

2. An welcher Haltestelle will er aussteigen?

(A) Am Sommerpalast

(B) An der nächsten Haltestelle

(C) An der übernächsten Haltestelle

3. Was kostet seine Busfahrkarte?

(A) 1,5 RMB

(B) 2,5 RMB

(C) 3,5 RMB

4. Was war die Lösung für sein Problem?

(A) Der Sprecher hat seine Fahrkarte wiedergefunden.

(B) Die Schaffnerin hat dem Sprecher Geld geliehen.

(C) Die Schaffnerin hat sich an den Sprecher erinnert.

ÜBUNG ZWEI: FRAGEN

1. Wann ist der Sprecher in die USA zurückgekehrt?

(A) Am 6. April

(B) Am 20. Mai

(C) Am 24. Juni

2. Wo liegt Hangzhou?

(A) Im Osten von China

(B) Im Nordosten von Shanghai

(C) Weit weg von Shanghai

3. Wann will die Sprecherin nach China gehen?

(A) Im Oktober dieses Jahres

(B) Im Januar des nächsten Jahres

(C) Im November des nächsten Jahres

Einheit 10, Abschnitt 1: Hörverstehensübungen

NAME_______________ KURS _______________ DATUM _______________

Hören Sie die Tonaufnahmen und umkringeln Sie die jeweils passendste Antwort zu den Fragen. Dazu können Sie die Tonaufnahmen beliebig oft anhören.

ÜBUNG EINS: FRAGEN

1. Wie wird das Wetter an diesem Morgen?

(A) Sonnig/Klar

(B) Bedeckt

(C) Regnerisch

2. Wie hoch ist die Höchsttemperatur morgen?

(A) 31° Grad

(B) 34° Grad

(C) 35° Grad

3. Wie wird das Wetter morgen?

(A) Sonnig

(B) Nieselregen

(C) Starker Regen

ÜBUNG ZWEI: FRAGEN

1. Wie ist das Wetter gerade?

(A) Regnerisch

(B) Bedeckt

(C) Sonnig

2. Wie wird das Wetter morgen?

(A) Regnerisch

(B) Bedeckt

(C) Sonnig

3. Wie hoch ist die Höchsttemperatur morgen?

(A) 29° Grad

(B) 32° Grad

(C) 34° Grad

Einheit 10, Abschnitt 2: Hörverstehensübungen

NAME______________________ KURS ______________ DATUM ______________

Hören Sie die Tonaufnahmen und umkringeln Sie die jeweils passendste Antwort zu den Fragen. Dazu können Sie die Tonaufnahmen beliebig oft anhören.

ÜBUNG EINS: FRAGEN

1. In welcher Jahreszeit war der Sprecher in Beijing?

(A) Frühling

(B) Sommer

(C) Winter

2. Wie ist der Sommer in Harbin?

(A) Heiß

(B) Trocken

(C) Regnerisch

3. Was trifft auf die Winter in Harbin NICHT zu?

(A) Es schneit oft.

(B) Sie fangen im November an.

(C) Der Januar ist der kälteste Monat.

ÜBUNG ZWEI: FRAGEN

1. Wie war das Wetter letzte Woche?

(A) Regnerisch

(B) Sehr heiß

(C) Weder heiß noch kalt

2. Wie lautet die Wettervorhersage für die nächsten Tage?

(A) Es wird regnen.

(B) Es wird weder heiß noch kalt sein.

(C) Die Höchsttemperatur wird 78 Grad (Fahrenheit) sein.

3. Was ist die Lieblingsjahreszeit des Sprechers?

(A) Frühling

(B) Sommer

(C) Herbst

Einheit 10, Abschnitt 3: Hörverstehensübungen

NAME__________ KURS __________ DATUM __________

Hören Sie die Tonaufnahmen und umkringeln Sie die jeweils passendste Antwort zu den Fragen. Dazu können Sie die Tonaufnahmen beliebig oft anhören.

ÜBUNG EINS: FRAGEN

1. An welchem Tag ist der Sprecher aus Taipei zurück gekommen?

(A) Am 12.

(B) Am 26.

(C) Am 29.

2. Wie war das Wetter, als der Sprecher das letzte Mal in Taipei war?

(A) Sehr heiß

(B) Sehr feucht

(C) Es gab einen Taifun.

3. Was war das Wetter, als der Sprecher dieses Mal in Taipei war?

(A) Sehr heiß

(B) Sehr feucht

(C) Es gab einen Taifun.

4. Welche Jahreszeit ist laut Sprecher die beste Reisezeit für Touristen?

(A) Winter

(B) Sommer

(C) Herbst

ÜBUNG ZWEI: FRAGEN

1. Wie ist das Wetter jetzt?

(A) Leichter Regen

(B) Starker Regen

(C) Sonnig

2. Was macht Mary gerade?

(A) Lernen

(B) Schlafen

(C) Sich vergnügen

Einheit 10, Abschnitt 4: Hörverstehensübungen

NAME________________ KURS ____________ DATUM ____________

Hören Sie die Tonaufnahmen und umkringeln Sie die jeweils passendste Antwort zu den Fragen. Dazu können Sie die Tonaufnahmen beliebig oft anhören.

ÜBUNG EINS: FRAGEN

1. Wo liegt Qingdao?

(A) Im Osten von China

(B) Im Westen von China

(C) Im Süden von China

2. Wie sind die Winter in Nanjing?

(A) Kalt

(B) Heiß

(C) Feucht

3. Wie lange war die Sprecherin in Nanjing?

(A) Ein halbes Jahr

(B) Ein Jahr

(C) Eineinhalb Jahre

4. Hat sie sich an der Klima in Nanjing gewöhnt?

(A) Ja.

(B) Nein.

(C) Zunächst nicht, aber jetzt hat sich gerade daran gewöhnt.

ÜBUNG ZWEI: FRAGEN

1. Wann ist die Sprecherin angekommen?

(A) Gegen 5:40 Uhr

(B) Gegen 6:00 Uhr

(C) Gegen 6:20 Uhr

2. Wie ist der Sprecher hergekommen?

(A) Mit dem Bus

(B) Mit dem Taxi

(C) Zu Fuß

3. Was zeigt die Erfahrung der Sprecherin?

(A) Das Taxi ist schneller als der Bus.

(B) Zu Fuß kann man schneller sein als mit dem Bus oder dem Taxi.

(C) Das Taxi ist nicht unbedingt schneller als der Bus.

4. Wie kann man die Haltung des Sprechers gegenüber der Sprecherin am besten beschreiben?

(A) Er ärgert sich über sie.

(B) Er ist an sie gewöhnt.

(C) Er mag sie sehr.

6. Diktierübungen

Diktierübung 1

AUSSPRACHE UND TRANSKRIPTION: ANLAUTE

NAME______________ KURS ______________ DATUM ______________

Schreiben Sie auf Basis der Tonaufnahme in Pinyin die korrekten Anlaute hin. Die Auslaute und die Töne sind angegeben. Sie können die Tonaufnahmen beliebig oft anhören.

1. ____________ā	11. ____________ēn	21. ____________uē
2. ____________ū	12. ____________uī	22. ____________ēng
3. ____________ī	13. ____________ān	23. ____________ōng
4. ____________ō	14. ____________ū	24. ____________uān
5. ____________āi	15. ____________ū	25. ____________uān
6. ____________iā	16. ____________ē	26. ____________āng
7. ____________ōu	17. ____________ā	27. ____________uī
8. ____________āo	18. ____________ī	28. ____________ā
9. ____________iē	19. ____________ī	29. ____________āo
10. ____________īn	20. ____________iān	30. ____________ī

Diktierübung 2

AUSSPRACHE UND TRANSKRIPTION: AUSLAUTE

NAME__________ KURS __________ DATUM __________

Schreiben Sie auf Basis der Tonaufnahme in Pinyin die korrekten Auslaute hin. Die Silben stehen alle im Ersten Ton. Die Anlaute sind angegeben. Sie können die Tonaufnahmen beliebig oft anhören.

1. f_____	11. r_____	21. y_____
2. j_____	12. g_____	22. z_____
3. t_____	13. w_____	23. q_____
4. x_____	14. l_____	24. r_____
5. j_____	15. zh_____	25. n_____
6. c_____	16. b_____	26. j_____
7. sh_____	17. x_____	27. q_____
8. y_____	18. m_____	28. s_____
9. z_____	19. k_____	29. z_____
10. ch_____	20. p_____	30. zh_____

Diktierübung 3

AUSSPRACHE UND TRANSKRIPTION: TÖNE

NAME________________ KURS ________________ DATUM ________________

Schreiben Sie auf Basis der Tonaufnahme in Pinyin die korrekten Töne hin. Die An- und Auslaute sind angegeben. Sie können die Tonaufnahmen beliebig oft anhören.

1. ta
2. ma
3. wo
4. shei
5. hao
6. lei
7. sha
8. gui
9. ni
10. mei
11. zhi
12. shu
13. tan
14. lü
15. lu
16. ru
17. rou
18. lüe
19. ku
20. li
21. xue
22. lan
23. mai
24. mai
25. pai
26. er
27. xiu
28. shuo
29. kuang
30. feng

Diktierübung 4

AUSSPRACHE UND TRANSKRIPTION: ANLAUTE, AUSLAUTE UND TÖNE

NAME ______________________ KURS ______________ DATUM ______________

Schreiben Sie auf Basis der Tonaufnahme in Pinyin die korrekten An- und Auslaute sowie die Töne hin. Sie können die Tonaufnahmen beliebig oft anhören.

1. ____________
2. ____________
3. ____________
4. ____________
5. ____________
6. ____________
7. ____________
8. ____________
9. ____________
10. ____________
11. ____________
12. ____________
13. ____________
14. ____________
15. ____________
16. ____________
17. ____________
18. ____________
19. ____________
20. ____________
21. ____________
22. ____________
23. ____________
24. ____________
25. ____________
26. ____________
27. ____________
28. ____________
29. ____________
30. ____________

Diktierübung 5

AUSDRÜCKE FÜR DEN UNTERRICHT 1-32

NAME________________ KURS ________________ DATUM ________________

Schreiben Sie auf Basis der Tonaufnahme die deutschen Entsprechungen der chinesischen Ausdrücke hin, die Sie hören, Beachten Sie, dass einige der Ausdrücke für den Unterricht aus dem Lehrbuch leicht verändert oder umgestellt sein können. Sie können die Tonaufnahmen beliebig oft anhören.

1. ________________
2. ________________
3. ________________
4. ________________
5. ________________
6. ________________
7. ________________
8. ________________
9. ________________
10. ________________
11. ________________
12. ________________
13. ________________
14. ________________
15. ________________
16. ________________
17. ________________
18. ________________
19. ________________
20. ________________

Diktierübung 6

EINHEIT 3, ABSCHNITT 2: ZAHLEN 1-99 UND ALTERSANGABEN

NAME______________________ KURS ______________ DATUM ______________

Schreiben Sie auf Basis der Tonaufnahme die Zahlen oder das Alter (in diesem Falle schreiben Sie "___ Jahre alt") hin. Sie können die Tonaufnahmen beliebig oft anhören.

1. ______________
2. ______________
3. ______________
4. ______________
5. ______________
6. ______________
7. ______________
8. ______________
9. ______________
10. ______________
11. ______________
12. ______________
13. ______________
14. ______________
15. ______________
16. ______________
17. ______________
18. ______________
19. ______________
20. ______________
21. ______________
22. ______________
23. ______________
24. ______________
25. ______________
26. ______________
27. ______________
28. ______________
29. ______________
30. ______________

Diktierübung 7

EINHEIT 3, ABSCHNITT 3: ZAHLEN 1 - 9.999 UND GELDBETRÄGE

NAME__________ KURS __________ DATUM __________

Schreiben Sie auf Basis der Tonaufnahme die Zahlen oder den Geldbetrag hin, die bzw. den Sie hören (bei den Geldbeträgen schreiben Sie "..." RMB). Sie können die Tonaufnahmen beliebig oft anhören.

1. ________	11. ________	21. ________
2. ________	12. ________	22. ________
3. ________	13. ________	23. ________
4. ________	14. ________	24. ________
5. ________	15. ________	25. ________
6. ________	16. ________	26. ________
7. ________	17. ________	27. ________
8. ________	18. ________	28. ________
9. ________	19. ________	29. ________
10. ________	20. ________	30. ________

Diktierübung 8

EINHEIT 3, ABSCHNITT 4: UHRZEITEN UND ZEITDAUER

NAME________________________ KURS ________________ DATUM ________________

Schreiben Sie auf Basis der Tonaufnahme die Uhrzeit oder die Zeitdauer hin, die Sie hören (bei den Uhrzeiten schreiben Sie z.B. 5:35 Uhr bei den Zeiträumen schreiben Sie „Stunden“ bzw. „Minuten“, also 2 Stunden bzw. 10 Minuten). Sie können die Tonaufnahmen beliebig oft anhören.

1. ________	11. ________	21. ________
2. ________	12. ________	22. ________
3. ________	13. ________	23. ________
4. ________	14. ________	24. ________
5. ________	15. ________	25. ________
6. ________	16. ________	26. ________
7. ________	17. ________	27. ________
8. ________	18. ________	28. ________
9. ________	19. ________	29. ________
10. ________	20. ________	30. ________

Diktierübung 9

EINHEIT 4, ABSCHNITT 2: DATUMSANGABEN

NAME____________ KURS ____________ DATUM ____________

Schreiben Sie auf Basis der Tonaufnahme das Datum samt Wochentag, Monat, Tag des Monats und Jahr hin, das Sie hören. Für das chinesische Äquivalent von „Montag, Juli 4, 2011" schreiben Sie verkürzt: „Montag, 4.7.2011". Sie können die Tonaufnahmen beliebig oft anhören.

1. ____________
2. ____________
3. ____________
4. ____________
5. ____________
6. ____________
7. ____________
8. ____________
9. ____________
10. ____________
11. ____________
12. ____________
13. ____________
14. ____________
15. ____________
16. ____________
17. ____________
18. ____________
19. ____________
20. ____________

Diktierübung 10

EINHEIT 4, ABSCHNITT 4: GROSSE ZAHLEN

NAME__________ KURS __________ DATUM __________

Schreiben Sie auf Basis der Tonaufnahme die Zahlen, die Sie hören, in Ziffern hin, so wie sie im Deutschen geschrieben werden. Wird im Chinesischen ein **duō** verwendet, um „mehr als" auszudrücken, so setzen Sie hinter die Zahl ein „+". Sie können die Tonaufnahmen beliebig oft anhören.

1. __________
2. __________
3. __________
4. __________
5. __________
6. __________
7. __________
8. __________
9. __________
10. __________
11. __________
12. __________
13. __________
14. __________
15. __________
16. __________
17. __________
18. __________
19. __________
20. __________
21. __________
22. __________
23. __________
24. __________
25. __________
26. __________
27. __________
28. __________
29. __________
30. __________

7. Übersetzungsübungen, Einheiten 1-10: Für jeden Abschnitt (Lektion)

Einheit 1, Abschnitt 1: Übersetzungsübung

NAME____________________ KURS ________________ DATUM ________________

Übersetzen Sie die folgenden Sätze in Pinyin-Umschrift mit korrekten Ton-Markierungen. Sollten Sie ein Wort vergessen haben, schauen Sie im deutsch-chinesischen Glossar am Ende des Lehrbuchs nach.

1. Wohin geht Ke Leien?

2. Ich gehe in die Mensa. Und du?

3. Wang Jingsheng geht zurück ins Wohnheim.

4. Ke Leien geht sich um einige Dinge kümmern.

5. Du gehst in die Bibliothek. Ich gehe auch in die Bibliothek.

Einheit 1, Abschnitt 2: Übersetzungsübung

NAME ______ KURS ______ DATUM ______

Übersetzen Sie die folgenden Sätze in Pinyin-Umschrift mit korrekten Ton-Markierungen. Sollten Sie ein Wort vergessen haben, schauen Sie im deutsch-chinesischen Glossar am Ende des Lehrbuchs nach.

1. Ich bin müde, bist du auch müde?

2. Lange nicht gesehen! Hast du viel zu tun?

3. Er ist beschäftigt. Seine Frau und seine Kinder sind auch alle beschäftigt.

4. Wie geht es deiner Mutter und deinem Vater? Geht es beiden gut?

5. Sie hat eine Kleinigkeit (zu erledigen). Ich habe auch eine Kleinigkeit (zu erledigen).

Einheit 1, Abschnitt 3: Übersetzungsübung

NAME ____________________ KURS ____________________ DATUM ____________________

Übersetzen Sie die folgenden Sätze in Pinyin-Umschrift mit korrekten Ton-Markierungen. Sollten Sie ein Wort vergessen haben, schauen Sie im deutsch-chinesischen Glossar am Ende des Lehrbuchs nach.

1. Chinesisch ist nicht schwer. Chinesisch ist einfach.

2. Kleine Wang, hallo! Wie geht es in der letzten Zeit?

3. In letzter Zeit war ihr Studium nicht so stressig.

4. In letzter Zeit waren wir alle ziemlich beschäftigt. (Verwenden Sie das **tǐng...-de** -Muster)

5. Geht der Alte Zhao? Gehst du? (Verwenden Sie das Ja-Nein-Frage-Muster.)

Einheit 1, Abschnitt 4: Übersetzungsübung

NAME__________ KURS __________ DATUM __________

Übersetzen Sie die folgenden Sätze in Pinyin-Umschrift mit korrekten Ton-Markierungen. Sollten Sie ein Wort vergessen haben, schauen Sie im deutsch-chinesischen Glossar am Ende des Lehrbuchs nach.

1. Lehrer Wang, komm bitte herein! Setz dich bitte!

2. Wir sind müde geworden. Seid ihr auch müde geworden?

3. A: Frau Gao, danke! B: Nichts zu danken. Geh langsam!

4. Wie geht es Ihnen, Herr Li? Wie geht es Ihnen, Frau Li? (so höflich wie möglich)

5. Fräulein Lin, ich habe eine Kleinigkeit (zu erledigen). Ich muss jetzt gehen. Auf Wiedersehen!

Einheit 2, Abschnitt 1: Übersetzungsübung

NAME________________ KURS ____________ DATUM ____________

Übersetzen Sie die folgenden Sätze in Pinyin-Umschrift mit korrekten Ton-Markierungen. Sollten Sie ein Wort vergessen haben, schauen Sie im deutsch-chinesischen Glossar am Ende des Lehrbuchs nach.

1. Sie ist Amerikanerin, Sino-Amerikanerin. Und du?

2. Seid ihr beide Chinesen? Und was ist mit euren Kommilitonen?

3. Entschuldigung, aus welchem Land kommst du? Bist du Japaner? (höflich)

4. Ich heiße (schreiben Sie Ihren chinesischen Familiennamen und Vornamen hin). **Wie heißt du?**

5. Sie sind nicht alle gute Väter. Dieser Lehrer ist ein guter Vater, aber jener Lehrer ist kein guter Vater.

Einheit 2, Abschnitt 2: Übersetzungsübung

NAME____________________ KURS _______________ DATUM _______________

Übersetzen Sie die folgenden Sätze in Pinyin-Umschrift mit korrekten Ton-Markierungen. Sollten Sie ein Wort vergessen haben, schauen Sie im deutsch-chinesischen Glossar am Ende des Lehrbuchs nach.

1. **Wir heißen Sie in den USA willkommen!** (höflich)

2. **Wer ist euer Lehrer? Wer sind eure Kommilitonen?**

3. **Willkommen! Komm bitte herein, setz dich bitte. Geh nicht!**

4. **Ich freue mich, dich kennen zu lernen. Entschuldigung, wie soll ich dich anreden?**

5. **Nenn mich nicht so. Es wäre besser, wenn du mich Kleine/r Gao nennst.**

Einheit 2, Abschnitt 3: Übersetzungsübung

NAME__________ KURS __________ DATUM __________

Übersetzen Sie die folgenden Sätze in Pinyin-Umschrift mit korrekten Ton-Markierungen. Sollten Sie ein Wort vergessen haben, schauen Sie im deutsch-chinesischen Glossar am Ende des Lehrbuchs nach.

1. Ich studiere an der Taiwan-Universität. Wo studierst du?

2. Ich nehme an, das muss Ihr Gatte / Ihre Gattin sein? (höflich)

3. Meine Mutter arbeitet in einer Firma. Wo arbeitet deine Mutter?

4. Herr Wu arbeitet im Außenministerium, Frau Wu arbeitet an der japanischen Botschaft.

5. Wie ist Ihr Familienname? In welcher Einheit arbeiten Sie? (so höflich wie möglich)

Einheit 2, Abschnitt 4: Übersetzungsübung

NAME______________________ KURS ______________ DATUM ______________

Übersetzen Sie die folgenden Sätze in Pinyin-Umschrift mit korrekten Ton-Markierungen. Sollten Sie ein Wort vergessen haben, schauen Sie im deutsch-chinesischen Glossar am Ende des Lehrbuchs nach.

1. Pardon, ich bin nicht gegangen, ich habe auch nicht gefragt.

2. Keiner von ihnen ging zur Mensa.

3. A: Sind sie gekommen? B: Sie sind immer noch nicht gekommen.

4. Nicht alle von ihnen sind Chinesen, aber keiner von uns ist Kanadier.

5. Fräulein Wang von der chinesischen Botschaft ist gekommen. Kennst du sie?

Einheit 3, Abschnitt 1: Übersetzungsübung

NAME______________________ KURS ______________ DATUM ______________

Übersetzen Sie die folgenden Sätze in Pinyin-Umschrift mit korrekten Ton-Markierungen. Sollten Sie ein Wort vergessen haben, schauen Sie im deutsch-chinesischen Glossar am Ende des Lehrbuchs nach.

1. **Wir sind in unserer Klasse neun Kommilitonen.** (höflich)

2. **Wie viele Chinesischlehrer habt ihr insgesamt?**

3. **Einer ist ein Student, acht sind Studentinnen.** (nicht sonderlich höflich)

4. **In der Klasse sind sieben Franzosen, sechs Chinesen und vier Deutsche.**

5. **Es sind fünf Lehrer: Zwei Lehrer und drei Lehrerinnen.** (höflich)

Einheit 3, Abschnitt 2: Übersetzungsübung

NAME______________________ KURS ______________ DATUM ______________

Übersetzen Sie die folgenden Sätze in Pinyin-Umschrift mit korrekten Ton-Markierungen. Sollten Sie ein Wort vergessen haben, schauen Sie im deutsch-chinesischen Glossar am Ende des Lehrbuchs nach.

1. Wie alt ist ihr Kind?

2. Nächsten Monat werde ich 19 Jahre.

3. Wie alt ist deine Mutter dieses Jahr?

4. Du hast keinen älteren Bruder, stimmt's?

5. Lass mich nachdenken (nachzudenken versuchen): Mein Vater ist dieses Jahr 61.

Einheit 3, Abschnitt 3: Übersetzungsübung

NAME__________ KURS __________ DATUM __________

Übersetzen Sie die folgenden Sätze in Pinyin-Umschrift mit korrekten Ton-Markierungen. Sollten Sie ein Wort vergessen haben, schauen Sie im deutsch-chinesischen Glossar am Ende des Lehrbuchs nach.

1. Warum kaufen wir nicht auch eins?

2. Was kostet dieser Rucksack?

3. Die Tassen und Taschen, die sie verkauft, sind alle zu teuer.

4. Warum schaust du es dir nicht an? Dies ist sehr gut und auch gar nicht teuer.

5. Diese Aktentasche kostet 3.495 Yuan.

Einheit 3, Abschnitt 4: Übersetzungsübung

NAME________________ KURS ________________ DATUM ________________

Übersetzen Sie die folgenden Sätze in Pinyin-Umschrift mit korrekten Ton-Markierungen. Sollten Sie ein Wort vergessen haben, schauen Sie im deutsch-chinesischen Glossar am Ende des Lehrbuchs nach.

1. In diesem Fall nehme ich den Zug um 10 Uhr.

2. Wir nehmen den 9:30er. Und du?

3. Nach Tianjin dauert es eineinhalb Stunden.

4. Entschuldigung, wie lange braucht man nach Singapur?

5. Es ist jetzt schon 2:30 Uhr. Ich fürchte, ihr schafft es nicht.

Einheit 4, Abschnitt 1: Übersetzungsübung

NAME__________ KURS __________ DATUM __________

Übersetzen Sie die folgenden Sätze in Pinyin-Umschrift mit korrekten Ton-Markierungen. Sollten Sie ein Wort vergessen haben, schauen Sie im deutsch-chinesischen Glossar am Ende des Lehrbuchs nach.

1. Entschuldigung, ist die Bibliothek sonntags geöffnet?

2. Ich schlafe normalerweise sieben Stunden am Tag, und du?

3. Montag, Mittwoch und Freitag ist die Firma halbtags geöffnet.

4. Ich stehe normalerweise morgens um 7:00 Uhr auf und gehe um 11 Uhr abends zu Bett.

5. Das Sprachlabor öffnet morgens um 9:00 Uhr und schließt abends um 20:30 Uhr.

Einheit 4, Abschnitt 2: Übersetzungsübung

NAME ______________________ KURS ______________ DATUM ______________

Übersetzen Sie die folgenden Sätze in Pinyin-Umschrift mit korrekten Ton-Markierungen. Sollten Sie ein Wort vergessen haben, schauen Sie im deutsch-chinesischen Glossar am Ende des Lehrbuchs nach.

1. Ihre Mutter hat am 24.11. Geburtstag.

2. Sein Vater wurde am 19.09.1965 in England geboren.

3. Welches Datum ist morgen und welcher Wochentag?

4. Meine Adresse ist Friedensstraße, Abschnitt 3, Gasse 46, Gässchen 5, Nummer 27, 6. Stock.

5. Wie viele Tage? Ein Tag! Wie viele Wochen? Zwei Wochen! Wie viele Monate? Drei Monate! Wie viele Jahre? Vier Jahre!

Einheit 4, Abschnitt 3: Übersetzungsübung

NAME____________________ KURS ____________ DATUM ____________

Übersetzen Sie die folgenden Sätze in Pinyin-Umschrift mit korrekten Ton-Markierungen. Sollten Sie ein Wort vergessen haben, schauen Sie im deutsch-chinesischen Glossar am Ende des Lehrbuchs nach.

1. Dies ist mein drittes Mal in China.

2. Lehrer Wang ist dieses Jahr zweimal gegangen.

3. Am 25.11. werde ich nachhause zurückkehren.

4. Ich bin niemals (= „gegangen") **in China gewesen. Warst du schon da?**

5. A: Wie lange bleibst du? B: Dieses Mal möchte ich einen Monat bleiben.

Einheit 4, Abschnitt 4: Übersetzungsübung

NAME_______________ KURS _______________ DATUM _______________

Übersetzen Sie die folgenden Sätze in Pinyin-Umschrift mit korrekten Ton-Markierungen. Sollten Sie ein Wort vergessen haben, schauen Sie im deutsch-chinesischen Glossar am Ende des Lehrbuchs nach.

1. **Wie viele Menschen gibt es in Shanghai?**

2. **Taiwan hat ungefähr 24 Millionen Menschen.**

3. **Es scheint, Taipei hat nur 3 Millionen Einwohner.**

4. **Es scheint, Guangzhou hat mehr als 12 Millionen Einwohner.**

5. **Die Bevölkerung von Guangzhou ist im Vergleich größer.** (Verwenden Sie **duō** „viel sein, viel".)

Einheit 5, Abschnitt 1: Übersetzungsübung

NAME______________________ KURS ______________ DATUM ______________

Übersetzen Sie die folgenden Sätze in Pinyin-Umschrift mit korrekten Ton-Markierungen. Sollten Sie ein Wort vergessen haben, schauen Sie im deutsch-chinesischen Glossar am Ende des Lehrbuchs nach.

1. Wo ist jener Tisch?

2. Weißt du, wo jener Stuhl ist?

3. Entschuldigung, ist Frau Zhang da?

4. Kannst du mir eine Nachricht hinterlassen, falls ich nicht da bin?

5. Frau Zhang ist da, aber Fräulein Zhang ist jetzt nicht hier.

Einheit 5, Abschnitt 2: Übersetzungsübung

NAME____________________ KURS ________________ DATUM ________________

Übersetzen Sie die folgenden Sätze in Pinyin-Umschrift mit korrekten Ton-Markierungen. Sollten Sie ein Wort vergessen haben, schauen Sie im deutsch-chinesischen Glossar am Ende des Lehrbuchs nach.

1. Ich arbeite hier.

2. Wo frühstückst du?

3. Wir kommen oft hierher, um chinesisches Essen zu essen.

4. Sie studiert die Chinesische Sprache an der Peking-Universität.

5. Huch! Es ist fast sieben Uhr. Ich muss zum Abendessen gehen.

Einheit 5, Abschnitt 3: Übersetzungsübung

NAME______________________ KURS ______________ DATUM ______________

Übersetzen Sie die folgenden Sätze in Pinyin-Umschrift mit korrekten Ton-Markierungen. Sollten Sie ein Wort vergessen haben, schauen Sie im deutsch-chinesischen Glossar am Ende des Lehrbuchs nach.

1. Shanghai liegt im Osten Chinas.

2. Vorletztes Jahr sind sie nach Chengdu gezogen.

3. Kleine Li, du bist wirklich etwas dicker geworden!

4. Ich suche die Toilette. Entschuldigung, wo ist die Toilette?

5. Dieses Mal wohne ich im Peking-Hotel. Wo wohnst du?

Einheit 5, Abschnitt 4: Übersetzungsübung

NAME__________ KURS __________ DATUM __________

Übersetzen Sie die folgenden Sätze in Pinyin-Umschrift mit korrekten Ton-Markierungen. Sollten Sie ein Wort vergessen haben, schauen Sie im deutsch-chinesischen Glossar am Ende des Lehrbuchs nach.

1. In der Tasse hier sind fünf Fen.

2. Der Computer ist auf dem Tisch rechts von dir.

3. Der Schalter ist nicht vorne, er ist hinten.

4. Das Ding, das oben drauf ist – kümmere dich nicht darum!

5. Der Kleine Wang ist außerhalb der Bibliothek; er ist nicht in der Bibliothek.

Einheit 6, Abschnitt 1: Übersetzungsübung

NAME____________________ KURS ________________ DATUM ________________

Übersetzen Sie die folgenden Sätze in Pinyin-Umschrift mit korrekten Ton-Markierungen. Sollten Sie ein Wort vergessen haben, schauen Sie im deutsch-chinesischen Glossar am Ende des Lehrbuchs nach.

1. **Das ist das Bonbon, das sie mir gegeben hat.**

2. **Tante, lass mich dir einen Freund vorstellen.**

3. **Das Mensaessen schmeckt nicht sehr gut.**

4. **Dies ist ein kleines Geschenk, das ich dir gebe.** (höflich)

5. **Ihr Freund ist schon in seinem Senior-Jahr. Er sieht ziemlich gut aus.**

Einheit 6, Abschnitt 2: Übersetzungsübung

NAME________________ KURS ________________ DATUM ________________

Übersetzen Sie die folgenden Sätze in Pinyin-Umschrift mit korrekten Ton-Markierungen. Sollten Sie ein Wort vergessen haben, schauen Sie im deutsch-chinesischen Glossar am Ende des Lehrbuchs nach.

1. Kleiner Jin, du siehst sehr schläfrig aus.

2. Ich bin noch nicht verheiratet. Bist du verheiratet?

3. Entschuldigung, was bedeutet qiānzhèng ?

4. Alter Sun, ich nehme an, du bist noch keine fünfzig?

5. Mein chinesischer Freund wurde in Tianjin geboren und wuchs in Beijing auf.

Einheit 6, Abschnitt 3: Übersetzungsübung

NAME_______________ KURS _______________ DATUM _______________

Übersetzen Sie die folgenden Sätze in Pinyin-Umschrift mit korrekten Ton-Markierungen. Sollten Sie ein Wort vergessen haben, schauen Sie im deutsch-chinesischen Glossar am Ende des Lehrbuchs nach.

1. Das Kind ist sechs Monate alt.

2. Warum arbeitest du nur halbtags?

3. Unterrichtest du gerne? Was unterrichtest du?

4. Weil wir sehr beschäftigt waren, haben wir nicht auf ihn gewartet.

5. Du arbeitest bei den Northeast Airlines, stimmt's?Wann fängst du mit der Arbeit an und wann kommst du von der Arbeit?

Einheit 6, Abschnitt 4: Übersetzungsübung

NAME__________ KURS __________ DATUM __________

Übersetzen Sie die folgenden Sätze in Pinyin-Umschrift mit korrekten Ton-Markierungen. Sollten Sie ein Wort vergessen haben, schauen Sie im deutsch-chinesischen Glossar am Ende des Lehrbuchs nach.

1. Er ist in ihrer Familie der Älteste.

2. Pardon, ich habe vergessen, mich vorzustellen.

3. Fräulein Zhang, lass uns in Zukunft wieder plaudern, wenn es sich ergibt.

4. Ich habe eine ältere Schwester und einen jüngeren Bruder. Wie viele Geschwister hast du?

5. Mein älterer Bruder studiert in Japan, meine jüngere Schwester ist nach Frankreich ausgewandert.

Einheit 7, Abschnitt 1: Übersetzungsübung

NAME ______________________ KURS ______________ DATUM ______________

Übersetzen Sie die folgenden Sätze in Pinyin-Umschrift mit korrekten Ton-Markierungen. Sollten Sie ein Wort vergessen haben, schauen Sie im deutsch-chinesischen Glossar am Ende des Lehrbuchs nach.

1. Wen gibt es alles in ihrer Familie?

2. Meine Eltern haben früher in einer Fabrik gearbeitet.

3. Früher habe ich Computer verkauft, jetzt habe ich die Arbeit gewechselt.

4. Sie arbeitet in einem Kindergarten. Sie muss um sieben Uhr morgens zur Arbeit.

5. Da er nicht so gesund ist, arbeitet er nicht mehr als Geschäftsmann.

Einheit 7, Abschnitt 2: Übersetzungsübung

NAME_______________ KURS _______________ DATUM _______________

Übersetzen Sie die folgenden Sätze in Pinyin-Umschrift mit korrekten Ton-Markierungen. Sollten Sie ein Wort vergessen haben, schauen Sie im deutsch-chinesischen Glossar am Ende des Lehrbuchs nach.

1. **Ich kann ein bisschen Chinesisch, aber ich spreche es nicht sehr gut.**

2. **Sie kann nur Englisch, sie kann keine anderen Sprachen sprechen.**

3. **Ich kenne ungefähr zweihundert chinesische Schriftzeichen; manche kann ich schreiben, manche nicht.**

4. **Er konnte früher chinesische Schriftzeichen schreiben, aber jetzt hat er es völlig vergessen.**

5. **Oh, deine chinesischen Schriftzeichen (, die du schreibst,) sind nicht schlecht.** (Zeigen Sie an, dass dies offenkundig ist.)

Einheit 7, Abschnitt 3: Übersetzungsübung

NAME________________ KURS ________________ DATUM ________________

Übersetzen Sie die folgenden Sätze in Pinyin-Umschrift mit korrekten Ton-Markierungen. Sollten Sie ein Wort vergessen haben, schauen Sie im deutsch-chinesischen Glossar am Ende des Lehrbuchs nach.

1. Kein Wunder, dass die Sachen hier so teuer sind.

2. Ich bin nicht alleine gekommen. Ich bin mit meinen Eltern gekommen.

3. Wir sind dieses Jahr im September angekommen. Wann seid ihr angekommen?

4. Manchmal gehe ich mit meinen Kommilitonen, manchmal gehe ich allein.

5. Mein Chinesisch habe ich anfangs in den USA gelernt, später habe ich eine Weile in China studiert.

Einheit 7, Abschnitt 4: Übersetzungsübung

NAME_______________ KURS _______________ DATUM _______________

Übersetzen Sie die folgenden Sätze in Pinyin-Umschrift mit korrekten Ton-Markierungen. Sollten Sie ein Wort vergessen haben, schauen Sie im deutsch-chinesischen Glossar am Ende des Lehrbuchs nach.

1. Ich habe gehört, du sprichst sehr gut Englisch.

2. Vor sechs Monaten konnte ich noch kein Chinesisch sprechen.

3. Kleine Gao, wo hast du studiert, bevor du hierher gekommen bist?

4. In drei Monaten gehen wir zum Auslandsstudium nach China. ("in 3 Monaten" = "nach 3 Monaten")

5. In China fangen die meisten Leute nach dem High School-Abschluss an, zu arbeiten.

Einheit 8, Abschnitt 1: Übersetzungsübung

NAME________________ KURS ________________ DATUM ________________

Übersetzen Sie die folgenden Sätze in Pinyin-Umschrift mit korrekten Ton-Markierungen. Sollten Sie ein Wort vergessen haben, schauen Sie im deutsch-chinesischen Glossar am Ende des Lehrbuchs nach.

1. Mein Zuhause ist in der Nähe ihres Zuhauses.

2. Ist euer Wohnheim in der Nähe der Mensa?

3. Entschuldigung, wie kommt man zum Tiananmen?

4. Wenn du mit dem Zug fährst, wird es wahrscheinlich weniger als zwei Stunden dauern.

5. Bitte gehe geradeaus; wenn du am Peking-Hotel vorbeigekommen bist, bist du da.

Einheit 8, Abschnitt 2: Übersetzungsübung

NAME________________ KURS ________________ DATUM ________________

Übersetzen Sie die folgenden Sätze in Pinyin-Umschrift mit korrekten Ton-Markierungen. Sollten Sie ein Wort vergessen haben, schauen Sie im deutsch-chinesischen Glossar am Ende des Lehrbuchs nach.

1. Ich möchte ein Taxi zum Great Wall-Hotel.

2. Der Wagen wird in 25 Minuten da sein.

3. Ich habe einen ausländischen Freund, dessen Familienname Tachelzik ist.

4. Warum wartest du nicht am Eingang des Capital Airport?

5. Ihr englischer Name ist Mary Smith. Sie hat noch keinen chinesischen Namen.

Einheit 8, Abschnitt 3: Übersetzungsübung

NAME________________ KURS ________________ DATUM ________________

Übersetzen Sie die folgenden Sätze in Pinyin-Umschrift mit korrekten Ton-Markierungen. Sollten Sie ein Wort vergessen haben, schauen Sie im deutsch-chinesischen Glossar am Ende des Lehrbuchs nach.

1. Wie kommt es, dass du immer noch nicht entschieden hast, was du machst?

2. Zu dieser Zeit ist Rush Hour, die Straßen sind relativ verstopft.

3. Könnte ich Sie damit belästigen, etwas schneller zu sein, OK? Wir sind bald zu spät.

4. Sie haben gesagt, der Wagen sei schon losgeschickt worden und werde in 20 Minuten da sein.

5. Ich habe dich vor einer Stunde angerufen und um ein Taxi gebeten. (Verwenden Sie für „Stunde" nicht **zhōngtóu**)

Einheit 8, Abschnitt 4: Übersetzungsübung

NAME______________________ KURS ______________ DATUM ______________

Übersetzen Sie die folgenden Sätze in Pinyin-Umschrift mit korrekten Ton-Markierungen. Sollten Sie ein Wort vergessen haben, schauen Sie im deutsch-chinesischen Glossar am Ende des Lehrbuchs nach.

1. Diese drei Gepäckstücke sind alle meine.

2. A: Wie viel wiegst du? B: Ich wiege 62 Kilo.

3. Wie lange braucht man von hier zum Flughafen?

4. A: Wie groß ist sie? B: Es scheint sie ist ungefähr einssiebzig.

5. Da ist schon wieder ein Stau. Wir haben keine Wahl, als die Straße zu wechseln.

Einheit 9, Abschnitt 1: Übersetzungsübung

NAME________________ KURS ________________ DATUM ________________

Übersetzen Sie die folgenden Sätze in Pinyin-Umschrift mit korrekten Ton-Markierungen. Sollten Sie ein Wort vergessen haben, schauen Sie im deutsch-chinesischen Glossar am Ende des Lehrbuchs nach.

1. Frag sie, welche Farben sie mag.

2. Biege an der nächsten Kreuzung rechts ab.

3. Wenn du an der dritten Ampel vorbeigekommen bist, biege nach Osten ab.

4. Meine Tochter mag Blau und Gelb; mein Sohn mag Schwarz und Weiß.

5. Er ist nicht aus dieser Gegend, er weiß es wahrscheinlich auch nicht.

Einheit 9, Abschnitt 2: Übersetzungsübung

NAME__________ KURS __________ DATUM __________

Übersetzen Sie die folgenden Sätze in Pinyin-Umschrift mit korrekten Ton-Markierungen. Sollten Sie ein Wort vergessen haben, schauen Sie im deutsch-chinesischen Glossar am Ende des Lehrbuchs nach.

1. Entschuldigung, welchen Bus nehme ich, um zum Zoo zu kommen?

2. Zoo? Ich muss einen Augenblick nachdenken, ich bin mir auch nicht sehr sicher.

3. Zuerst nimmst du den Bus Nummer 578, dann steigst du in die Straßenbahnlinie 232 um.

4. Die Straßenbahn ist gekommen. Steig schnell ein! Du musst nicht auf mich warten.

5. Wir haben zuhause viele kleine Tiere: Katzen, Hunde, Fische und Vögel, wir haben sie alle!

Einheit 9, Abschnitt 3: Übersetzungsübung

NAME__________ KURS __________ DATUM __________

Übersetzen Sie die folgenden Sätze in Pinyin-Umschrift mit korrekten Ton-Markierungen. Sollten Sie ein Wort vergessen haben, schauen Sie im deutsch-chinesischen Glossar am Ende des Lehrbuchs nach.

1. Ich bin gerade eingestiegen. Wann bist du eingestiegen?

2. Dein Zimmer ist nicht nur sauber, sondern auch sehr ordentlich.

3. Ich zahle, du brauchst nicht zu zahlen. („zahlen“ = „Geld geben“)

4. Die Studenten dort, einige sind fleißig, einige sind faul.

5. Zwei Fahrkarten zum Tiananmen. Wenn wir zum Tiananmen kommen, ruf mich bitte.

Einheit 9, Abschnitt 4: Übersetzungsübung

NAME_______________ KURS _______________ DATUM _______________

Übersetzen Sie die folgenden Sätze in Pinyin-Umschrift mit korrekten Ton-Markierungen. Sollten Sie ein Wort vergessen haben, schauen Sie im deutsch-chinesischen Glossar am Ende des Lehrbuchs nach.

1. **Ich bin nicht schläfrig. Ich kann nicht einschlafen. Meinst du, du kannst einschlafen?**

2. **Ich verstehe gesprochenes Chinesisch, aber ich kann keine chinesischen Schriftzeichen lesen.**

3. **A: Ich nehme an, wir sind bald da? B: Es ist noch früh, es sind noch drei Haltestellen.**

4. **Macht nichts, ich erinnere mich, dass er eine Fahrkarte gekauft hat. In Zukunft sollte er vorsichtiger sein.**

5. **Entschuldigung, mein Kommilitone hat eine Fahrkarte gekauft, aber er kann sie nicht finden. Was soll man tun?**

Einheit 10, Abschnitt 1: Übersetzungsübung

NAME________________ KURS ________________ DATUM ________________

Übersetzen Sie die folgenden Sätze in Pinyin-Umschrift mit korrekten Ton-Markierungen. Sollten Sie ein Wort vergessen haben, schauen Sie im deutsch-chinesischen Glossar am Ende des Lehrbuchs nach.

1. **Der Wetterbericht sagt, dass es ab Freitag heißer und heißer wird.**

2. **Morgen ist die Höchsttemperatur 37 Grad, die Tiefsttemperatur 28 Grad.**

3. **Dieser Morgen ist bewölkt; an diesem Nachmittag ist es möglich, dass es klaren Himmel gibt.**

4. **Mist, es hat zu regnen angefangen; jetzt hat es gedonnert. Meinst du es blitzt?**

5. **Frag sie nicht, sie ist nur ein Kind. Sie weiß es auch nicht unbedingt.** (Verwenden Sie **zhǐ...éryǐ**)

Einheit 10, Abschnitt 2: Übersetzungsübung

NAME ______ KURS ______ DATUM ______

Übersetzen Sie die folgenden Sätze in Pinyin-Umschrift mit korrekten Ton-Markierungen. Sollten Sie ein Wort vergessen haben, schauen Sie im deutsch-chinesischen Glossar am Ende des Lehrbuchs nach.

1. Heute ist es bewölkt; wenn die Sonne heraus käme, wäre das gut.

2. Die Jahreszeit, die ich am liebsten mag, ist der Frühling, so bin ich gerade zur richtigen Zeit gekommen.

3. Hey, das Wetter hier ist nicht schlecht. Weder heiß noch kalt, ziemlich angenehm.

4. Wenn du in Kanada eine gute Zeit haben willst, ist der Sommer am passendsten.

5. Im Winter ist es sehr kalt, im Sommer ist sowohl trocken als auch heiß und es regnet selten.

Einheit 10, Abschnitt 3: Übersetzungsübung

NAME ______________ KURS ______________ DATUM ______________

Übersetzen Sie die folgenden Sätze in Pinyin-Umschrift mit korrekten Ton-Markierungen. Sollten Sie ein Wort vergessen haben, schauen Sie im deutsch-chinesischen Glossar am Ende des Lehrbuchs nach.

1. Was machst du? Geh nicht hinein! Komm schnell raus!

2. Wir sind in einen großen Taifun hineingeraten, wir hatten wirklich Pech.

3. Taiwan ist beides, heiß und feucht; im Winter nieselt es oft.

4. In der letzten Zeit hat es jeden Tag geregnet, es gibt keine Möglichkeit, hinauszugehen.

5. Tatsächlich schneit es gerade, aber weil es zu weit weg ist, siehst du es nicht.

Einheit 10, Abschnitt 4: Übersetzungsübung

NAME__________ KURS __________ DATUM __________

Übersetzen Sie die folgenden Sätze in Pinyin-Umschrift mit korrekten Ton-Markierungen. Sollten Sie ein Wort vergessen haben, schauen Sie im deutsch-chinesischen Glossar am Ende des Lehrbuchs nach.

1. Die Ostküste der USA ist nicht so trocken wie die Westküste.

2. Wo in China ist dein Zuhause? Wie ist das Klima dort?

3. Als ich ankam, war ich nicht sehr gut angepasst; später war es ziemlich OK.

4. Ich finde, die Landschaft an der Westküste ist schöner als an der Ostküste.

5. Die Winter hier sind wärmer als in New York und die Sommer sind kühler als in New York.

8. Übersetzungsübungen, Einheiten 1-10: Komplette Einheiten

Einheit 1: Übersetzungsübung

NAME________________________ KURS ________________ DATUM ________________

Übersetzen Sie die folgenden Sätze in Pinyin-Umschrift mit korrekten Ton-Markierungen. Sollten Sie ein Wort vergessen haben, schauen Sie im deutsch-chinesischen Glossar am Ende des Lehrbuchs nach.

1. **Herr Zhao ist ein guter Lehrer, er ist sehr interessant.**

2. **Chinesisch ist nicht zu schwer. Und es ist auch nicht zu einfach.**

3. **Fräulein Ke, willkommen! Komm bitte herein, setz dich bitte!**

4. **Frau Li, war deine Arbeit in letzter Zeit stressig?** (höflich)

5. **Ich werde einige Angelegenheiten erledigen. Und du?**

6. **Sie ist sehr groß: Ihre Mutter und ihr Vater sind auch beide sehr groß.**

7. **Ich gehe zur Bibliothek, du geh bitte zurück ins Wohnheim.**

8. **Wir sind alle müde geworden. Seid ihr auch müde geworden?**

9. **Ich habe eine Kleinigkeit zu erledigen. Ich muss jetzt gehen, auf Wiedersehen!**

10. **Kleiner Lin, wie geht's? Lange nicht gesehen! Wohin gehst du?**

Einheit 2: Übersetzungsübung

NAME__________ KURS __________ DATUM __________

Übersetzen Sie die folgenden Sätze in Pinyin-Umschrift mit korrekten Ton-Markierungen. Sollten Sie ein Wort vergessen haben, schauen Sie im deutsch-chinesischen Glossar am Ende des Lehrbuchs nach.

1. **Ich kenne Frau Ma aus der US-Botschaft.**

2. **Ich nehme an, dein Studium ist sehr stressig?**

3. **General Manager He, willkommen in den USA!** (höflich)

4. **A: Pardon, ich habe es falsch gemacht, ich habe keine Visitenkarten mitgebracht. B: Macht nichts.**

5. **Entschuldigung, wer ist das? Wie heißt er? In welcher Einheit arbeitet er?**

6. **Nenn mich nicht so. Es wäre besser, du nennst mich Kleine/r Wu.**

7. **Meine Mutter und ich arbeiten in einer Handelsfirma, mein Vater arbeitet nicht mehr.**

8. **Ich werde euch vorstellen: Dieser Herr ist mein neuer Kollege, sein Familienname ist Bai.**

9. **Alte Wang, geh nicht zurück zur Mensa, er wäre besser, du gingst in die Bibliothek.**

10. **Sie sind meine Kommilitonen, sie sind nicht alle Amerikaner. Die Kleine Lin ist Chinesin, sie ist sehr beschäftigt.**

Einheit 3: Übersetzungsübung

NAME________________ KURS ________________ DATUM ________________

Übersetzen Sie die folgenden Sätze in Pinyin-Umschrift mit korrekten Ton-Markierungen. Sollten Sie ein Wort vergessen haben, schauen Sie im deutsch-chinesischen Glossar am Ende des Lehrbuchs nach.

1. Wie viel ist neun plus acht minus sechs?

2. Die Tasche ist billig. Warum kaufst du nicht auch eine?

3. Ich habe keinen älteren Bruder, ich habe auch keine ältere Schwester.

4. In unserer Chinesischgruppe sind insgesamt zwölf Kommilitonen, stimmt's?

5. Dieses kostet 4.000 Yuan, jenes 5.000 Yuan. Zu teuer!

6. Ist es in Ordnung, wenn ich mir deine Visitenkarte anschaue? Danke!

7. Ich fürchte, der Kommilitone, der in der Bibliothek arbeitet, kommt nicht mehr.

8. Lass mich nachdenken (nachzudenken versuchen) … Meine Mutter wird nächsten Monat 47 Jahre.

9. Meine Mutter und mein Vater kommen um 11:45 Uhr; es dauert noch eineinhalb Stunden.

10. A: Was kostet diese Tasse? B: Diese Tasse kostet nur zwei Yuan 9 Mao und 8 Fen.

Einheit 4: Übersetzungsübung

NAME______________________ KURS ______________ DATUM ______________

Übersetzen Sie die folgenden Sätze in Pinyin-Umschrift mit korrekten Ton-Markierungen. Sollten Sie ein Wort vergessen haben, schauen Sie im deutsch-chinesischen Glossar am Ende des Lehrbuchs nach.

1. Sie wurde am 23.07.1995 in Taipei geboren.

2. Dies ist das dritte Mal, dass er nach China geht.

3. Anscheinend hat Hongkong über drei Millionen Einwohner.

4. Anscheinend war gestern der 17. Oktober, ein Mittwoch, stimmt‘s?

5. Das ist mein zweites Mal hier. Diesmal bleibe ich drei Monate.

6. Jene Handelsfirma hat am Samstag halbtags geöffnet, sie ist am Sonntag geschlossen.

7. Die Bibliothek öffnet täglich um 8:45 Uhr morgens und schließt um 7:30 Uhr abends.

8. Ich war schon in Shanghai, aber ich war noch nie in Guangzhou. Warst du schon dort?

9. Der erste (die erste Person) will einen Tag gehen, der zweite (die zweite Person) ein Jahr.

10. Ihre Adresse ist: 5. Stock, Nr. 108, Gässchen 22, Gasse 345, Nanjing East Road, Abschnitt 3.

Einheit 5: Übersetzungsübung

NAME______________________ KURS ______________________ DATUM ______________________

Übersetzen Sie die folgenden Sätze in Pinyin-Umschrift mit korrekten Ton-Markierungen. Sollten Sie ein Wort vergessen haben, schauen Sie im deutsch-chinesischen Glossar am Ende des Lehrbuchs nach.

1. Wenn du müde bist, kannst du hier schlafen.

2. Kleiner Sun, weißt du, wo der Chef ist?

3. Fräulein Zhang war nicht da, ich habe ihr eine Nachricht hinterlassen.

4. Studiert sie auch Chinesisch an der Peking-Universität?

5. Letztes Jahr sind sie nach Tianjin gezogen, das ist östlich von Beijing.

6. Nächsten Monat kommt Fräulein Chen hierher, um Englisch zu lernen.

7. Der Hund war auf dem Bücherregal, das Kind unter dem Tisch.

8. Dieser Computer ist etwas billiger, jener Computer ist etwas teurer.

9. Es ist gleich 12:00 Uhr mittags. Die Arbeiter der Schuhfabrik essen gleich zu Mittag.

10. A: Wo lebt Herr Bai? B: Er lebt in Nanjing, westlich von Shanghai.

Einheit 6: Übersetzungsübung

NAME______________________ KURS ______________________ DATUM ______________________

Übersetzen Sie die folgenden Sätze in Pinyin-Umschrift mit korrekten Ton-Markierungen. Sollten Sie ein Wort vergessen haben, schauen Sie im deutsch-chinesischen Glossar am Ende des Lehrbuchs nach.

1. Ich bin im ersten Studienjahr und sie im zweiten. In welchem Studienjahr bist du?

2. Mein Freund wurde in China geboren und ist dann in den USA aufgewachsen.

3. Frau Zheng, dies ist ein kleines Geschenk, das ich dir gebe.

4. A: Wie alt ist ihr Sohn? B: Er ist noch klein. Er ist anscheinend sieben Monate alt.

5. Sie ist schon über 70, aber weil sie viele gute Sachen isst, sieht sie jung aus.

6. A: Bist du verheiratet? B: Mein älterer Bruder ist schon verheiratet; ich bin noch nicht verheiratet.

7. Diese Chinesin sagte, dass amerikanisches Essen gut aussieht, aber nicht (sehr gut) schmeckt.

8. Ich habe eine ältere Schwester, sie arbeitet bei den Southwest Airlines. Hast du Brüder oder Schwestern?

9. Pardon, ich habe vergessen, mich vorzustellen. Mein Familienname ist Huang, ich bin Lehrer, ich unterrichte in der Mittelstufe.

10. A: Ich nehme an, deine Tochter ist schon in der Grundschule? B: Ja, sie ist schon in der zweiten Klasse.

Einheit 7: Übersetzungsübung

NAME______________________ KURS ______________ DATUM ______________

Übersetzen Sie die folgenden Sätze in Pinyin-Umschrift mit korrekten Ton-Markierungen. Sollten Sie ein Wort vergessen haben, schauen Sie im deutsch-chinesischen Glossar am Ende des Lehrbuchs nach.

1. Wo hast du gelebt, bevor du in die USA gekommen bist?

2. Du sagst, du hast ein Kind, stimmt's? Ein Junge oder ein Mädchen? Wie alt?

3. Ich habe gehört, der Kleine Chen kann ein bisschen Deutsch, Französisch und Japanisch.

4. A: Bist du allein gegangen? B: Nein, ich bin mit drei Kommilitonen gegangen.

5. A: Kannst du Chinesisch schreiben? B: Ich kann ein bisschen schreiben, aber nicht sehr gut.

6. Weißt du, ob dieser amerikanische Lehrer Standardchinesisch (Mandarin) sprechen kann?

7. Sie hat sieben Jahre in Spanien gelebt. Kein Wunder, dass sie so gut Spanisch spricht!

8. Nach dem Schulabschluss hat sie zwei Jahre gearbeitet, dann hat sie sich für die Universität beworben.

9. Die Chinese University of Hong Kong hat mehrere Tausend Studenten. Einige kenne ich, andere nicht.

10. A: Du sprichst sehr gut Englisch, weißt du! Wo hast du es gelernt? B: Ich habe es im Kindergarten gelernt.

Einheit 8: Übersetzungsübung

NAME__________ KURS __________ DATUM __________

Übersetzen Sie die folgenden Sätze in Pinyin-Umschrift mit korrekten Ton-Markierungen. Sollten Sie ein Wort vergessen haben, schauen Sie im deutsch-chinesischen Glossar am Ende des Lehrbuchs nach.

1. Entschuldigung, wie komme ich zur Taiwan-Universität?

2. Wir kommen in einer halben Stunde zu dir, OK?

3. Es scheint, mein Zuhauses ist nicht sehr weit entfernt von deinem Zuhause.

4. Fräulein Li ist nicht an ihrem Schreibtisch. Rufen Sie sie bitte in zehn Minuten noch einmal an.

5. Die Touristen, die aus den USA kommen, wohnen fast alle im Peking-Hotel.

6. Diese zwei Gepäckstücke sind meine, diese drei Gepäckstücke sind seine.

7. Reg dich nicht auf, ich glaube, Professor Wang kommt sicherlich gleich.

8. Geh immer weiter geradeaus, nachdem du an der Französischen Botschaft vorbeigekommen bist, bist du da.

9. A: Wie lange braucht man von dort zum Außenministerium? B: Ungefähr eine Stunde.

10. Mist, ich habe es vergessen! Die New Asia Trading Company ist heute geschlossen. Uns bleibt nichts andere übrig, als morgen wieder zu kommen.

Einheit 9: Übersetzungsübung

NAME______________________ KURS ______________________ DATUM ______________________

Übersetzen Sie die folgenden Sätze in Pinyin-Umschrift mit korrekten Ton-Markierungen. Sollten Sie ein Wort vergessen haben, schauen Sie im deutsch-chinesischen Glossar am Ende des Lehrbuchs nach.

1. Er ist nicht nur dumm, sondern auch faul.

2. Zuerst nimmst du den Bus, dann die Straßenbahn.

3. Wenn wir zum Tiananmen kommen, ruf mich bitte.

4. Sie mag Rot und Blau. Welche Farben magst du?

5. Ich kann im Zug nicht schlafen. Kannst du im Zug schlafen?

6. Geh von hier geradeaus und biege an der ersten Ampel links ab.

7. Du brauchst sie nicht zu fragen, sie weiß es auch nicht so genau.

8. Zuerst biege nach Osten ab, dann nach Westen, dann bist du da!

9. Pardon, ich ich kann meine Visitenkarten nicht finden. (Bitte nicht **kéyi** oder **néng** verwenden.)

10. Zuhause züchten/halten wir Fische. Habt ihr kleine Tiere Zuhause?

Einheit 10: Übersetzungsübung

NAME__________ KURS __________ DATUM __________

Übersetzen Sie die folgenden Sätze in Pinyin-Umschrift mit korrekten Ton-Markierungen. Sollten Sie ein Wort vergessen haben, schauen Sie im deutsch-chinesischen Glossar am Ende des Lehrbuchs nach.

1. Als der Alte Wang starb, waren alle sehr traurig.

2. Die Ostküste der USA ist nicht so trocken wie die Westküste.

3. Diesen Winter gehe ich nach Beijing. Ist Beijing kälter als New York?

4. Ich spiele mit meinem Computer; der Alte Sun schläft. Was tust du?

5. Macau ist jeden Tag sehr heiß – sowohl heiß als auch feucht, daher gehen wir selten raus.

6. In der letzten Zeit ist das Wetter kälter und kälter geworden, immer angenehmer.

7. Ab morgen arbeite ich an der Botschaft. Ich bin so nervös, dass ich sterben könnte.

8. Der Wetterbericht sagt, dass die Höchsttemperatur morgen 33 Grad sein wird und die Tiefsttemperatur 25 Grad.

9. Falls es morgen regnet, werden wir nicht ausgehen, um Spaß zu haben; aber der Wetterbericht ist nicht unbedingt korrekt.

10. A: Ich habe weder viele noch wenige Freunde. B: Ich habe nur einen guten Freund. C: Ich habe gar keine Freunde.

Cornelius C. Kubler ist Stanfield Professor für Asienstudien am Williams College, wo er viele Jahre lang die Abteilung für Asiatische und Afrikanische Sprachen geleitet und Chinesisch unterrichtet hat. Zuvor war er als Training Supervisor für Chinesisch und als Leiter der Abteilung für Asiatische und Afrikanische Sprachen im Foreign Service Institute des US State Department tätig, wo er Diplomaten Chinesisch und andere Sprachen lehrte. Außerdem war er sechs Jahre lang Rektor des American Institute der Taiwan Chinese Language & Area Studies School. Kubler leitete Chinesisch-Intensivprogramme in den USA, Festlandchina und Taiwan und entwickelte zudem Sprachtests. Seine Publikationsliste umfasst 13 selbst verfasste bzw. mitverfasste Bücher sowie über 50 Artikel zur Didaktik des Chinesischen bzw. zur chinesischen Sprache.

Yang Wang, stammt aus Beijing und ist Chinesisch-Lektorin an der Brown University, wo sie Modernes Chinesisch auf sämtlichen Niveaus unterrichtet. Bevor sie an die Brown University kam, unterrichtete sie Chinesisch an der Ohio State University und am Williams College. Sie unterrichtete zudem einige Jahre an der Middlebury College Summer Chinese School. Sie interessiert sich vor allem für die Bedeutung der Pragmatik für den Chinesischunterricht hinsichtlich ihrer Umsetzung in Pädagogik und Lehrmaterialentwicklung sowie die Integration technischer Hilfsmittel ins Curriculum.